W0175100

HERBERT RENZ-POLSTER

DIE KINDHEIT IST UNANTASTBAR

HERBERT RENZ-POLSTER

DIE KINDHEIT IST UNANTASTBAR

Warum Eltern ihr Recht auf Erziehung zurückfordern müssen

BELTZ

Dieses Buch ist auch als E-Book erhältlich

978-3-407-22298-5 (pdf)
978-3-407-22321-0 (epub)

Die im Buch veröffentlichten Ratschläge wurden mit größter Sorgfalt und
nach bestem Wissen vom Autor erarbeitet und geprüft. Eine Garantie
kann jedoch weder vom Verlag noch vom Verfasser übernommen werden.
Die Haftung des Autors bzw. des Verlages und seiner Beauftragten für
Personen-, Sach- oder Vermögensschäden ist ausgeschlossen.
Das Werk und seine Teile sind urheberrechtlich geschützt. Jede Nutzung
in anderen als den gesetzlich zugelassenen Fällen bedarf der vorherigen
schriftlichen Einwilligung des Verlages. Hinweis zu § 52 a UrhG:
Weder das Werk noch seine Teile dürfen ohne eine solche Einwilligung
eingescannt und in ein Netzwerk eingestellt werden. Dies gilt auch für
Intranets von Schulen und sonstigen Bildungseinrichtungen.

www.beltz.de

© 2014 Beltz Verlag, Weinheim und Basel
Umschlaggestaltung: www.anjagrimmgestaltung.de, Stephan Engelke
(Beratung)
Umschlagabbildung: © by-studio/Fotolia.com; © Microstockfish/Fotolia.com
Lektorat: Claus Koch
Satz: Lelia Rehm
Druck und Bindung: Beltz Bad Langensalza GmbH, Bad Langensalza
Printed in Germany

ISBN 978-3-407-85847-4
1 2 3 4 5   18 17 16 15 14

Lebe so, wie du denkst. Sonst wirst du irgendwann so denken, wie du lebst. JOSÉ MUJICA

INHALT

VORWORT   9

TEIL 1   **WER ERZIEHT UNSERE KINDER?**   11

EINS   VON ELTERNLIEBE UND MACHTINTERESSEN   13

ZWEI   STANDORTSICHERUNG   25

DREI   VON DEM, WAS UNS RICHTIG ERSCHEINT   33

VIER   DER GLOBALISIERTE WETTBEWERB   39

TEIL 2   **DIE PÄDAGOGISCHE MOBILMACHUNG**   53

FÜNF   PÄDAGOGIK IM INTERESSE DER GLOBALISIERUNG?   55

SECHS   KINDHEIT UND EFFIZIENZ   62

SIEBEN   DAS PROJEKT UND SEINE LEITUNG   71

TEIL 3   **UNTERSCHIEDLICHE AKTEURE –
UNTERSCHIEDLICHE INTERESSEN?**   91

ACHT   WO STEHEN DIE ELTERN?   93

NEUN   WISSENSCHAFT – AUFTRITT DER EXPERTEN   99

ZEHN   DER STAAT ALS ERZIEHUNGSHELFER?   111

ELF   WIRTSCHAFT – DER GROSSE PATE DER BILDUNG?   127

ZWÖLF   SPUREN, DIE SICH KREUZEN, ODER:
             MITERZIEHER ALLERORTEN! 140

TEIL 4   DER PÄDAGOGISCHE BELAGERUNGSRING
             RUND UM DAS KLEINKIND 147

DREIZEHN   PROTEKTORAT KITA 149

VIERZEHN   FRÜHPÄDAGOGIK ALS SPEKULATIONSMODELL 161

TEIL 5   IN DER KLEMME 171

FÜNFZEHN   DAS NICHT GEHALTENE VERSPRECHEN 173

SECHZEHN   DIE ÄLTESTE FRAGE 183

SIEBZEHN   WEM GEBÜHRT DIE BILDUNGSHOHEIT? 193

TEIL 6   DER MAGISCHE KERN DER KINDHEIT 205

ACHTZEHN   ERZIEHUNG FÜR DEN ERTRAG? 207

NEUNZEHN   DAS PÄDAGOGISCHE PARADOX 212

             WAS WOLLEN WIR EIGENTLICH? 225

             DANKSAGUNG 234

             LITERATURNACH- UND HINWEISE 238

             ANMERKUNGEN 255

             DER AUTOR 271

VORWORT

▬▬▬▬▬▬ Wenn man den Wandel in der Kindererziehung im Zeitraffer betrachtet, kann man sich nur die Augen reiben: *So* haben Eltern einmal über ihre Kinder gedacht? *So* sind sie mit ihnen umgegangen? *Wirklich?*

Und heute? Schwingt das Pendel munter weiter. Ging es in den 1980er-Jahren in den Kindergärten noch um Spiel und Spaß und Tralala, treffen sich jetzt kleine Forscher zu naturwissenschaftlichen Experimenten. Statt Basteln steht die Erweiterung des Zahlenraums auf dem Programm, statt Kinderbande gilt das Kursprogramm.

Haben sich die Kinder schon wieder geändert?

Nein, haben sie nicht. Der Grund für das Hin und Her ist ein anderer: Was uns als die beste Erziehung für unsere Kinder erscheint, hat nur wenig mit den Kindern zu tun, *wie sie sind.* Es hat vielmehr damit zu tun, *für was sie einmal gebraucht werden.*

Und da haben beileibe nicht nur die Eltern das Sagen.

Weil ich überzeugt davon bin, dass Eltern in der Erziehung besser fahren, wenn sie die Mit-Erzieher ihrer Kinder kennenlernen, habe ich dieses Buch geschrieben.

Herbert Renz-Polster im Juli 2014

TEIL 1   WER ERZIEHT UNSERE KINDER?

EINS   VON ELTERNLIEBE UND MACHTINTERESSEN

Am Anfang von Erziehung steht für alle Eltern ein positives Ziel: Das Kind soll durch die Erziehung befähigt werden, in der Welt, in der es einmal leben wird, zu bestehen. Was wird das Kind einmal brauchen, fragen sich die Eltern, damit es sein Auskommen und seinen Platz in der Gesellschaft finden kann?

Natürlich wird die Antwort je nach Gesellschaft, Kultur und Schichtzugehörigkeit anders ausfallen. In den kleinbäuerlichen Gemeinschaften auf dem Hochland Kameruns ist erfolgreich, wer seine Rolle im traditionellen dörflichen Gefüge gut ausfüllen kann. In den modernen Industriegesellschaften hingegen gilt als erfolgreich, wer ein Maximum an Konsumpotenzial anhäufen kann.

Aus dieser Sicht erklärt sich das scheinbare Paradox, dass alle Eltern dieser Erde das Beste für ihre Kinder wollen, diese aber trotzdem völlig unterschiedlich erziehen – und sich dabei oft auch noch der herzerwärmenden Überzeugung hingeben, ihr Weg sei der einzig richtige. Ja, selbst Elterngenerationen, die aus heutiger Sicht in der Erziehung so ziemlich alles falsch gemacht haben, hatten eine feste, gemeinsame Überzeugung: dass genau das, was sie mit ihren Kindern tun, *notwendig* sei, um die Kleinen fit fürs Leben zu machen.

Vom Wohl des Kindes

In der Tat: Betrachtet man die Geschichte der Erziehung, so haben sich zwar die Begründungen und Theorien rund um das Thema Erziehung ständig geändert (oft genug auch in ihr glattes Gegenteil verkehrt) – *eine* Begründung aber ist konstant geblieben: dass es dabei um das Wohl des Kindes gehe. Es mag uns Tränen in die Augen treiben, wie etwa die

Kinder im deutschen Kaiserreich von ihren Eltern behandelt wurden (»Klein Anna bringt jetzt schon selbst den Patscher, wenn ihr nachts ein Malheur passiert ist«) – und doch machen wir es uns mit dem naheliegenden Vorwurf zu einfach, diese Eltern hätten ihre Kinder nicht geliebt oder sie hätten von Kindern einfach nichts verstanden. Dagegen sprechen alle Befunde der vergleichenden Erziehungswissenschaft und auch die Auswertung der damals sehr populären Elterntagebücher. Liebe scheint einfach relativ zu sein – wir entwickeln immer wieder neue Ansichten darüber, worin denn die richtige Liebe zum Kind bestehe. (Und das wohl schon, seit Salomo seine ersten Erziehungstipps für die späteren Leser der Bibel abgab: »Du hauest ihn [den Knaben] mit der Rute; aber du errettest seine Seele von der Hölle …«)

In Erziehungsfragen geht es also weniger um *universelle* Werte wie Liebe und Verständnis. Vielmehr wird das Pferd mit klarem Blick nach vorn aufgezäumt – nach den Kompetenzerwartungen der Erwachsenen nämlich. Nach dem also, was das Kind in den Augen der Eltern für eine erfolgreiche Bemeisterung der Zukunft braucht. Und für dieses Ziel waren die Eltern schon immer bereit, ihrem Nachwuchs im Hier und Jetzt (teilweise gehörige) Belastungen aufzubürden.

Der Blick zurück

Betrachten wir nur einmal die letzten hundertfünfzig Jahre. Unsere Urgroßeltern und unsere Großeltern wünschten sich ein gehorsames, angepasstes und »wohlerzogenes« Kind. Da standen Selbstkontrolle, Abhärtung, Ordnung und Disziplin auf dem alltäglichen Lehrplan. Der Drill ging gleich nach der Geburt los: Schreienlassen sollte den Charakter stärken. Schon das In-den-Armen-Tragen galt als Verzärtelung: »Trudelchen wird erzogen. So klein sie ist, glaubte sie durch Gebrüll erreichen zu können, dass man sie auf den Arm nimmt«, beklagt sich eine Mutter in einem Elterntagebuch. Auch beim Schlafen mussten die Kinder »folgen« – gerne unter Einsatz von Schlägen: »Du jammerst nun mit Grund und schläfst dann auch bald ein.« Gestillt wurde nach der Uhr – das sei eine Voraussetzung für innere Ordnung und die spätere

Pünktlichkeit. Die einmal gewählte Zeitordnung, heißt es in einem populären Ratgeber der 1920er-Jahre, »muss unbedingt spätestens Ende der ersten Lebenswoche absolut pünktlich eingehalten werden«. Auch von der frühen Kontrolle der Ausscheidungen – dem stundenlangen Auf-dem-Töpfchen-Sitzen schon im Säuglingsalter – erhofften sich die Eltern nicht nur weniger Überstunden in der Waschküche. Sondern vor allem, dass die Kleinen dadurch auch charakterlich zu »sauberen«, kontrollierten Menschen würden. Aus dem gleichen Grund wurde in der Pubertät gegen das größte aller Übel zu Felde gezogen: die Onanie. Wie kann einer sein Leben in den Griff bekommen, der seinen Trieben folgt? Wie soll jemand, der sich lustvolle Freiheiten nimmt, ein guter Untertan werden?

Der Weg zur Unterordnung stand auch im Zentrum der Schulpädagogik. »War in der Schule«, schreibt Leo Tolstoi am 29.7.1860 nach einem Besuch in Deutschland in sein Tagebuch: »Entsetzlich. Gebet für König, Prügel, alles auswendig, verängstigte, seelisch verkrüppelte Kinder.« So seltsam die damaligen Erziehungsziele in unseren heutigen Ohren klingen – tatsächlich begegnet uns auch hier das »Kompetenzmotiv« der Erziehung: Die Kinder sollen in der Welt klarkommen, auf die sie einmal als Erwachsene treffen werden. (Dass eine solche Vorhersage in Zeiten sozioökonomischer Umbrüche zu gewissen Passungsproblemen führt, dürfte einleuchten. Wer seine Jugend in den 1960er- bis 1980er-Jahren verbracht hat, weiß auch, wie sich solche »Generationenkonflikte« anfühlen.)

Bei der Ausrichtung der Kinder auf die zukünftige Welt ging es den Eltern – das sei an dieser Stelle noch einmal betont – keinesfalls um *vorsätzliche* Manipulation oder gar Erniedrigung. Da ging es vielmehr um die Umsetzung von tiefen *Überzeugungen* und *Gewissheiten*. Es galt, genau das weiterzugeben, was es nach dem letzten Stand der Dinge braucht, um hier und jetzt in der Gesellschaft bestmöglich klarzukommen.

Für die idealistisch bewegten »68er« stand dabei eine bemerkenswerte Variation dieses Themas im Raum – sie wollten die Kinder sogar auf die *Utopie* einer zukünftigen Gesellschaft vorbereiten. So sollten damals in so mancher jungen Familie die Kinder in bester Absicht zu antifaschistischen, von sexueller Repression befreiten Persönlichkeiten gebildet werden, die einmal eine bessere Welt schaffen würden als ihre schuldbeladenen, autoritär deformierten Eltern. Auch dieses Ziel war wenig vom Blick auf das Kind selbst geleitet. Ja, oft wurden die Beziehungen zum Kind dabei schwer belastet, wie die heutige Aufarbeitung gerade der »sexuellen Befreiung« der Kinder in den entsprechenden Milieus zeigt.

Erziehung und Gesellschaft

Schwenken wir aber noch einmal zu den Generationen davor. Niemanden wird überraschen, dass der heimliche Lehrplan der Erziehung[1] im Deutschen Kaiserreich oder in Nazideutschland für die meisten Kinder nicht etwa auf Selbstständigkeit, Kreativität oder Achtsamkeit gerichtet war, sondern auf Unterordnung, Disziplin und Duldungsfähigkeit. Ja, es wäre regelrecht unlogisch, dass in einer militaristischen, zutiefst gewaltsamen Gesellschaft etwas anderes vorherrschen sollte als eine militaristische, gewaltsame Erziehung. »Ich weiß nicht«, sagt dazu die Tochter der NS-Erziehungsideologin Johanna Haarer, »ob man wie Hitler damals mit den deutschen Soldaten nach Russland ziehen und sie diesen Katastrophen und Entbehrungen aussetzen hätte können, wenn nicht diese Erziehung dahinter gestanden wäre!«

Betrachtet man Erziehung aus diesem Blickwinkel, kann geradezu als Grundaxiom formuliert werden, dass sie umso rigider und schonungsloser ausfallen muss, je weniger menschengerecht es in der Gesellschaft zugeht – also je ungleicher und je stärker nach Partikularinteressen strukturiert ein Gemeinwesen ist.

Man muss nicht bis zurück zu den Spartanern blicken, um diese Annahme empirisch zu bestätigen – auch die großen Umbrüche in der Erziehung in der Neuzeit zeigen den deutlichen Einfluss der gesellschaftlichen Verhältnisse. So ging die Aufhellung des Kinderbildes in der Aufklärung mit einem neuen Selbstbewusstsein des Bürgertums einher. Die darauffolgende Verdunklung lief Hand in Hand mit den Krisen der Industrialisierung und dem Aufstieg des Nationalismus – der

Lärm der Maschinen und der großen Aufmärsche machte auch vor den Wiegen nicht halt. Erst als mit dem Wirtschaftswunder wieder eine gesellschaftliche Entspannung eintrat – ließ auch der Druck auf die Kinder nach. Das Bild vom unzivilisierten »Triebkind« wurde nach und nach durch das Bild eines bindungsbedürftigen, »gutartigen« Kindes ersetzt.

Und natürlich war auch das nicht der letzte Pinselstrich. Mit dem ausgehenden zweiten Jahrtausend kamen prompt wieder die dunkleren Töne ins Spiel. Die jetzt zwar wiedervereinte, aber mit dem Beginn einer beinharten Globalisierung sozusagen aus ihrer Komfortzone getriebene Gesellschaft war sich auf einmal nicht mehr sicher, ob die Kinder denn wirklich in den eisiger werdenden Winden bestehen würden. »Ende der Spaß- und Kuschelpädagogik« hieß jetzt die Parole, und den Familien wurde dringend der Entzug der »Droge Verwöhnung« nahegelegt.

Neben dem Leitmotiv der »Förderung«, das uns in diesem Buch noch ausgiebig beschäftigen wird, hieß es jetzt allenthalben: »Grenzen setzen!« Und da ging es zu wie auf den ehemaligen Parteitagen der DDR: Alle waren dafür! Die Aufsätze strenger Lehrer à la Albert Wunsch (»Die Verwöhnfalle«) fanden über Nacht den Weg in die ZEIT, und die verunsicherte Mittelschicht lauschte zu Hunderttausenden den (nicht sehr frohen) Botschaften Bernhard Buebs, der in seinem Buch »Lob der Disziplin« auf dasselbe Grundmotiv setzte, das schon unsere Großeltern und Urgroßeltern durch die Not begleitet hatte: hier der potenzielle Tyrann, dort sein Bezwinger. »Da Kinder nicht gehorsam geboren werden«, so der ehemalige Internatsleiter, »ignorieren sie Anweisungen, rebellieren gegen Erziehungsmaßnahmen, missachten Gebote und wenden alle Mittel an, um ihren eigenen Willen durchzusetzen.« Selbst Babys kommen jetzt unter den Generalverdacht der Rebellion, denn: ihnen »mangelt es an Kultur, Einsichtsfähigkeit und Disziplin. Zu ihrer Kultivierung bedarf es einer klaren Autorität und der Bereitschaft, Unterordnung zu fordern«. Sogar die Sauberkeitserziehung ist jetzt wieder Thema – nach 50 Jahren Ruhe an der Wickelfront bekommen die Eltern wieder die Vorteile eines kontrollierten Schließmuskels aufgezeigt. Gut seien Krippen, so Herr Bueb, in denen »alle Kinder jeden

Morgen zur gleichen Stunde auf den Topf gesetzt« werden. Die Angst vor der Moderne sollte sozusagen durch die Rückkehr zum Betriebssystem der Vergangenheit gebannt werden.[2]

Interessenskonflikte

Nun könnte man es dabei ja belassen: Die Eltern verbinden mit Erziehung die Hoffnung, ihre Kinder für die Welt, die sie erwartet, fit zu machen. Sie sind bereit, ihrem Nachwuchs für diese Hoffnung auch einmal etwas aufzubürden.

Aber das ist noch nicht das ganze Tableau. Denn wie diese Welt aussieht, die da auf die Kinder wartet, kommt ja nicht von ungefähr. Sie ist vielmehr das Resultat eines zähen Ringens verschiedener *Interessen*. Manche Menschen können sich Gehör und Einfluss verschaffen – als Einzelne oder als Gruppe. Andere sind damit weniger erfolgreich. Einfluss aber bedeutet Gestaltungsmacht. Wer sie besitzt, legt es – verständlicherweise – darauf an, dass die Rädchen in seinem Sinne laufen. Keine Gesellschaft dieser Erde kann verstanden werden, wenn wir sie nicht als Schau- und Austragungsort von *Interessenkonflikten* sehen – als Bühne, auf der beständig die unterschiedlichsten Ansprüche verhandelt, ausgekämpft und ausgeglichen werden.

In diesem Buch wird es viel um solche Interessenkonflikte gehen, und vor allem werden wir immer wieder Beispiele kennenlernen, wie diese Konflikte auch in der Erziehung ausgefochten werden. Wenn in diesem Sinne Erziehung als eine Spielwiese gesellschaftlicher Machtverhältnisse dargestellt wird, könnte der Eindruck entstehen, hier würden allzu simple Frontstellungen gepflegt oder gar Verschwörungstheorien aufgetischt. Darum geht es aber nicht. Denn wir werden ebenso eine andere Seite kennenlernen, nach der gerade in der Erziehung die Motive der unterschiedlichen Akteure so stark miteinander verflochten sind, dass sich die Frage der Urheberschaft oft kaum klären lässt (und »Schuldfragen« schon gar nicht). Die Interessen einzelner gesellschaftlicher Gruppen mögen benennbar sein, nicht jedoch, wie diese auf die Menschen wirken und darüber die Welt verändern.

Unser gesellschaftliches Miteinander scheint also ein rechtes Wirr-warr zu sein, das die Erziehung nicht ausspart: Die Eltern meinen, das für ihr Kind Richtige zu tun. Und dabei bedienen sie doch – manchmal bewusst, manchmal gegen ihren Willen und manchmal auch ganz un-bemerkt – auch fremde Interessen. Alle diese Wege sind in unsere ganz normale Alltagskultur eingewoben – sie sind Teil eines sich teilweise selbst organisierenden gesellschaftlichen Prozesses. Ich verstehe Erzie-hung als einen solchen *Systemprozess*.

Das Kind als Funktionsträger

Aber zurück zu den Kindern. Sie sind ja nicht nur das Junggemüse der Familie, sie sind auch Funktionsträger für die Zukunft. Sie überneh-men schließlich schon bald ihre *Rollen* in der Gesellschaft – ob als Bür-ger, Soldaten, Untertanen, Vorgesetzte, Angestellte, »Fachkräfte« oder Kunden. Ob gewollt oder ungewollt, steht damit bei allen gesellschaft-lichen Fragen immer auch das Thema Erziehung im Raum. Welche Fähigkeiten, Charaktereigenschaften und Tugenden sollen die Kleinen aus ihrer Kinderstube mitbringen, damit der Laden läuft? Welche Rol-len werden den Kindern zugedacht? Wie sind die Kleinen zu behan-deln, damit sie später die Rädchen gut drehen – und damit auch denen, die an den Rädchen sitzen (ob das wenige sind oder die Gesellschaft als Ganzes), *nützlich* sind?

Kein Wunder, dass nach gesellschaftlichen Revolutionen meist als Erstes die Erziehung der Kinder neu aufgestellt wird. Als mit der Fran-zösischen Revolution eine neue Gesellschaft entstehen sollte, wurde als Erstes ein »Plan der Nationalerziehung« geschrieben. In ihm waren die zu fördernden Funktionen des neuen Menschen klar beschrieben: »Bil-det solche Menschen«, so die Einleitung des 1793 im Nationalkonvent in Paris vorgestellten Planes, »und die Republik, bald zusammengesetzt aus diesen kräftigen Elementen, wird in ihrem Busen die Früchte des Ackerbaus und der Industrie um das Doppelte wachsen sehen.« Ähnli-che Pläne entstanden zur Bildung des »Sowjetmenschen« oder der deut-schen »Herrenrasse«. Und auch heute geht es, freilich in anderem Kontext, bei so manchem Plan nicht so sehr um die Kinder selbst, sondern um die »Früchte«, die da wachsen sollen: »Die Ausstattung eines Landes mit ausreichend Humankapital«, heißt es etwa in einem Gutachten des Instituts der Deutschen Wirtschaft Köln aus dem Jahr 2006, »bestimmt seine technologische Wettbewerbsfähigkeit und Attraktivität für ausländische Investoren. Angesichts des demografischen Wandels und stagnierender Absolventenzahlen in höheren Bildungsgängen werden für Deutschland Befürchtungen laut, dass in Zukunft nicht mehr genügend Humankapital zur Verfügung steht, um den produktiven Einsatz des Sachkapitals zu ermöglichen und damit im Innovationswettbewerb mithalten zu können. Damit Deutschland im internationalen Wettbewerb nicht ins Hintertreffen gerät, ist es erforderlich, die noch nicht erschlossenen Bildungspotenziale auszuschöpfen.«

Damit sind wir sozusagen bei der Rückseite der Erziehungsmedaille. Auf welche Ziele hin unsere Kinder sozialisiert werden, welche ihrer Kompetenzen und Bedürfnisse also gefördert und welche eher ignoriert werden – das hat nicht nur mit den Erwartungen der Eltern zu tun. Sondern auch mit den Erwartungen derer, die sich von den Kindern einmal bestimmte Leistungen erhoffen – wenn diese einmal »erzogen« sind.

EIN KLEINER AUSFLUG:
DIE NACHKRIEGSWENDE

In den 1940er-Jahren appellierte das United States Children's Bureau (eine staatliche Agentur vom Range unserer Bundeszentrale für gesundheitliche Aufklärung) an die US-amerikanischen Eltern, sie sollten nicht mit ihren Babys spielen, »auch wenn dies hart erscheine«. Die Kinder würden sonst verzärtelt und gewöhnten sich an beständige Unterhaltung. Schon Jahre zuvor hatte die Agentur den Grund ausgeführt: Durch das Eingehen auf die kindlichen Signale schaffe man sich »einen Haustyrannen, dessen andauernde Ansprüche aus der Mutter eine Sklavin machen«.

Dies war damals keine Außenseitermeinung, sondern Konsens in den westlichen Ländern. »Die führenden Fachleute – englische, ausländische und amerikanische – stimmen alle darin überein, dass ... das Erreichen einer perfekten Regelmäßigkeit, angefangen mit Füttern und Schlafen nach der Uhr, das Fundament für den vollständigen Gehorsam [ist]«, so eine britische Erziehungsexpertin im Jahr 1937.

Wie sehr diese Erziehungshaltung ein Spiegelbild der damaligen industriellen Arbeitswelt war, zeigt die Formulierung in dem damals in Deutschland populären Elternratgeber »Neuzeitliche Säuglingspflege« von 1934: »Ein vernünftig gehaltenes Kind läuft wie ein flinkes blankes Rädchen im Uhrwerk eines wohlgeleiteten Haushalts mit.« Der auf Unterordnung, Rationalisierung, Zergliederung und Rhythmisierung gerichtete Geist der Arbeitswelt war auch der Geist, in dem die Kinder erzogen werden sollten. Zwei Seiten einer Medaille: In der Firma, in der Behörde oder im Militär ging es permanent um die Macht – ebenso in den Familien. Die Säuglinge mussten schreien, bis die Uhr richtig stand – passend zu den Stechuhrzeiten in der Arbeitswelt. Die Welt dort draußen war die Matrize für die Welt dort drinnen – für das Familienleben, die Geschlechterrollen und für die Erziehung der Kinder.

Drückt man auf Fast Forward, so wird einem schwindelig. Nirgends ändert sich jetzt die Gesellschaft schneller als in den USA nach dem Ende des Zweiten Weltkrieges. Die industrielle Kriegsökonomie mündet in eine kollektive Gründerphase. Unternehmen schießen aus dem Boden, die Dienstleistungsbranche boomt, Erfindergeist und Wagemut sind das neue Kapital. Mit der Expansion der Absatzmärkte gedeiht die Mittelschicht, und es gedeiht der Optimismus. Das Wort *Service* ist in aller Munde, anstelle des Fabrikarbeiters vom alten Schlag beherrscht jetzt der »self made man« die Bühne.

Und die Welt dort drinnen? Ändert sich genauso radikal. Ein Erziehungsbuch mit unerhörten Botschaften verkauft sich jetzt in einer Millionenauflage – es soll bis heute nach der Bibel das am meisten verkaufte Buch bleiben: Der Ratgeber *The Common Sense Book of Baby and Child Care* des Kinderarztes Dr. Benjamin Spock. Zwischen 1946 und 1973 wurde statistisch gesehen für jeden jetzt in den USA geborenen »Baby-Boomer« ein Exemplar dieses Ratgebers über die Ladentheke geschoben.

Nicht mehr die durch ein Machtgefälle erzwungene »Lebensbemeisterung« (Miriam Gebhardt) bildet den Kern dieses Erziehungsbuches, nicht mehr die Frage, wie ein potenzieller Tyrann eingehegt werden kann, nicht mehr die Beratung, wie die Triebe des unzivilisierten Kindes kontrolliert und sein Wille gelenkt werden sollen. Vielmehr steht jetzt die Gestaltung einer *Beziehung* im Mittelpunkt. Früher, so Dr. Spock, habe man geglaubt, dass »nur absolute Strenge aus einem Kind einen richtigen Menschen« machen könne. Heute wisse man, dass »zur Kindererziehung das absolute Verständnis für das einzelne Kind gehört«. Und statt die Eltern an die Expertenkandare zu nehmen, behandelt Spock seine Leser und Leserinnen als »Self-made-Eltern« – sie sollten ihrer eigenen Intuition folgen und sich auf den »gesunden Menschenverstand« verlassen. Selbst der Optimismus, der jetzt die amerikanische Gesellschaft prägt, findet sich in den Ratschlägen zur Erziehung wieder: »Jedes Kind wird geboren, um ein vernünftiges und freundliches menschliches Wesen zu sein.«

Was nicht bedeutet, dass durch Dr. Spock millionenfach ein Reset-Schalter in den Köpfen der Eltern gedrückt worden wäre und auf einmal alle Eltern (und Großeltern) auf den neuen Pfad eingeschwenkt wären. Einen solchen Reset-Schalter gibt es nicht – schon deshalb nicht, weil unsere Erziehungshaltung nicht nur unseren sozioökonomischen Rahmen, sondern immer auch unsere eigene Beziehungsgeschichte widerspiegelt (das wird noch Thema sein). Und tatsächlich sind mit der Ära Spock die Debatten um die richtige Erziehung ja erst losgegangen – bis heute wird von konservativen Kreisen behauptet, die US-amerikanischen Babyboomer seien durch die neue Erziehungshaltung verdorben worden (»a generation Spocked when they should have been spanked«, wie der konservative Kolumnist Stewart Alsop es ausdrückte – eine Generation also, der man lieber den Hintern hätte versohlen sollen, als sie mit Spock's Ideen zu verziehen).

Von diesem Wandel des Erziehungsstils war im deutschen Mainstream lange Zeit nichts zu spüren. Am Anfang der Nachkriegszeit stand ja nicht die Euphorie einer neuen Zeit, da beherrschten zerstörte Beziehungen, Traumata und Trümmer den Alltag – keine gute Voraussetzung für die Gestaltung einer »beziehungsorientierten« Erziehung. Die gängigen deutschen Erziehungstraktate der Nachkriegszeit setzten die Nazitradition in der Erziehung praktisch lückenlos fort. Sie bauten weiterhin auf Säuglingspflege nach der Uhr und Körperstrafe bei »mutwilligem« Schreien des Säuglings – so etwa die ab 1949 massenhaft verbreiteten Heftchen von Edith Krüger. Auch an der menschenunwürdigen Behandlung der Kinder änderte sich zunächst nichts. Dieselbe Hartherzigkeit, dieselbe Brutalität: »Der Haltegurt wird auch dazu verwendet, ein lebhaftes Kind vor dem Einschlafen in seinem Bettchen zum Stillliegen zu zwingen« (hier zitiert aus einem Ratgeber des Jahres 1965). Und auch, wo es um die Schulkinder ging, vernahm man in der Elternliteratur den alten Kasernenton: »Das Kernziel aller Erziehung ist die Erziehung zum Gehorsam. (…) Jeder Ungehorsam muss sofort und ohne Ausnahme bestraft werden.«

Erst 1957 erschien eine deutsche Übersetzung von Dr. Spocks Ratgeber. Und es sollte dann noch viele Jahre dauern, bis die Welle der »Neuen Erziehung«, wie sie damals auch genannt wurde[3], im Mainstream der Bundesrepublik ankam (die »Neue Erziehung« hat übrigens nichts mit der »antiautoritären« Erziehung zu tun, die ab Beginn der 1970er-Jahren in bestimmten sozialen Milieus praktiziert wurde).

23

Erst mitten im Wirtschaftswunder wurde schließlich die nächtliche Stillpause von acht Stunden hinterfragt – bis dahin galt, dass nur »schwächliche Kinder« nachts zu füttern seien. Die Klassiker der nationalsozialistischen Erziehungsliteratur, wie etwa die Bücher von Johanna Haarer blieben – leicht umbenannt und um offenkundige nationalsozialistische Bezüge bereinigt – noch bis in die 1980er-Jahre hinein in Gebrauch. Die letzte Auflage von »Die Mutter und ihr erstes Kind« erschien im Jahr 1987.

ZWEI STANDORTSICHERUNG

—————— Sind Eltern in Sachen Erziehung also Blätter im Wind? Die vielen Umbrüche, Moden und Kehrtwendungen in der Erziehungspraxis legen es nahe. Während die Eltern oft annehmen, sie selbst säßen in dem als privat und intim angesehenen Prozess der Erziehung allein am Steuer, zeigt die Geschichte: In der Erziehungsdebatte sitzen immer auch die mit am Tisch, die die Kinder als zukünftige *Funktionsträger* sehen – ob als Soldaten, Bewohner eines angeblich freien »Lebensraums« im Osten, als sozialistische Normerfüller, antifaschistische Vorkämpfer, als Fabrikarbeiter oder als spätere Fachkräfte, Forscher, IT-Spezialisten oder Konsumenten. So seltsam es in unserem heutigen, nach allgemeiner Lesart auf die Individualität der Menschen ausgerichteten Zeitalter auch klingen mag: Was wir als gut und richtig in der Erziehung der Kinder ansehen, hat nicht nur mit den Kindern und ihren Bedürfnissen zu tun, sondern beruht immer auch auf der Meinung derer, die an einem bestimmten *Beitrag* der Kinder interessiert sind. Die Kleinen mögen die Schätze ihrer Eltern sein. Für andere sind sie aber auch Schätze – wenn auch in einem anderen Sinne.

Die verwertbaren Talente im Fokus

Blickt man zurück in die Geschichte, so zeigen sich die Fremdinteressen in der Erziehung deutlich – vielleicht deutlicher, als sie uns heute erscheinen. Als Erstes bestätigt sich, dass die jeweils gängigen Leitbilder für die Kindererziehung stark von Institutionen und Personen propagiert wurden, die mit Kindern eigentlich gar nichts zu tun hatten. Adel und Klerus im Mittelalter wussten genau, worauf es in der Erziehung ankommt – auch wenn das mit den Kindern gerade für die Geistlichen eine Art Trockenschwimmen war. Die Generäle im Kaiserreich hatten eine klare Vorstellung, wie Kinder zu erziehen seien – ja, sogar wie man Babys am besten behandele. Auch die Politiker wussten schon immer, was die Aufgabe der erziehenden Mütter sei. »In meinem Staate ist die Mutter die wichtigste Staatsbürgerin«, prahlte Adolf Hitler. »Was der Mann an Opfern bringt im Ringen seines Volkes, bringt die Frau an Opfern im Ringen um die Erhaltung dieses Volkes in den einzelnen Zellen.« Ebenso mischten die Fabrikbesitzer und Industriebarone des Frühkapitalismus in der Erziehungsdebatte kräftig mit und waren beispielsweise der Meinung, dass Kinder in Schulen nichts verloren hätten.

Auch die medizinischen Experten hielten mit ihren Meinungen nicht hinterm Berg. Jedenfalls war ein guter Teil von ihnen verlässlich zur Stelle, wenn es darum ging, die jeweils herrschende Erziehungsdoktrin »wissenschaftlich« zu begründen. Der bedeutende Kinderarzt Adalbert Czerny etwa gab in seinem in vielen Auflagen verbreiteten Buch »Der Arzt als Erzieher des Kindes« dezidierte Anweisungen, wie das »Nervensystem« des Kindes richtig zu erziehen sei – nämlich durch strikte »Regelmäßigkeit« in der Nahrungsaufnahme und bei den Pflegemaßnahmen. Das sei nicht nur für die Gesundheit des Kindes wichtig, sondern auch »die erste Erziehung zur Beherrschung der Triebe«.[4] Im »Dritten Reich« war es das (wenn auch nicht in allen Ansichten vergleichbare) Tandem Haarer/Hetzer, die eine Lungenfachärztin, die andere Entwicklungspsychologin, das die Bevölkerung in populären Ratgebern auf die geforderte Kampfbeziehung zu den Babys einschwor: Man beschäftige sich »nie länger als 5 bis 10 Minuten auf einmal mit einem Kind des ersten Lebenshalbjahres und nicht mehr als 10 bis 15 Minuten im zweiten Lebenshalbjahr«, so der Rat der Fachfrauen.

Erziehung nach Geschäftszweck?

Bei den unterschiedlichen Vorstellungen zur Erziehung wurden zu jeder Zeit andere Prioritäten gesetzt, was die jeweils zu »fördernden« Talente und Verhaltensmerkmale anging. Aus der großen Torte kindlicher Entwicklungsmöglichkeiten wurden immer diejenigen Stücke herausgeschnitten, die gerade als besonders wichtig oder nützlich erschienen. Adolf Hitler etwa fand die Förderung der »geistigen Fähig-keiten« zweitrangig, dafür lag ihm viel an gestählten Körpern: »Der völkische Staat hat [...] seine gesamte Erziehungsarbeit in erster Linie [...] einzustellen [...] auf das Heranzüchten kerngesunder Körper. Erst in zweiter Linie kommt dann die Ausbildung geistiger Fähigkeiten.« Heute würden wir uns schieflachen, wenn etwa die PISA-Tests das Ab-schneiden bei Liegestützen messen würden.

Dass die jeweils priorisierten Merkmale extrem unterschiedlich wa-ren (und bis heute sind), wird niemanden überraschen – zur Rettung des Vaterlandes oder zum Aufbau einer »klassenlosen Gesellschaft« braucht es andere Qualitäten als zur Rettung des Wirtschaftsstandorts. (Die Kinder, die die jeweils angesagten Merkmale entwickelten, wurden von den Erwachsenen übrigens immer mit besonders positiven Eigen-schaftswörtern dekoriert. Sie galten je nach Zeitalter als »tugendhaft«, »schicklich«, »tapfer« oder auch »brav« und »wohlerzogen«. Heute ver-stehen manche Eltern das Wort »hochbegabt« in einem ähnlichen Sinn.)

Eine Frage der Perspektive

Schauen wir noch einmal genauer hin zu dem Tisch, an dem über das gesellschaftliche Leitbild von Erziehung und Bildung diskutiert und ge-stritten wird. Die da sitzen, bewerten Kinder aus ganz unterschiedli-chen Perspektiven. Aus Sicht der Eltern sollte sich ihr jeweiliges Kind so in die Gesellschaft einpassen, dass es sein materielles und seelisches Auskommen findet – ein individueller Blick. Der Blick der anderen Teil-nehmer an dem Tisch ist dagegen auf die Kinder in ihrer *Gesamtheit* gerichtet: Es sollen genug Funktionsträger für die anstehenden (oder erträumten) Aufgaben bereitstehen. Genug Rekruten. Genug pünktli-che Fabrikarbeiter. Genug gehorsame Minenarbeiter. Genug hochquali-fizierte Führungskräfte. Genug freundliche und flexible Servicekräfte. Anders gesagt: Für die Eltern steht das Schicksal *ihres Kindes* im Vorder-grund. Den Machteliten am Tisch dagegen geht es um *die Kinder* – um deren Beitrag zur jeweils als wichtig oder vorteilhaft erachteten Agenda.

Diese Unterscheidung der Perspektiven ist nicht trivial und wird uns noch – in ihrer ganzen vertrackten Dialektik – intensiv beschäftigen. Denn man könnte das Geschehen am Tisch ja sehr unterschiedlich interpretieren:

... Auf eine für die Eltern wenig schmeichelhafte Weise. Sie stünden aus dieser Sicht nämlich als Kollaborateure der herrschenden Machtinteressen da. Schließlich ziehen sie ihren geliebten Kleinen gegenüber etwas durch, was nicht unbedingt sie selbst auf den »Erziehungsplan« geschrieben haben! Wenn wir an die Mütter im Nationalsozialismus denken oder an die Väter im alten Sparta fällt uns diese Interpretation sicher leichter, als wenn wir uns selbst betrachten.

... Oder man könnte einen Gewinn für alle sehen: Was für die Machteliten gut ist, ist auch gut für die Eltern – und damit auch für ihre Kinder. Schließlich wird das richtige Funktionieren der Kinder gut entlohnt – mit einem Arbeitsplatz, gesellschaftlicher Achtung, materiellem Aufstieg. Mit Status also, der sozialen Währung schlechthin.

Erziehung im Zeitalter der globalisierten Marktwirtschaft

Bevor wir uns aber an diese vertrackte Dialektik mit ihren vielen Perspektiven wagen, schauen wir uns noch einmal das Hier und Heute genauer an. Es ist geprägt von einem nicht zu übersehenden Wissenszuwachs – auch über Kinder. Richtet sich damit Erziehung jetzt nicht an dem aus, was Wissenschaftler alles an Neuem entdeckt haben? Was sie inzwischen über die Synapsen, Rezeptoren und Bedürfnisse der Kinder wissen? Entzieht das nicht diesem ständigen Schielen nach der zukünftigen Verwertbarkeit der Kinder den Boden?

Zunächst einmal fällt auf, wie weit sich die heutigen Kompetenzerwartungen von denen unserer Großeltern, aber auch von denen unserer Eltern wegentwickelt haben. Das Highlight des Erziehungsalltags ist ganz gewiss nicht mehr, wenn das Baby das gewünschte Resultat ins Töpfchen drückt[5] oder wenn das Kleinkind zur Begrüßung brav einen »Diener« macht – sondern wenn es mit möglichst elaborierten ersten Worten seine gehobene Intelligenz erkennen lässt. Die Eltern freuen sich nicht deshalb, weil das Kleine endlich sein Löffelchen richtig halten kann (Zeigefinger oben, Daumen an der Seite), sondern daran, dass es »selbstständig« einschläft. Und wenn es dann seinen Zahlenraum noch im Kindergartenalter auf 50 aufpumpt, pocht das Elternherz in fester Gewissheit: Aus meinem Kind wird einmal ein erfolgreiches Mitglied der Gesellschaft. Jetzt muss es nur noch rasch mehrsprachig werden.

Auch die Individualität des Kindes steht jetzt ganz oben auf der Agenda. Als Knabe hieß man bis in die Nachkriegszeit hinein zum Beispiel Gustav. Und das ganz gewiss nicht, weil der Mutter der Name so sehr gefiel, sondern weil es da einen Ahnen namens Gustav gab. Zu Beginn der 1960er-Jahre brachte es unser Modellknabe dann immerhin schon auf »Herbert« – auch wenn die Ahnenreihe dicht mit »Hermann« besetzt war. Ab den 1990ern klingen die Kinder dann wie Verheißungen. Die Schauspielerin Uma Thurman etwa gibt ihrem Baby gleich fünf Vornamen: Rosalind Arusha Arkadina Altalune Florence. Gut, wenn da mal nicht noch ein paar Geschwisterchen dazukommen.

In seiner Einzigartigkeit soll das Kind darüber hinaus in der Lage sein, sich gegen die anderen einzigartigen Kinder zu behaupten – schließlich bekommt man die guten Jobs nicht etwa durch einen schönen Vornamen (oder fünf). Und auch das »Urvertrauen« – noch in der Generation zuvor häufig als wichtigstes Erziehungsziel genannt und mit Schaffell und langem Stillen angebahnt – hilft da nur bedingt. Heute ist eher Durchsetzungsvermögen gefragt. Wenn Pädagogen der Universität Innsbruck jetzt beklagen, dass »Mädchen schon als Dreijährige deutlich seltener zum Leistungswettbewerb mit Gleichaltrigen bereit sind als Jungen«, so liegt die Schlussfolgerung auf der Hand: »Das Wettbewerbsverhalten von Frauen [ist] schon in jungen Jahren gezielter zu fördern, um einen Beitrag zu mehr Chancengleichheit auf dem Arbeitsmarkt zu leisten.«

Die Kompetenzerwartungen heutiger Eltern im gesellschaftlichen

Mainstream drehen sich somit vor allem um drei individuumsbezogene Kardinaltugenden: eine möglichst rasche sprachliche und kognitive Entwicklung, möglichst frühe Autonomie sowie Durchsetzungsvermögen. Auf der Erziehungsagenda der bürgerlichen Mittelschicht sind damit genau die persönlichen Qualitäten gelandet, die in der globalisierten Wirtschaft als die entscheidenden Produktivitätsressourcen gelten. Mit anderen Worten: Das Kind soll fit werden für den Wettbewerb.

Dieses Kleeblatt wäre unvollständig, wenn wir nicht noch eine weitere, scheinbar paradoxe Forderung an die Kinder herantragen würden: Sie sollen nämlich – bei aller individuellen Leistungsbereitschaft – auch *teamfähig* sein. Also mit den anderen Kindern auskommen, sich an Regeln halten und auch mal warten können, bis sie dran sind. Dass auch in diesem Ziel die Anforderungen der heutigen, auf Vernetzung und Serviceorientierung angelegten Arbeitswelt mitschwingen, zeigt die Tatsache, dass auch die OECD die Teamfähigkeit heute zu den »Schlüsselkompetenzen« der kindlichen Bildung rechnet und darauf hinweist, dass die guten zwischenmenschlichen Beziehungen der »Bildung von Sozialkapital« dienen und deshalb »zunehmend auch für den wirtschaftlichen Erfolg wichtig« seien.

Bildung zur Standortsicherung?

Der derzeit gültige »geheime Lehrplan« der Erziehung ist also noch gar nicht so alt. Er stammt aus der Zeit der Globalisierungseuphorie des ausgehenden 20. Jahrhunderts. Damals, nach dem Fall der Mauer, schien die »Systemfrage« geklärt, der Kapitalismus stand als Sieger fest. Mancher Historiker redete gar vom Ende der Geschichte. Die Freiheit, die sich da auf dem politischen Feld durchgesetzt hatte, wurde jetzt zunehmend als Freiheit des einzelnen Marktteilnehmers gesehen – der auf einem möglichst unregulierten Markt seine Vorteile zu suchen habe.

Gleichzeitig lösten die rasanten Fortschritte in der Biotechnologie und vor allem der Informationsverarbeitung ungeheure Hoffnungen aus – die Dienstleistungsgesellschaft sei auf dem Weg in die »Wissensgesellschaft«. Mit dem neuen Rohstoff Wissen ließen sich das Kapital und die eingesetzten »Humanressourcen« immer effektiver nutzen, Waren immer billiger herstellen, Dienstleistungen immer schneller erbringen. Der goldene Weg zu unermesslichem Wohlstand!

Man staunt nicht schlecht, wie schnell gerade die Eltern und Erzieher für den neuen Masterplan gewonnen werden konnten. Ging es in den 1970er- und frühen 1980er-Jahren in den Kindergärten noch darum, ob Wasserpistolen okay seien und die Kleinen ihre Schäufelchen gerecht teilen (oder sich zumindest kreativ »in die Gruppe einbringen«), wurden jetzt Bildungspläne gedruckt, in denen es vor allem um die kognitiven Kompetenzen der Kleinen ging. Spielen – wenn davon überhaupt noch die Rede war – wurde jetzt als Unterabteilung der Intelligenzentwicklung gesehen: »Intelligente Wissensspiele« hießen auf einmal die Buchtitel und »Falten und Spielen – intelligent durch geschickte Finger«. Auf den Kita-Elternabenden lassen sich jetzt Eltern der Republik über das Konzept der »Metakognition« aufklären, und die größte deutsche Bildungsmesse, die Didacta, lädt ein zu Fachvorträgen mit Titeln wie: »Die kindliche Bildungsbiografie optimieren«. Der auf Effizienz und Ertrag gerichtete neue Zeitgeist fordert jetzt auch das: die pädagogische Mästung von Anfang an.

In der populären Presse wird gleichzeitig die Grenze ausgelotet, wie weit man denn mit dem Streben nach mehr Bildung gehen dürfe. In dem Bestseller »The battle hymn of a tiger mother« (deutsch: »Die Mutter des Erfolgs. Wie ich meinen Kinder das Siegen beibrachte«) beschreibt die chinesischstämmige Harvard-Juristin Amy Chua nicht weniger als die Diktatur der Bildung – in ihrem Namen sei die Kindheit in ein pädagogisches Reservat zu verwandeln, in dem den Kleinen auch schon mal anzudrohen sei, dass ihr Lieblingsteddy verbrannt wird, wenn sie nicht öfter Klavier üben. Selbst die der Mutter überreichten Geburtstagszeichnungen seien streng auf Qualität zu prüfen und – falls das Niveau nicht stimmt – zurückzugeben: *You can do better!*

In Deutschland setzt man dabei weniger auf die Eltern selbst als auf die Bildungsanstrengungen der Institutionen. Immerhin 25.000 Kitas sind inzwischen als »Haus der kleinen Forscher« zertifiziert – das Bildungsmodell geht auf die Initiative der Unternehmensberatung McKinsey & Co zurück, deren damaliger Chef, Prof. Jürgen Kluge, so argumentierte: »Bildung und damit Humankapital ist die Voraussetzung für Innovation, Wachstum und Wohlstand. (...) Beginnen wir also, Kinder ernst zu nehmen. (...) Beginnen wir mit dem Lernen ab der Geburt und nicht erst in der Schule ...« Das mit solchen Worten aus der Taufe gehobene Forschermodell für die Kitas bietet den Kleinen »mathematische, naturwissenschaftliche oder technische Projekte« an, die ihre »Begeisterung für naturwissenschaftliche Phänomene und technische Fragestellungen wecken und langfristig zur Nachwuchssicherung der entsprechenden Berufsfelder beitragen«. Das pädagogische Konzept der Forscher-Häuser wiederum stammt von der Telekom-Stiftung (und wird uns noch beschäftigen).

Die unsichtbare Hand

Da ist sie also wieder, die ewige Kehrseite der Erziehungsmedaille – die (interessengebundene) Perspektive derer, die im öffentlichen Raum gerade den Ton angeben. Erstaunlich nur, dass sie der Vorderseite so ähnlich ist: Spricht man mit Eltern, so sehen sie in dem, was sie ihren Kindern vermitteln wollen, etwas ganz Persönliches. Etwas, das ihre ureigenen Werte und Ansichten widerspiegelt. Selbstständigkeit? Je früher desto besser! – Intelligenz? Haben nicht die Neurowissenschaften gezeigt, dass das kindliche Hirn sich gerade jetzt in seiner sensibelsten Phase befindet? – Bildung? Klar geht es da vornehmlich um Wissen – wir leben schließlich in einer »Wissensgesellschaft«! Wie durch Zauberhand scheint sich der Bedarf der Wirtschaft in die Köpfe der Eltern gemogelt zu haben.

Selbst in der modernsten aller Welten, die sich auf das Versprechen gründet, dass jeder seinen individuellen Platz und Lebensentwurf suchen kann, funktioniert offenbar diese uralte, wundersame Mimikry: Was die Eltern für ihr eigenes, unvergleichliches, ganz besonderes und, selbstverständlich, individuell erzogenes Kind anstreben – ist genau das, was der »Standort« gerade braucht.

DREI VON DEM, WAS UNS RICHTIG ERSCHEINT

Auf eine seltsam verworrene Art scheint das, was hier und jetzt gerade als wichtig erachtet wird (von wem und für was, ist dann erst die zweite Frage), sich auch *richtig* anzufühlen. Fehlt der Achse, um die sich unser Leben dreht, vielleicht die feste Aufhängung?

Menschen mögen aus demselben Lehmklumpen geformt sein – aber was haben sie nicht schon alles für das richtige Leben gehalten! Denken wir an die Menschen im Mittelalter – wichtig und richtig war das gottgefällige Leben im christlichen Glauben. Des Lebens höchste Bestätigung: ein Tod, den wir »gerüst, willig und bereyt« antreten. Die größte Angst: im Moment der Wahrheit, also angesichts des Todes, vom Glauben abzufallen und in die Fänge des Teufels zu geraten – er wartet ja auf so mancher zeitgenössischen Darstellung direkt neben dem Sterbebett. Typisch also für die damalige Zeit, wenn ein Sterbender versichert, er bleibe in der Todesnot seinem Glauben treu, auch wenn er »aus Schwachheit des Hauptes« gegebenenfalls etwas anderes sagen sollte.

Dieser Blick auf das Richtige wird noch verworrener, wenn wir ihn auf andere Kulturen erweitern – Filme über ferne Kulturen sind ja gerade deshalb so spannend, weil wir mit der Kamera im Grunde in andere Gehirne hineinzuschauen versuchen: Was geht da drin vor? Was treibt diese Menschen an? Was ist für sie die Essenz eines »gelungenen« Lebens? Oft genug bleiben diese Fragen unbeantwortet.

Genauso wie die Fragen so manches Vaters und mancher Mutter unbeantwortet geblieben sind, was denn ihre Kinder antreibe, die da gerade zum Sprung ins Erwachsenenleben ansetzen. Man denke nur an die Zeit, als dem Wirtschaftswunder so langsam die Puste ausging, die Zeit der langhaarigen »Gammler«: Wie bitte? *So* stellen die sich das *Leben* vor? Und wie sie auch noch aussehen! O Gott, und die werden einmal das Altersheim für uns aussuchen?

Begegnungen zwischen innerer und äußerer Welt

Wie kommt das, was uns als »richtig« erscheint, unter die Schädeldecke? Wer flüstert uns ein, was Wert hat und was nicht?

Um es kurz zu machen: Unter der Schädeldecke begegnen sich die innere und die äußere Welt. Da treten Seele und Umwelt in Resonanz – und bringen dieses Flüstern auf den Weg, das letzten Endes auch unser Fühlen und Denken leitet. Je nachdem, wie die Innen- und Außenräume der Menschen gestaltet sind, werden da sehr unterschiedliche Ansagen erklingen …

An den Innenflächen dieses Resonanzraumes wird schon in der frühesten Kindheit gearbeitet. Die Entwicklungspsychologie geht davon aus, dass Kinder ihr grundlegendes emotionales »Arbeitsmodell« an ihren Erfahrungen in den kleinkindlichen Beziehungsprozessen ausrichten. Auch die kulturvergleichende Forschung kann zeigen, dass der grundsätzliche Umgang der Erwachsenen mit den kindlichen Emotionen auch auf deren spätere Beziehungsmuster, auf ihr Selbstbewusstsein und sogar auf das Bild ausstrahlt, das sich die Kinder generell von der Welt machen. Dieses Arbeitsmodell wird dann im weiteren Leben entweder bestätigt, modifiziert oder verworfen – je nach dem, welche Erfahrungen dazukommen. Das ursprüngliche, in den ersten Lebensjahren entwickelte Arbeitsmodell ist also beileibe kein Stempel für das Leben – sondern in der Tat ein *Modell*, in das dann die Erfahrungen mit der äußeren Welt laufend integriert werden.

Bei der Entstehung des inneren Flüstertons spielt die äußere Welt aus einem weiteren Grund eine entscheidende Rolle: Zum einen liegt dort ja das tagesaktuelle kulturelle Angebot an Ideen, Werten, Überzeugungen und Denkmustern aus. Zum anderen aber warten dort ganz handfeste *Rollen* auf uns Menschen – sei es bei der Erwerbsarbeit, in der Familie oder bei der Freizeitgestaltung. Und die Erfahrungen, die wir in den Rollen machen, in die wir da hineinschlüpfen, wirken wiederum auf unser Innenleben zurück – und wie!

Denn mit diesen Rollen, die da immer wieder neu im Angebot einer

Gesellschaft ausliegen, ist das so eine Sache. In manchen Rollen fühlen wir uns wohl, in anderen sind wir gestresst und unzufrieden. Generell haben wir in solchen Rollen Aufwind, in denen wir uns sozial eingebunden fühlen, in denen wir uns als wirksam und kompetent erfahren und in denen wir bei wichtigen Dingen mitentscheiden können.[6]

Wie stark das Rollenangebot einer Gesellschaft auf die psychische Verfassung und auch die Werte und Überzeugungen ihrer Mitglieder zurückwirkt, zeigt die Sozialpsychologie. Ist es um das Rollenangebot einer Gesellschaft schlecht bestellt – sind also in der Gesellschaft nur wenige seelisch auskömmliche Aufgaben und Arbeitsplätze im Angebot –, so neigen die Menschen eher zu Ressentiments, Ausgrenzung Andersdenkender, Gewalt und dogmatischem Denken. (Das zeigt sich etwa, wenn Gesellschaften in Krisen rutschen, Massenarbeitslosigkeit herrscht oder ganze Bevölkerungsschichten verarmen. Plötzlich kann sogar ein Krieg als richtig oder auch »heilig« gelten.)

Resonanzraum der Geschichte

Dass sich in einer Gesellschaft auf einmal neue Werte (und dazu gehören auch neue Überzeugungen über den »richtigen« Umgang mit Kindern) entwickeln, liegt also daran, dass der innere Kompass der Menschen immer wieder neu geeicht wird – und zwar sowohl an den Erfahrungen, die sie in ihrem Beziehungskosmos machen, als auch an ihren Erfahrungen bei der Bemeisterung der Welt dort draußen.

Wenig verwunderlich also, dass die jeweilige Haltung zu Kindern im Grunde in einem Wechselspiel von inneren und äußeren Einflüssen entsteht. Auf der einen Seite spiegelt sie die Lebensbedingungen bei den Erwachsenen wider – wie auskömmlich die Rollen sind, die da gerade im kulturellen Angebot sind. Auf der anderen Seite schimmern dabei aber immer auch die jeweils durchlebten Kindheiten der Erziehenden durch – die Art also, wie sie selbst vor allem in ihren frühen Jahren behandelt worden sind.

Insofern dürfte nicht verwundern, dass den historisch tiefgreifendsten Umbrüchen in der Erziehungshaltung immer auch tief greifende gesellschaftliche Umbrüche zugrunde lagen – und umgekehrt. Die Sozialisation der Kinder in Deutschland hat sich in dem Moment nachhaltig verändert, als sich ab den späten 1950er-Jahren in Deutschland eine prosperierende Mittelschicht herausbildete und sich die Industriegesellschaft alten Zuschnitts allmählich in eine Dienstleistungsgesellschaft wandelte. Umgekehrt kann die in Europa in den 1970er-Jahren einsetzende Ökologie- und Alternativbewegung nur vor dem Hintergrund der neuen Bindungs- und Erziehungsmuster in Westdeutschland ab Beginn der 1960er-Jahre verstanden werden (nicht umsonst wurde damals in Deutschland ja die Bindungstheorie Bowlbys populär und in den Geburtskliniken solch revolutionäre Praktiken wie das »rooming-in« eingeführt).

Ein Dschungel an Entwürfen

Aus der Vogelperspektive kann man die Geschichte der Menschen mit diesem beständigen Wechselspiel der Außen- und Innenräume fast schon als einen Dschungel an Lebensentwürfen beschreiben, in dem immer wieder neue Varianten sprießen. Und was für exotische Gewächse das manchmal sind! Wie seltsam die riechen! Welche irren Farben die tragen! Im Hier und Jetzt aber erscheinen uns die Entwürfe um uns herum weder als exotisch noch als seltsam – sondern als ganz normal. Als ob es in einem Wald gar nichts anderes geben könnte als die Eichen, Tannen und Fichten, die wir eben gewohnt sind.

Kein Wunder, dass uns die menschliche Ideengeschichte auf den ersten Blick als fortwährendes Rätsel erscheint. Selbst bei unseren Großeltern kann man ja vieles von dem, was sie etwa in ihren Büchern oder auch Tagebüchern als wahr, gut und richtig schildern, gar nicht mehr nachvollziehen. Der Stolz auf das Reich etwa, für das man schon mal auf dem »Feld der Ehre« seine Gebeine deponierte. Oder diese zappendustere Mannhaftigkeit, mit ihrem selbstverständlichen Machtanspruch Frauen und Kindern gegenüber. Auch die »Ehrbarkeit«, die »Sittlichkeit« und eben all das, was wir heute irgendwo zwischen museal und zirkusreif verorten. Und doch: All das wäre Teil unseres eigenen

Denkens und Empfindens gewesen, hätte es uns im großen Treiben der Welt in diesen Teil des Dschungels verschlagen (und wären wir als Kinder so behandelt worden wie die allermeisten unserer Urgroßeltern).

Nicht viel anders der Teil des Dschungels, in dem einmal das Stück »Wirtschaftswunder« gegeben wurde. Es riecht noch immer seltsam muffig dort, und selbst die – inzwischen verdursteten – Pflanzen stehen dort bis heute in Reih und Glied, nach Größe sortiert. Und doch wäre auch das Leben an diesem Fleckchen unser »richtiges« Leben gewesen – hätte uns das Schicksal an diesem Ort eingepflanzt.

Der Blick aus dem eigenen Fenster

Und heute? Ist der Boden dieses Dschungels so fruchtbar wie eh und je. Und das, was uns als »richtig und wahr« erscheint, ist im Grunde so relativ wie früher – auch das, was uns in der Erziehung als wahr und richtig erscheint … Dasselbe Rätsel, dasselbe Wechselspiel von innerer und äußerer Welt, derselbe Tanz der Sozialisation im Spiegel der jeweils herrschenden gesellschaftlichen Verhältnisse.

Nehmen wir nur einmal unsere Rollen als Mann und Frau. Welches Leben ist für eine Frau richtig und erstrebenswert? Was genau sorgt bei ihr für Beifall und ein gutes Gefühl im Herzen? Wodurch »emanzipiert« sie sich? Schon die Antwort, die wir noch vor 15 oder 20 Jahren gegeben hätten, könnte heute gut und gern von einem anderen Planeten stammen. »Hausfrau klingt in etwa so sexy wie alte Jungfer – da hat jemand keinen abbekommen – nämlich keinen Arbeitsplatz.« Wirklich Beifall gibt es heute allenfalls für die Eier legende Wollmilchfrau, beruflich erfolgreich (z. B. Inhaberin einer Anwaltskanzlei), als Mutter gut dabei (zwei süße Kinder, dürfen heute auch beides Mädchen sein) und als »Frau« sowieso (möglichst knitter- und faltenfrei, gerne auch kreativ im Bett, da darf sie sich heute sogar wieder die Fesseln anlegen lassen).

Mit der allgemeinen gesellschaftlichen Beschleunigung wurde also auch die Frau ganz schön auf Trab gebracht. Im Kern geht es bei diesem neuen Trab aber eindeutig um ihre *Funktion als Arbeitskraft* – und zwar nicht bei der Zubereitung von Pausenbroten oder in der Nachbarschaftshilfe, sondern als Arbeitskraft in der jetzt nach »Humanressourcen« hungrigen Wirtschaft. »Es ist endlich an der Zeit«, sagt dazu die EU-Kommissarin Reding klipp und klar, »in Deutschland und überall in Europa das ausgebildete weibliche Talent, das zur Verfügung steht, auch einzusetzen.« Das nicht zu tun komme einer »Wirtschaftsschädigung« gleich. Die Frau wird jetzt zur richtigen Frau, indem sie in der Arbeitswelt den effektiveren Mann abgibt.[7]

Das wertschöpfende Leben als das richtige Leben?

Auch hier stoßen wir also auf diese wundersame Mimikry, die uns bereits in Bezug auf die Kinder begegnet ist: Das, was für die neue Frau gut ist, ist genau das, was die globalisierte Wirtschaftswelt jetzt so dringend braucht.

Und der Mann, wo verortet der sein »richtiges« Leben? Genau – auch bei der Arbeit, für ihn ist das ja nichts Neues. Ein bisschen Windelwechseln schadet dabei nicht – falls es nicht zulasten der Karriere geht. (Tatsächlich ist der neue Mann, der nun auch in der Familie Hand anlegt, zwar in den Medien recht präsent, in der freien Wildbahn aber doch ein eher scheues Geschöpf.) Auch er, soll er ein »richtiger« Mann sein, soll sich jetzt im Job reinhängen und vor allem für seine Arbeit brennen.

Damit wird die wirtschaftliche Produktivität zu *dem* Leitmotiv der heutigen Lebensentwürfe. Richtig ist, was diesem Ziel dient, und so richten sich die Prioritäten der Gesellschaft daran aus. Und auch wenn längst keine Schlachten mehr für das Vaterland, das Reich oder einen Kaiser zu schlagen sind – in einem gewissen Sinn steht auch unsere heutige Zeit im Geist der Mobilmachung: der Mobilmachung für den globalisierten Wettbewerb.

Und weil dieser Geist uns auch so manches von dem einflüstert, was wir in Sachen Bildung und Erziehung für gut und richtig halten, schauen wir ihm am besten gleich in die Augen.

VIER DER GLOBALISIERTE WETTBEWERB

Wir schreiben das Jahr 1989. Es geht zwar kein echter Krieg zu Ende, aber eine Art Krieg allemal. Der Kalte Krieg endet unspektakulär – der kommunistische Ostblock erliegt inneren Erfrierungen. Mit einem Schlag nehmen jetzt fast 2 Milliarden Menschen mehr am westlichen Wirtschaftsmodell teil. War es vorher die Zugehörigkeit zu einem »Block«, die einem Land Identität, Schutz und auch Kooperationspartner sicherte, müssen die Länder jetzt sozusagen auf eigenen Beinen stehen. In der neuen politischen Großwetterlage ordnen sich als Erstes die Märkte neu – selbst das vorher abgeschottete China öffnet sich jetzt dem Handel.

Innerhalb von 20 Jahren versechsfacht sich das weltweite Handelsvolumen. Der Kapitalismus breitet sich nicht nur global aus, er wird zudem effizienter, produktiver, schneller. Die Digitalisierung leistet dazu mit immer kürzer werdenden Kommunikationswegen einen entscheidenden Beitrag. (Wenn ich im Folgenden den bequemen und sicherlich nicht ganz korrekten Begriff der »Globalisierung« verwende, so meine ich den modernen, global verfassten, sozusagen »beschleunigten« Kapitalismus – die Wirtschaft war ja schon vor dem ersten Weltkrieg weitgehend »globalisiert« und hat dann lediglich einen 80-jährigen, kriegsbedingten Kreislaufstillstand erlebt.)

Der Kapitalismus. Ein heikles Thema.[8] In unseren Köpfen gehen mit diesem Begriff automatisch einige Lichter an: Wirtschaftswunder. Befreiung vom Kommunismus. Erfindungsgeist. Wohlstand. Und natürlich: Freiheit. Und das zu Recht. Erst der Kapitalismus hat den Hunger aus Europa verbannt und versorgt uns heute so effizient mit Waren und Dienstleistungen wie noch nie in der menschlichen Geschichte. Und Freiheit? Sie ist eindeutig Teil des Modells – die grundlegende Triebkraft des Kapitalismus ist ja die freie Entscheidung der Akteure, ihr Kapital und ihre Arbeitskraft dort einzusetzen, wo es dem Einzelnen am nützlichsten erscheint.[9]

Und doch beinhaltet der Kapitalismus einige Widersprüche – und sie sind nicht kleiner geworden, seit der Kapitalismus im Globalisierungsprozess wirkmächtiger geworden ist.

Wachstumszwang

Genau darauf gründen sich jetzt die Hoffnungen: Immer bessere und billigere Produkte treffen auf immer mehr kaufbereite Kunden mit immer pralleren Geldbörsen. Der erste Teil dieser Glücksformel ist tatsächlich in das Effizienzprinzip des Kapitalismus »eingebaut«: Wegen des beständigen technischen Forschritts können Produkte und Dienstleistungen mit immer geringerem Aufwand hergestellt bzw. erbracht werden. Was aber, wenn der Konsum erlahmt? Dann beginnt der Niedergang. Arbeitskräfte müssen entlassen werden, die Einkommen sinken, die Nachfrage kommt unter Druck – ein Teufelskreis. Oder, um es in den Worten Angela Merkels zu sagen: Wachstum ist nicht alles, aber ohne Wachstum ist alles nichts. Tatsächlich ist der Kapitalismus nicht deshalb zum Wachstum verdammt, weil böse Kapitalisten nicht genug kriegen können – der Wachstumszwang ist vielmehr Teil des Modells, der Motor, der es antreibt. Oder, wie es die Wirtschaftsjournalistin Ulrike Herrmann ausdrückt: Wachstum ist nicht nur das Resultat des Kapitalismus, es ist gleichzeitig seine Voraussetzung. Wenn der Wohlstand immer dann bedroht ist, wenn das Wachstum schwächelt – wer kann dann noch politische Ziele formulieren, die möglicherweise »das Wachstum« schwächen (aber vielleicht dennoch für eine lebenswerte Zukunft wichtig sind)?

Ungleichheit

Die Globalisierung hat tatsächlich ein Wirtschaftswunder ausgelöst – nie ist die Weltwirtschaft schneller gewachsen als in den letzten 25

Jahren. Allerdings profitiert davon weltweit nur ein kleiner Teil der Bevölkerung. Nämlich die, die über außergewöhnlich hohe Qualifikationen in internationalen Schlüsselbranchen, über außergewöhnlich gute Ideen oder über außergewöhnlich viel Vermögen verfügen (ob das nun aus eigenem Besitz stammt, von Banken verliehen ist oder aus dem Besitz zusammenbrechender Staaten abgezweigt wurde). An der breiten Bevölkerung dagegen geht der weltweite Boom vorbei. Zwischen 2000 und 2010 ist die deutsche Wirtschaft um 14 Prozent gewachsen, die Reallöhne aber sind gleichzeitig im Mittel um 4,2 Prozent gefallen – und das, obwohl die deutschen Arbeitnehmer über einer bessere Bildung verfügen als jemals zuvor in der deutschen Geschichte. Bildung, so kann man aus diesem Trend ableiten, ist also durchaus hilfreich, um mehr zu verdienen als andere, weniger Gebildete. Welcher Teil des Volkseinkommens allerdings an die »Bildungs-Besitzer«, und welcher an die »Vermögens-Besitzer« verteilt wird, ist eine andere Frage.

Während die Einkommen der Mittelschicht stagnieren, sinken im unteren Dienstleistungs- und Produktionssektor die Löhne jetzt so stark, dass staatliche Zuwendungen notwendig werden, um überhaupt zu überleben. Immer mehr Arbeitsverhältnisse werden auf Zeit geschlossen. Und immer öfter ist im Lohn jetzt keine Absicherung für das – auch in der globalisierten Welt unvermeidliche – Alter enthalten.

Der Kapitaleinsatz degegen wird jetzt deutlich effektiver. Wer früher Geld hatte und ein Gespür fürs Geschäft, hatte vielleicht drei oder vier Läden und war Millionär. Heute hat er Niederlassungen rund um die Erde und ist Milliardär. Und er kann seine Macht geltend machen, um noch billiger zu produzieren – noch mehr Kredite zu bekommen, noch »wirtschaftlicher« zu arbeiten. Vor allem aber kann er seine Macht nutzen, um Kosten zu sparen: Steuern etwa (davon gleich mehr), und vor allem: Lohnkosten. Wo der Arbeiter in Freising mit dem in Frei Sing, China, konkurriert, lassen sich dafür immer gute Argumente finden.

In der Folge entwickeln sich die Vermögensverhältnisse der Menschen rasch auseinander. In praktisch allen Staaten öffnet sich die Schere zwischen den oberen und den unteren Einkommensgruppen. Ein Vorstandsmitglied in einem der großen deutschen Aktienunternehmen verdient heute etwa 200-mal so viel wie ein durchschnittlicher Arbeitnehmer. Mitte der 1980er-Jahre war es lediglich 20-mal so viel. Und je weiter oben in der Einkommenshierarchie, desto seltener stammt das Einkommen aus Arbeit, umso häufiger dafür aus investiertem Vermögen.

Insbesondere die Berufsgruppen, bei denen der menschliche Kontakt im Mittelpunkt steht (und deren Arbeitseinsatz sich deshalb durch Kapitaleinsatz nicht profitabler machen lässt), geraten jedes Jahr weiter ins Hintertreffen – das neue Prekariat, schon heute oft verbunden mit Altersarmut, wird immer öfter von denen gebildet, die Dienst an der Allgemeinheit tun: von Erzieherinnen, Altenpflegern, Krankenschwestern usw.

Auf den ersten Blick paradox anmutend, ist das der vielleicht enttäuschendste Aspekt der Globalisierung. Anders als in der Nachkriegsära kommen die Effizienzsteigerungen der Wirtschaft nur einer kleinen Schicht zugute. Heute besitzen nach einer aktuellen Studie der britischen Entwicklungshilfeorganisation Oxfam die 85 reichsten Menschen der Erde – sie hätten alle in einem einzigen Reisebus Platz – so viel Vermögen wie die gesamte »untere« Hälfte der Weltbevölkerung.

Und die Entwicklung der armen Länder? Sie leiden unter demselben Problem: Insgesamt hat sich ihre Wirtschaftsleistung verbessert – aber die Menschen profitieren nicht in der Breite davon. Auch dort sind die Eliten aufgestiegen, die von Macht und Besitz Ausgeschlossenen hingegen abgestiegen.[10]

Ende der Leistungsgesellschaft

Nehmen wir die Reichsten dieser Erde. Die Chancen stehen sehr gut, dass auch deren Kinder zu den Reichsten gehören werden – um diese besondere Gruppe hat sich ja längst eine Art Paralleluniversum mit privat organisierter Infrastruktur, Sozialisationswegen, sozialen Netzen, Konsummöglichkeiten und Bildungsangeboten gebildet (zu Letzteren gehören auch viele US-amerikanische Elite-Universitäten, die gegen eine Großspende die Förderung selbst mittelmäßig begabter Kinder gerne übernehmen).

Tatsächlich geht die materielle Ungleichheit immer stärker Hand in Hand mit einer *sozialen Ungleichheit,* das heißt, die Aufstiegschancen der Kinder werden immer mehr von der gesellschaftlichen Position der Eltern bestimmt. Die Geschichte läuft rückwärts: Nach einer relativen »Gleichverteilung« zwischen 1950 und 1979 ist der gesellschaftliche Reichtum heute ähnlich ungleich verteilt wie vor 200 Jahren (damals war Deutschland noch feudalstaatlich organisiert). Und wie damals stammt auch heute das angesammelte Vermögen nicht etwa aus eigener Leistung, sondern vor allem aus Erbschaften.

Neues, transnationales Machtzentrum

Der jüngste Globalisierungsschub hat einen seit den Anfängen des Kapitalismus zu beobachtenden Prozess deutlich beschleunigt: Große Konzerne landen rasch in marktbeherrschenden Stellungen. Anders als der Mythos besagt, gründet sich der Kapitalismus nämlich nicht automatisch oder grundsätzlich auf das marktwirtschaftliche Prinzip. Im Gegenteil: Dass sich Angebot und Nachfrage ungestört begegnen, scheint dort am wenigsten zu gelten, wo der Kapitalbedarf am größten ist. »Handwerker, Friseure, Gastwirte, Architekten, kleine Ladenbesitzer oder die Betreiber einer Reinigung – sie alle müssen sich der Konkurrenz stellen. Wenn das Essen nicht schmeckt, gehen die Kunden ein anderes Mal in ein anderes Restaurant.« In den wirtschaftlichen Spitzensegmenten dagegen ist das Prinzip Konkurrenz praktisch ausgehebelt – nur riesige Konglomerate können die dort erforderlichen hohen Investitionskosten schultern. Da setzt man nicht auf Konkurrenz, sondern auf Fusionen, Kooperationen oder »vertikale Integration« von Zulieferern. Tatsächlich sind in den lukrativen Märkten etwa im Stahl-, Chemie-, Auto- oder Pharmasegment marktbeherrschende Stellungen längst die Regel, gerade die hochtechnisierten Wirtschaftsbereiche sind »weitgehend geschlossen und für Neulinge nicht mehr zu knacken«.[11] Kurz, die Globalisierung beruht auf dem Prinzip des Kapitalismus, aber deshalb noch lange nicht auf dem Prinzip der Marktwirtschaft.

Die Machtfülle der großen Konglomerate hat mit der jüngsten Globalisierungswelle aber aus einem weiteren Grund zugenommen: Aus den ehedem an Nationalstaaten gebundenen Unternehmen sind *transnationale Einheiten* geworden. Ihre Verwaltungssitze sind austauschbar, ihre Besitzer und ihre Kundschaft international, ihre Bankkonten mobil, ihre Belegschaft nicht an Kulturgrenzen gebunden. Ihre Loyalität gilt keinem Staat, keiner Bürgerschaft, keinem Steuersystem – sondern ausschließlich denen, die sie mit Kapital versorgen und eine möglichst hohe Rendite erwarten: ihren Investoren. Mit Fug und Recht kann man deshalb sagen, dass sich mit der Globalisierung eine neue Weltwirtschaftsmacht entwickelt hat: die einer transnationalen »Investoren-Gesellschaft«. Nach einer Studie der ETH Zürich war der weltweite Unternehmenswert – also der Marktwert aller Wirtschaftsunternehmen der Welt – im Jahr 2011 zu 40 % in der Hand von nur 147 transnationalen Gesellschaften. Die Konzentration dürfte seither noch angestiegen sein.

Die neuen Interessenkonflikte

Interessenkonflikte zwischen den national definierten Bürgergesellschaften und der neuen internationalen Wirtschaftswelt in der Hand der Investoren sind damit vorgezeichnet. Ziel und Zweck der internationalen Kapitalgesellschaften ist der materielle Gewinn im Hier und Jetzt. Und das heißt gleichzeitig: Ihr Interesse ist es, Belastungen und Kosten – so gut es geht – weiterzureichen: an die Zivilgesellschaften, die Steuerzahler, die Umwelt, die zukünftigen Generationen.

Dass dieser »Machtwechsel von den Staaten hin zu den Konzernen« keine steile These, sondern Realität ist, zeigt die Statistik. Die transnationalen Unternehmen zahlen für denselben Umsatz bzw. Gewinn nur einen Bruchteil der Steuern, die für mittelständische ortsansässige Betriebe fällig wären. Während der Buchhändler seinen Gewinn direkt vor Ort versteuern muss, verschiebt der große Konkurrent Amazon seine Gewinne über ein Geflecht von internationalen Tochterfirmen in aller Herren Länder – und schafft es, bei einem Umsatz von 8,7 Milliarden Euro im Jahr 2012 in Deutschland insgesamt nur 4 Millionen Euro Steuern zu zahlen. Immer wieder gerne genommen wird auch die Stiftungskonstruktion: Man gründet eine »gemeinnützige« Stiftung, und die nimmt dann die großzügige Gründerfirma Huckepack ins Steuer-Elysium – und erledigt en passant gleich die Lobby-Arbeit für den Konzern. So etwa bei der Bertelsmann-Stiftung, die immerhin 77,6 % des Aktienkapitals des gleichnamigen Medienunternehmens hält, eines Weltkonzerns mit über 250 Tochterunternehmen (zu denen vor allem Medienkonzerne, etwa die RTL-Gruppe und der Buchverlag Random-House, gehören). Ein netter Teil aus dem 4-Milliarden-Umsatz des Unternehmens bleibt damit steuerfrei. Auch IKEA gehört zu den Nutzern der Stiftungsmasche – ein guter Grund, warum es der Gründer von IKEA, Ingvar Kamprad, auf ein Vermögen von etwa 40 Milliarden Euro gebracht hat. Die Firma Apple wird ebenfalls ihrem Ruf als Visionär gerecht – und auch sie tut nichts anderes als die Gesetzgebung moderner demokratischer Rechtsstaaten auszunutzen. Apple macht pro Jahr in Deutschland einen Gewinn (!) von etwa einer Milliarde Euro – bringt es dank visionärer Umbuchungen aber auf eine Steuerbelastung von nur 5 Millionen, ein Steuersatz von einem Prozent.[12] Unser Sozialstaat, so scheint es, geht nicht durch »Sozialschmarotzer« kaputt, sondern durch erfolgreiche transnational aufgestellte Unternehmen.

Schrumpfender Spielraum der Gesellschaft

Im Zuge dieser Machtverlagerung ist der ordnungspolitische Spielraum der Nationalstaaten deutlich gesunken. Das Ärgernis einer auf Dauer angelegten Leiharbeit etwa lässt sich im Rahmen von Konkurrenz- und Wachstumsideologie nicht beheben – im Gegenteil, inzwischen zahlt der Staat dabei sogar noch einen Teil des Lohnes (»Aufstocker«) – selbst wenn die Unternehmensbilanzen dicke Gewinne ausweisen.

Durch das ungleiche Verhältnis ist gleichzeitig eine chronische Unterfinanzierung der öffentlichen Hand entstanden – Schulden, von denen keiner weiß, wie die folgenden Generationen sie zurückzahlen können. Diese Unterfinanzierung ist zum Ersten die Folge des schon in den 1990er-Jahren in Gang gesetzten Wettbewerbs um die günstigsten Unternehmenssteuern in Europa. Zum Zweiten tragen die öffentlichen

Haushalte noch immer schwer an den Kosten der Finanzkrise (bis heute lässt sich kein einziger Investor für die Begleichung der damals angefallenen Schulden begeistern). Zum Dritten müssen die öffentlichen Kassen zunehmend die soziale Absicherung der jetzt deutlich weniger verdienenden unteren Lohngruppen schultern.

Und das mit einem Steueraufkommen, das sich proportional immer stärker aus den Beiträgen der Mittel- und Unterschicht zusammensetzt – eine nennenswerte Besteuerung von Vermögen lässt sich bis heute nicht durchsetzen (das Kapital ist nun einmal mobil, es kann glaubhaft mit Flucht drohen). Selbst die Spitzeneinkommen werden inzwischen deutlich geringer besteuert als noch vor 25 Jahren. Der größte Teil des deutschen Steuereinkommens von etwa 600 Milliarden pro Jahr stammt deshalb heute aus der Mehrwertsteuer, die zwar politisch leichter durchsetzbar ist (welcher Bürger kann schon glaubhaft mit Flucht drohen?), aber die Geringerverdienenden und auch die Familien weitaus härter trifft als die Vermögenden – jeder bezahlt ja den gleichen Steuersatz. Auf die Einkommensteuer entfällt inzwischen nicht einmal mehr ein Drittel des Steueraufkommens.

Paralyse der Politik

Symptomatisch für die Lähmung der Politik ist auch das: Bis heute sind die in der EU zusammengeschlossenen Länder nicht in der Lage, die globale Finanzindustrie so zu regulieren, dass deren Tanz auf dem Rendite-Hochseil von denen abgesichert wird, die daran verdienen. Inzwischen ist sogar wieder mehr spekulatives Kapital (und damit Zündstoff für weitere Finanzkrisen) im Umlauf als vor Ausbruch der Finanzkrise. Ja, es gelingt nicht einmal, den Banken eine auch nur minimale Transaktionssteuer abzuverlangen – allen heiligen, in der Krise gemachten Schwüren zum Trotz (und mit ein Grund, weshalb das Projekt Europa eher klamme Begeisterung verbreitet). Auf jeden Laib Brot, der gekauft wird, ist eine Umsatzsteuer fällig, mit der gesellschaftliche Aufgaben finanziert werden. Aber der Kauf von Aktien oder auch noch so spekulativen Finanzprodukten bleibt steuerfrei. Genauso wenig gelingt es, die vielen Steueroasen trockenzulegen – dort lagern Jahr für Jahr etwa 20 bis 30 Billionen US-Dollar an Vermögen (also 20.000 bis 30.000 Milliarden US-Dollar) – etwa 80 % davon wurden an den nationalen Finanzämtern vorbeigeschleust.[13]

Hochvernetzt

Ein Grund, weshalb uns die Globalisierung als ein komplexer, wenig greifbarer und anonymer Prozess erscheint, ist der: dass sie das tatsächlich ist.

Die transnationale Investorengemeinde etwa ist nicht nur untereinander aufs Engste vernetzt, sondern auch mit den nationalen Bestimmern, die Politik eingeschlossen. »Vorstände sind Aufsichtsräte von Unternehmen, deren Vorstände wiederum im eigenen Unternehmen Aufsichtsräte sind.« Dieses Karussell erklärt letzten Endes auch, weshalb die Gehälter der Topmanager längst keinem Marktmechanismus mehr unterliegen und nur noch einen Weg kennen: den nach oben. Im Grunde nämlich können die »Top-Executives« in dieser durch vielfältige Überkreuzengagements verbandelten Schicht ihre Bezüge selbst festsetzen.

Aber die Verflechtungen reichen auch mitten in die Gesellschaft hinein. Die transnationalen Gesellschaften mögen heimatlos sein, was ihre Bücher und ihre Bankkonten angeht. Ihre Besitzer und ihr Führungspersonal aber sind Teil der nationalen Eliten. Sie gehören zu den Entscheidungsträgern und Meinungsmachern der jeweiligen Gesellschaft oder haben zumindest Zugang zu ihnen. Sie sorgen also mit der einen Hand für die Rendite eines Unternehmens – ihre andere Hand aber gehört einem Aufsichtsratsvorsitzenden, Schirmherrn, Beirat, Stiftungsmitglied, Senator, Berater und Kurator von »gemeinnützigen« Stiftungen, Lobbygruppen und Dachverbänden auf nationaler und internationaler Ebene. Der Soziologe Domhoff hat diese sogenannten *interlocks* für die US-amerikanische Gesellschaft in jahrelanger Recherchearbeit nachgezeichnet. Auch in Deutschland gibt es praktisch keine Institution von Rang und Namen, in der nicht Vertreter der transnationalen Wirtschaftselite an Entscheidungen, am Informationsfluss, an der Meinungsbildung oder der öffentlichen Darstellung mitwirken – und das gilt insbesondere auch für den Bildungsbereich, auf den ich gleich wieder zurückkomme.

Wegen dieser Überkreuzengagements und der Vernetzung in die Machtzentralen hinein kann die transnationale Wirtschaftselite mit Fug und Recht als dynastisch verfasste, »von demokratisch legitimierten Einflusssystemen entkoppelte Statusgemeinschaft« verstanden werden. Statt über Leistung oder Wettbewerb sichert und mehrt sie ihren Reichtum als eine Art geschlossene Gesellschaft in einem »Ringtausch von Begünstigungen«.

Von Pflöcken und Netzen in der Bildungslandschaft

Schauen wir uns diesen Ringtausch in der Bildungslandschaft einmal genauer an. Bei der offiziell dem Gemeinwohl dienenden, nach anderer Meinung (etwa der des ehemaligen Staatsekretärs von Nordrhein-Westfalen, Wolfgang Lieb) eher als geheimes Bildungsministerium der Bundesrepublik fungierenden Bertelsmann-Stiftung treffen sich im Kuratorium (einer Art Aufsichtsrat) Vorstände, Geschäftsführer, Aufsichtsräte oder Aufsichtsratsvorsitzende u. a. der Nestlé Deutschland AG, der UFA Film & TV Produktion, der E.ON AG, von McKinsey, der Bertelsmann SE & Co. KGaA, der Christoph Mohn Internet Holding GmbH, der Asociación Española de la Industria Eléctrica (UNESA), der Orascom Development Holding AG und der Just Software AG. Alles also Kräfte aus der Mitte der Gesellschaft, wie sich das für eine Stiftung gehört, die nach eigenen Angaben die Gesellschaft verändern will. Und zwar nach der vom Gründer, Reinhard Mohn, explizit ausgegebenen Parole »So wenig Staat wie möglich«. Dieses Prinzip steht auch beim Geschäftsmodell Pate: Die Bertelsmann SE, die weltweit pro Jahr immerhin 15 Milliarden Euro umsetzt, reduziert ihre Steuerlast dadurch, dass als Haupteigentümerin die gleichnamige, aber angeblich auf den Nutzen der Gemeinheit abzielende Bertelsmann-Stiftung fungiert. Was Letztere aber nicht daran hindert, über Ausgründungen wie etwa das Centrum für Hochschulentwicklung oder das Centrum für Krankenhaus-Management wiederum Einfluss auf die Bildungspolitik und die Gesundheitspolitik zu nehmen – alles Bereiche, in denen die Bertelsmann SE oder ihre Töchter mit kommerziellen Angeboten vertreten sind.[14] (Wer sich für die abenteuerliche Geschichte des Bertelsmann-Projekts interessiert, dem sei das Buch »Bertelsmannrepublik Deutschland« von Thomas Schuler empfohlen – er wird den Stoßseufzer des Politikwissenschaftlers Hans J. Kleinsteuber dann womöglich verstehen: »Berlusconi kann man abwählen, Bertelsmann nicht.«)

Aber auch dort, wo es um die Lenkung der Wissenschaft geht, sind wir mit am Tisch der transnationalen Elite. Im Verwaltungsrat der aus Steuermitteln finanzierten Max-Planck-Gesellschaft sitzt deren Präsident (er selbst ist nicht nur Aufsichtsratsmitglied der Siemens AG, der Münchner Rückversicherung und der Actelion Pharmaceuticals Ltd, sondern auch Inhaber einer eigenen Biotechnologie-Firma) zusammen mit Vorstandsmitgliedern, Aufsichtsratsvorsitzenden, Mitgliedern der Unternehmensleitungen und Geschäftsführern von Firmen wie Boehringer Ingelheim, Georg von Holtzbrinck GmbH, BASF, B. Metzler seel. Sohn & Co. KGaA und der Münchner Rückversicherungs-Gesellschaft. Und natürlich stehen damit auch klare Interessen bei dem Seilziehen um die Universitäten im Raum (seit den 1990er-Jahren wird über diverse Hochschulrahmengesetze ja auch verhandelt, inwieweit die Universitäten als Forschungs-, Entwicklungs- und Ausbildungsabteilungen für die Unternehmen tätig werden). Was ist dazu die Position der öffentlich finanzierten Max-Planck-Gesellschaft? Als in einem Artikel in der Süddeutschen Zeitung die Ökonomisierung der Universitäten kritisiert wird – meldet sich prompt Peter Gruss zu Wort, der Präsident der Max-Planck-Gesellschaft. Er lobt die Effizienz der US-amerikanischen Hochschullandschaft und weist auf die positiven Impulse hin, die die »unternehmerische Universität« gesetzt habe. Das »Gängelband« der Ministerialbehörden interpretiert er als »akademischen Sozialismus«, den es abzustreifen gelte.

Dann sind da noch die »Meta-Stiftungen« – Zusammenschlüsse von Stiftungen, allen voran der »Stifterverband für die Wissenschaft«. Dahinter stehen etwa 600 Stiftungen von Unternehmen (von der Deutschen Bank bis Daimler), aber auch von Privatpersonen, die jedes Jahr ca. 150 Millionen Euro in »Projekte« stecken. Mit welchem Ziel? Lesen wir das eigene Selbstverständnis: »Der Stiftungsverband bringt die Entscheider aus Wirtschaft, Politik und Wissenschaft an einen Tisch. Er bündelt unternehmerische Positionen, erarbeitet hochschulpolitische Leitlinien, entwickelt Modellprojekte und sorgt für deren Verwirklichung. (…) Der Stifterverband (…) beeinflusst die Gesetzgebung in Bund und Ländern, um Wettbewerb und Qualität als Leitideen des Hochschulsystems zu verankern.« Kurz: Die Ausrichtung der Hochschulen auf ökonomische Ziele soll vorangetrieben werden. Entsprechend tituliert man seine Positionen in der Hochschuldebatte: »Wir machen den Hochschulen Beine.«

Vernetzung nach oben

Dieser feinmaschigen, flexiblen Vernetzung in die Gesellschaften und ihre Institutionen hinein steht eine ebenso feinmaschige Vernetzung »nach oben« gegenüber – zu den internationalen Organisationen, die sozusagen das Gerüst der Globalisierung bilden und deren Regelwerk bestimmen, von der Weltbank, dem Internationalen Währungsfonds über die Welthandelsorganisation (World Trade Organization, WTO) bis zur OECD. Bei diesem Regelwerk geht es bisher vor allem um die Liberalisierung des Handels und sehr wenig um die Globalisierung von demokratischen, sozialen, ökologischen oder arbeitsrechtlichen Standards (wobei zumindest die OECD seit den Krisenjahren auch stärker die sozialen Aspekte der wirtschaftlichen Entwicklung ins Auge fasst).

Zwischen diesen Organisationen und den transnationalen Wirtschaftseliten dreht sich entsprechend ein munteres Personenkarussell. Der heutige Präsident der Bertelsmann-Stiftung etwa, Aart De Geus, war zuvor stellvertretender Generalsekretär der OECD. Der heutige Vorsitzende von Goldman Sachs war früher der erste Generaldirektor der Welthandelsorganisation usw.

Na und?

Das klingt jetzt alles ein bisschen nach einer großen Verschwörung, nach dem Muster: Das Großkapital erschleicht sich die Weltherrschaft. Und überhaupt, in diesem Buch geht es doch um Bildung und Erziehung und nicht um Politik.

Ich habe schon eingangs versucht, für eine andere Sicht zu werben. Bildung und Erziehung sind keine frei im kulturellen Angebot ausliegenden Kulturtechniken, vielmehr werden bei ihrem Gebrauch immer auch gesellschaftliche und wirtschaftliche *Interessen* verhandelt. Wer verstehen will, was sich in unserer Bildungslandschaft gerade abspielt, *muss* deshalb einen Blick über den Zaun zu werfen – mitten hinein in die Ökonomie und Politik.

Das hat mit Verschwörungstheorien rein gar nichts zu tun, im Gegenteil. Die beschriebenen Besitz-, Macht- und Hoheitsverhältnisse sind kein Resultat böser Mächte oder Ausdruck eines abgekarteten Spiels. Sie sind Ausdruck eines erfolgreichen, effizienten, transnational verfassten Kapitalismus, dessen Spielregeln bekannt sind.

Und gerade *das* sollte uns zu denken geben. Denn die beschriebenen Entwicklungen und Verflechtungen sind eben *nicht* Ausdruck eines Systemfehlers, bei dem Personen und Institutionen mit gesellschaftlich definiertem Auftrag versagt hätten. Und auch nicht das Werk einzelner Bösewichter. Sie sind vielmehr Teil und Ausdruck eines Systems, das nur eine Regel kennt: durch Einsatz von Kapital eine möglichst hohe Rendite zu erzielen.

Dass sich dabei Einfluss und Macht in den Händen weniger sammelt, ist Teil dieser Logik. Dass diese wenigen dafür eintreten, möglichst viele »Wachstumshemmnisse« zu beseitigen, ist auch Teil dieser Logik. Und Teil dieser Logik ist auch, dass die Staaten geneigt sind, sich diesem Ruf anzuschließen. Schließlich sind auch sie an Wachstum interessiert – für so ziemlich jedes Problem kennen sie ja genau *eine* Lösung, nämlich: mehr Wachstum …

Kurz, wir befinden uns auf einer Autobahn, deren Verkehr schneller wird, weil er schneller werden *muss*. Aber das Ziel des Verkehrs ist in keinem Navi vermerkt. Wir wissen nicht einmal, ob wir dort überhaupt hinfahren sollten, ja, dürfen. Denn die Widersprüche sind offensichtlich. Weder passt eine auf immerwährendes Wachstum und damit immer schnelleren Ressourcenverbrauch abzielende Wirtschaft zu den Endlichkeiten unseres Planeten, noch passt die damit einhergehende Forderung nach immer höherer Effizienz zu unserer menschlichen Natur. Ja, wir merken allmählich, wie töricht wir sind, wenn wir den Versprechungen, durch das Gewinnstreben des Einzelnen ergebe sich automatisch und langfristig Gewinn für alle, Glauben schenken. Die Aktienkurse jedenfalls sind unabhängig davon, wie *menschlich* die Welt ist, in der wir leben.

TEIL 2 DIE PÄDAGOGISCHE MOBILMACHUNG

FÜNF PÄDAGOGIK IM INTERESSE DER GLOBALISIERUNG?

Braucht es denn diesen Ausflug in die aktuelle Zeitgeschichte? Sollen wir, die wir uns für Kinder und ihre Entwicklung interessieren, uns jetzt auch noch mit den Finanzströmen rund um unseren Globus beschäftigen?

Eindeutig ja. Nehmen wir ein aktuelles, ganz konkretes Beispiel. Eine Initiative, die vielen Eltern bekannt ist. Sie zeigt, wie sehr sich die Vorstellungen von dem, was für die Kinder wichtig ist, durch den beschleunigten globalisierten Wettbewerb verändert haben. Das Beispiel gibt uns einen ersten Hinweis, wo und wie heute auch die in der Pädagogik wegweisenden Entscheidungen getroffen werden.

»Es handelt sich beim deutschen Bildungssystem um einen Sanierungsfall.« Mit diesem Satz beginnt unsere Geschichte vom »Haus der kleinen Forscher«. Gesprochen wurde er von Prof. Jürgen Kluge, dem damaligen Deutschlandchef der weltweit tätigen Unternehmensberatung McKinsey: »Entweder gelingt es uns, mit hervorragend ausgebildeten Menschen die weltweite Deutungshoheit in den Wachstumsbereichen der Wirtschaft, in Wissenschaft und Kultur zu erlangen, oder das Land versinkt in Bedeutungslosigkeit, wirtschaftlich, sozial und kulturell.«

Herr Kluge handelt rasch. Er kümmert sich ab den frühen 2000er-Jahren um ein neues Bildungskonzept – und zwar vor allem für *Kleinkinder*.

Mit durchschlagendem Erfolg. Aus der Diagnose (»Sanierungsfall«) entwickelt sich innerhalb nur weniger Jahre eine Therapie, der sich bis zum Jahr 2015 nach Voraussagen des Bundesministeriums für Bildung und Forschung immerhin 80 % der deutschen Kindergartenkinder unterziehen werden.

Mangelnde Leistungsbereitschaft

Aber der Reihe nach. Die ernsthaften Defizite, die Prof. Kluge für das Bildungswesen diagnostiziert, sind seiner Überzeugung nach dort am virulentesten, wo bisher von Bildung gar nicht die Rede war. Weil »wir Kindern in Deutschland vor der Schule Lernerfahrungen nicht zumuten wollen« und »Lernen und Anstrengung als Last (...) begreifen«, würden Kleinkinder in den Kitas lediglich betreut, aber nicht gebildet werden: »Der Versuch, den Kindern ihre Kindheit zu lassen, hat in Wirklichkeit zur Vernachlässigung von Kindern geführt.« An vorderster Front mit dabei: die Erzieherinnen: »Viele von ihnen sehen eine ihrer vornehmsten Aufgaben gerade darin, das Kind vor den Härten der Realität zu schützen.«

Mehr noch – dahinter stehe ein gesellschaftlicher Fäulnisprozess: »Es gibt keine gesellschaftliche Übereinkunft in Deutschland mehr, Kindern zum Glück durch Anstrengung zu verhelfen. Dieses Missverständnis spiegelt den Zustand der Gesellschaft wider. In einer saturierten Gesellschaft werden Bildung und persönliche Leistungsbereitschaft nicht mehr als Grundlage für Wohlstand empfunden. Sie gelten nicht mehr als erste Bedingung für Erfolg. Konsum und Spaß lauten stattdessen die Leitmotive.«

Solch grundlegende Defizite erfordern nach Prof. Kluges Ansicht nichts weniger als eine Kulturrevolution in der Elementarpädagogik. Der Investitionsbedarf dafür betrage etwa 6,5 Milliarden Euro, aber der Einsatz lohne sich – »Langzeitstudien« würden zeigen, dass die Investition in qualitativ hochwertige frühkindliche Bildung eine Rendite von etwa 12 % erbringe.

Der Manager veröffentlicht jetzt mehrere Bücher, in denen er auch sein Konzept des »frühkindlichen Lernens« darstellt. Wissen, so das Grundmotiv, sei der neue Rohstoff, und er solle früh gefördert werden. Die Rechnung ist einfach: »Aus Wissen entstehen Innovationen. Sie fördern das Wachstum. Und Wachstum bedeutet Wohlstand.«

Zauber der Bildung

Im Herbst 2002 lädt Prof. Kluge zum Kongress »McKinsey bildet« und präsentiert einen Vier-Punkte-Plan mit konkreten Reformvorschlägen. Die Presse berichtet: »Rund 400 Gäste aus Wissenschaft, Politik, Wirtschaft und Kunst hat die Unternehmensberatung McKinsey am 5. und 6. September 2002 zum Kongress ›McKinsey bildet‹ geladen. Die Namensliste liest sich wie ein kleines ›Who is who‹ Deutschlands renommiertester Kreise. Zwischen Bundestagspräsident Wolfgang Thierse und den Ministerpräsidenten Wolfgang Clement und Peter Müller tummelt sich auch der postmoderne New Yorker Theaterregisseur Robert Wilson, bekannt durch das Musical ›The Black Rider‹. Die amtierende Präsidentin der Kultusministerkonferenz Dagmar Schipanski diskutiert Seite an Seite mit Kardinal Karl Lehmann. Die Entwicklungsbiologin und Nobelpreisträgerin Christiane Nüsslein-Volhard Stuhl an Stuhl mit dem Soziologen Zygmunt Bauman, viel beachtet wegen seiner Zivilisationskritik und Holocaustforschung.« Durch das Programm führt Anne Will.

Neue Standards

Der Plan hat es in sich (er sollte auf einem ähnlich glamourösen »II. McKinsey-Bildungskongress« an der Staatsoper Unter den Linden Berlin am 27. Oktober 2005 weiter präzisiert werden). Nicht nur sollen die Kita-Erzieherinnen zu »Bildungsfachkräften« weitergebildet und der Stellenschlüssel an den Kitas deutlich verbessert werden, der Besuch von Kitas solle auch zur Pflicht gemacht werden, zumindest im Vorschuljahr.

Der Staat solle den Bildungseinrichtungen aber nicht nur mehr Geld, sondern auch mehr Autonomie geben, damit diese ihren Bildungsauftrag selbstständig umsetzen können – etwa indem sie dem Bildungspersonal mehr Leistungsanreize setzen (zum Beispiel in Form einer »ergebnisorientierten Bezahlung«). Um die Bildungsergebnisse mess- und vergleichbar zu machen (»Qualität braucht Kontrolle«), seien »bundesweit gültige Standards für Kindertageseinrichtungen unabdingbar«. Eine »unabhängige Institution« solle deshalb alle Kinderta-geseinrichtungen regelmäßig evaluieren – mit dem Werkzeugkasten einer Unternehmensberatung: »Bewertet werden soll nach harten Kri-terien für Struktur, Kontext und Prozesse und vor allem für das Bil-dungsergebnis.« Alles ist schon bis ins Detail geplant: »Jeder Check in einer Kita soll drei Tage dauern. Schätzungsweise 300 bis 350 Quali-tätseinschätzer sind für eine kontinuierliche Evaluation aller Kitas in Deutschland notwendig.«

Neues Curriculum

Als wichtigsten Angriffspunkt der frühkindlichen Bildungsoffensive identifiziert die Initiative »McKinsey bildet« die technischen und wis-senschaftlichen Kompetenzen der Kinder. Gemeinsam mit der Helm-holtz-Gemeinschaft, der Siemens Stiftung und der Dietmar Hopp Stif-tung gründen McKinsey & Company im Jahr 2006 das »Haus der kleinen Forscher«.

Als »pädagogisch-didaktische Grundlage« wählt die Kleine-For-scher-Stiftung die »Erkenntnisse« des Projekts »Natur-Wissen schaffen« der Deutschen Telekom Stiftung (das Projekt besteht in der Publikation einer Schriftenreihe für Erzieherinnen). Als eines ihrer expliziten Ziele nennt das »Haus« die »Nachwuchssicherung in den Natur- und Ingeni-eurwissenschaften«.

Im Jahr 2011 zahlen sich die vielen guten Kontakte in die Politik dann aus – das Bundesministerium für Bildung und Forschung über-nimmt als »Sondertatbestand« im Rahmen der institutionellen Förde-rung der Helmholtz-Gemeinschaft die Finanzierung der Stiftung.

Die Aufsicht über die Stiftung und ihre »strategische Ausrichtung« bleiben allerdings weiterhin fest in den Händen der ursprünglichen Gründer, also der unternehmensnahen Stiftungen – Letztere domi-nieren bis heute den Stiftungsrat fast komplett. Die dort neben den Stiftungen von Siemens, Volkswagen und SAP auch vertretene Tele-kom-Stiftung stiftet jetzt »Deutschlands größten Kita-Wettbewerb«. Er prämiert jedes Jahr Projekte aus dem Kita-Alltag, »die die Mädchen und

Jungen für Naturwissenschaften, Mathematik oder Technik begeistert haben«. Mediale Präsenz ist garantiert, die Preisverleihung erfolgt durch die Bildungsministerin Prof. Wanka persönlich – sie ist ja gleichzeitig Kuratoriumsmitglied der Deutschen Telekom Stiftung.

Die Rechnung geht auf

Der Bildungsstern McKinseys ist also tatsächlich aufgegangen. Professor Kluge selbst zog bald zu weiteren Herausforderungen weiter – er betätigte sich nach seiner Zeit bei McKinsey unter anderem als Honorarkonsul und als Senior Advisor bei der Bank of America Merrill Lynch. Heute führt er seine eigene Unternehmensberatung – und sitzt weiterhin im Stiftungsrat des Hauses der kleinen Forscher.

Ganz abgesehen vom pädagogischen Wert der Haus-der-kleinen-Forscher-Initiative (ich werde mich damit in Kapitel 13 ausführlich befassen), begegnet uns in dieser Geschichte ein, wie ich finde, denkwürdiges Leitmotiv. Die Stiftung prägt heute den pädagogischen Alltag an 26.000 deutschen Kitas. Und doch unterliegt diese inzwischen aus Steuergeldern finanzierte Initiative, wie der Blick auf die Zusammensetzung des Stiftungsrates zeigt, bis heute keinem nennenswerten öffentlichen oder bürgerschaftlichen Einfluss.

Umgekehrt aber hat diese Stiftung mit ihrer starken medialen Präsenz und Mittelausstattung einen erheblichen Einfluss darauf, was heute überhaupt unter »Bildung« kleiner Kinder verstanden wird – und was im täglichen Umgang mit Kindern zählt. Ohne jeden Zweifel haben die Prämissen, auf denen der pädagogisch-didaktische Ansatz dieser Initiative beruht, die deutsche Frühpädagogik verändert – das Konzept der Metakognition etwa steht längst im Mittelpunkt der frühkindlichen Bildungspläne (das wird Thema in Kapitel 13 sein). Bei einer avisierten Umsetzung in 80 % der deutschen Kitas ist eine konzeptionelle Dominanz auch im Bereich der Fachkräfteausbildung geradezu unvermeidlich. Die Leitidee, es gehe in der Frühpädagogik vor allem um die Ausbildung metakognitiver Kompetenzen, wird sich also noch durch die Hintertür so mancher Kita und so mancher Fachhochschule schleichen.

Die Stimmen der Eltern?

Haben die Eltern bei dieser (Um-)Definition der Frühpädagogik auch nur *ein* Wörtchen mitgeredet? Nein. Die Definitionsmacht in Sachen frühkindlicher Bildung ging – das wollte ich mit dieser kurzen Geschichte zeigen – nicht von den direkt Beteiligten (etwa Eltern und Erzieher/-innen) aus. Und sie wurde auch nicht von demokratisch legitimierten, der Allgemeinheit verpflichteten Institutionen angeschoben. Sie ging vielmehr von Menschen und Gruppierungen mit klar definierten *Partikularinteressen* aus. Die Behauptung, nach der das Haus der kleinen Forscher »selbstlos« tätig sei (so steht es in der Satzung), stimmt nur im Sinne des Stiftungsrechts. In Wirklichkeit verfolgt es klare Interessen, und die sind von den Initiatoren auch klar formuliert worden: Den Kindern sollen Kompetenzen vermittelt werden, die sie für das Wachstums- und Effizienzmodell des globalisierten Wettbewerbs tauglich machen.

Das mag dem entsprechen, was sich Eltern für ihre Kinder wünschen, aber das muss nicht zwangsläufig so sein. Es dürfte nach meiner Ansicht nicht wenige Eltern dieser Republik geben, die vielleicht gar nicht *wollen*, dass ihre Kinder in der Kita an einem Programm zur »Nachwuchssicherung in den Natur- und Ingenieurwissenschaften« teilnehmen. Und doch, so glaube ich, werden sie hier über kurz oder lang keine wirkliche Wahl mehr haben.

Denn der Einwand, dass es schließlich jeder einzelnen Kita überlassen sei, ob sie das Programm der kleinen Forscher implementiert oder nicht, gibt nur die halbe Wahrheit wieder. In Wirklichkeit steht hinter dem Programm längst eine bildungspolitische Priorisierung. Das Bundesministerium für Bildung und Forschung hat die Zielmarke klar formuliert: »Rund die Hälfte der Kitas sind schon dabei, 80 % wollen wir erreichen«, so die Staatssekretärin Cornelia Quennet-Thielen.

Vielleicht wäre es an der Zeit, dass die Öffentlichkeit in einem öffentlich finanzierten Programm auch mitentscheiden kann, welche Ziele dieses verfolgen soll. Etwa, ob es zur Verbesserung der Elementarpädagogik wirklich eine neue MINT[15]-Bildungsbürokratie braucht, auch wenn sie einen gemeinnützigen Mantel trägt. Oder ob es nicht an der

Zeit wäre, ein klammheimlich zum Standard erhobenes Pädagogik-Programm auf den pädagogischen Prüfstand zu stellen.

Auch andere Initiativen könnten sich ja auf den Weg in die Kitas machen, alle mit guten Intentionen, alle mit guten Argumenten. Am Horizont zeichnet sich ja schon ein Ärztemangel ab. Was, wenn nun die Ärztevertreter dem drohenden Nachwuchsmangel entgegentreten wollen, indem sie »Häuser der kleinen Ärzte« sponsern? Mit einem ausgeklügelten Programm zur Funktion des Körpers, seinem Aufbau, zur Wirkung von Medikamenten und so weiter – spielerisch aufgebaut natürlich?

Oder wie wäre es denn mit »Häusern der kleinen Altenpfleger«? Dort ist der Fachkräftemangel doch objektiv am prekärsten.

Aber natürlich ist das ein Spaß. Wer sich zu den Kindern hinbaggern will, braucht schon ein bisschen Benzin im Tank.

SECHS KINDHEIT UND EFFIZIENZ

▬▬▬▬▬▬▬▬▬ Schon sind wir also mittendrin in der Diskussion. Was genau wollen wir von den Kindern? Wenn die ersten Kapitel dieses Buches eines gezeigt haben, dann doch das: Wie wir über die Kinder denken und was wir von ihnen erwarten, liegt ganz entscheidend daran, vor welchem gesellschaftlichen – und damit auch politischen und wirtschaftlichen – Hintergrund wir sie betrachten.

Und dieser Hintergrund ist heute eindeutig von der Globalisierung geprägt. Sie bringt neue Ziele in die Pädagogik, und sie rückt neue Bestimmer in den Vordergrund. Ich will mich hier festlegen: *Die Globalisierung bestimmt unser Bild vom Kind, wenn auch mit ganz anderen Inhalten, in demselben Maß, wie Nationalismus und Militarismus das zur Zeit der vorletzten Jahrhundertwende getan haben.*

Ich halte die jetzt in alle Lebensbereiche vordringende Ökonomisierung deshalb für *das* zentrale Thema der heutigen Pädagogik. Und ich will das im letzten Kapitel geschilderte Beispiel deshalb in einen größeren Zusammenhang stellen.

Beschleunigung

Für den Soziologen Hartmut Rosa äußert sich die Globalisierung vor allem in einer unerbittlichen Beschleunigung des Arbeits- und Alltagslebens. So wie sich die Wirtschaft stets steigern muss, um nicht in die Krise abzurutschen, so müssen auch die Menschen immer rastloser in die Pedale treten, nur um nicht den Anschluss zu verlieren (dass die Rastlosigkeit gleichzeitig zum Lebenssinn erhoben und zum allgemeinen Schmerz- und Wundheilungsmittel aufgebaut wird, ist Teil des komplexen Wechselspiels zwischen Außen- und Innenraum, das wir im dritten Kapitel kennengelernt haben). Kurz: Wir versuchen ständig, voran- und weiterzukommen – aber es geht uns dadurch nicht besser.

»Merkwürdig. Wir haben alles. Es geht uns rein materiell besser, als alle unsere Vorfahren je zu träumen gewagt hätten. Können wir uns nun etwa zurücklehnen und die Früchte unseres Fortschritts genießen? Nein, das Gegenteil ist der Fall. Mitten im Überfluss müssen wir arbeiten, wie wenn wir am Verhungern wären. Die realen Arbeitszeiten – steigen von Jahr zu Jahr. Viele haben nicht nur einen Job, sondern zwei. Manche drei. Die EU empfiehlt jetzt ein Renteneintrittsalter von 70 Jahren. Kurz, wir müssen noch mehr rackern, noch mehr hetzen, effizienter werden, besser werden, weiter wachsen, schneller wachsen – um bloß nicht in die Krise zu rutschen. Also schaffen wir den Sonntag ab, damit wir auch da arbeiten und einkaufen können. Und endlich haben auch die Südländer erkannt, dass ihre Siesta ein Fortschrittshindernis ist. Wir haben alles, tatsächlich. Und wir mögen von aller Welt darum beneidet werden. Aber in Wirklichkeit sind wir arme Tröpfe.«

Geist aus der Flasche

»Der stärkste Wachstumsmotor, den die Menschheit je erfunden hat« (so der ZEIT-Herausgeber Josef Joffe) entpuppt sich also immer mehr als der Geist, der uns einmal hochwillkommen und dienlich war – den wir jetzt aber nicht mehr in die Flasche zurückbekommen. Er imponiert mit einer immer rascher wachsenden technischen Macht – und hinterlässt gleichzeitig doch immer mehr menschliche Ohnmacht.

Es ist längst nicht mehr die Hoffnung auf ein besseres Leben, die uns in unserem Tun und Wollen antreibt[16], sondern die – durchaus berechtigte! – Angst, das Erreichte zu verlieren. Es zählt nicht mehr, was wir *wollen*, sondern was wir *müssen*. Wir sind nicht deshalb Fans von mehr Wachstum, weil wir zu blöd sind, zu erkennen, dass wir damit unsere eigenen Lebensgrundlagen infrage stellen – sondern weil wir keine Alternative sehen. Die Südeuropäer schaffen die Siesta nicht deshalb ab, weil sie den deutschen Lebensstil so toll finden, sondern weil der *produktiver* ist. Wir haben nicht deshalb immer weniger Kin-

63

der, weil die heutige Generation lieber shoppen geht als den Schoppen reicht – sondern weil es sich mit Kindern schlechter beschleunigen lässt. *Wir sind Sklaven der Nützlichkeit.*

Apropos Kinder. Sie verlangen ihren Eltern ja letzten Endes dieselben Ressourcen ab, die es auch für den sozialen Aufstieg bzw. dessen Absicherung braucht: Energie, Zeit, Mobilität, Flexibilität und Geld. Zudem konkurrieren Kinder in einer individualisierten Welt der Selbstkonstruktion auch mit psychischen Ressourcen, die heute zur Gestaltung einer sinnvollen Biografie als unabdingbar erlebt werden: Wirksamkeitserfahrungen, Autonomie, soziale Resonanz, Attraktivität etc. Je stärker der gesellschaftliche Status von diesen Ressourcen abhängt, desto »teurer« wird die Entscheidung für Kinder.

Dazu passt der Befund, dass in Deutschland heute nur zwei sozioökonomische Gruppen noch relativ viele Kinder bekommen: »die, die es sich leisten können, weil sie viel Geld haben« (die Oberschicht also), und die, »die es sich leisten können, weil sie viel Zeit haben (wenig qualifizierte Frauen ohne Aussicht auf Karriere)«.[17] Tatsächlich werden gerade dort, wo Versorgungspflichten mit den Anforderungen des Arbeitsmarkts am meisten kollidieren – also in der gebildeten Mittelschicht –, kaum noch Kinder geboren (dass ausgerechnet die Lehrerinnen diesem Trend trotzen, zeigt einmal mehr, welche Rolle die Arbeitsplatzsicherheit bei der Familiengründung spielt).

Alles alternativlos?

Kurz: Wir reden zwar viel von Freiheit (und wünschen sie insbesondere anderen Ländern) – für unser eigenes Leben aber gilt immer mehr das auch von unserer Kanzlerin aufgegriffene Thatcher'sche Diktum TINA: There Is No Alternative. Der Wirtschaftssoziologe Klaus Dörre hat dieses Paradox im Arbeitsleben untersucht. Bei seinen Betriebsbefragungen stellte er fest, dass die Belegschaften bis hin zum Management durchaus Kapitalismuskritik üben – und doch identifizieren sie sich mit ihren Betrieben und stehen loyal hinter den ihnen gesetzten Zielen.

Und das hat ganz praktische Gründe. Nur in den Nahzielen können wir uns bewähren und verwirklichen. Diese Wege sind bekannt, aber der Ausstieg aus einem System? Das ja gleichzeitig ein Lebenssystem geworden ist? Die Globalisierung beruht auf einer immer stärkeren Arbeitsteilung, und schon deshalb geht sie auch mit einer Festlegung der alltäglichen Abläufe einher, ja, mit einer schleichenden Entmündigung. Die Produkte werden immer komplexer – wer kann heute noch ein Auto reparieren? Der Alltag und Lebensunterhalt sind für die allermeisten von uns längst nur noch mithilfe handelsfähiger Produkte bzw. Dienstleistungen bestreitbar. Statt Socken zu stopfen, kaufen wir uns einfach neue – bei vielen Gebrauchsgegenständen ist das Neukaufen gegenüber der Reparatur längst die billigere Variante. Kein Wunder, wenn es mit unseren Kompetenzen außerhalb unserer spezialisierten Nische nicht weit her ist.

Und diese »Entmächtigung« betrifft zunehmend auch die ganz persönlichen Kompetenzen rund um das Aufwachsen von Kindern. Was es etwa braucht, um mit einem Säugling klarzukommen, erlernen wir immer seltener auf unserem normalen Lebensweg. Wir machen uns bereit, den Mars zu besiedeln, aber müssen bald die Experten fragen, wie herum man eigentlich ein Baby hält.

Kindheit unter Druck

Es gibt keine Alternative – unter diesem Motto scheint auch die heutige Kindheit zu stehen. Fragt man hundert Eltern auf der Straße, so beklagen die meisten, dass das Spielerische aus der Kindheit gewichen sei. Dass Kinder immer weniger Freiheit hätten, sich etwa draußen in der Natur mit Abenteuern zu versorgen. Ja, dass die Kindheit generell »zu schnell« verlaufe. Und doch sehen – wiederum die meisten – Eltern auch für ihre Kinder nur das Heil in der Flucht nach vorn: mehr Leistung, mehr Erfolg! Und zwar nicht beim Auf-die-Bäume-Klettern – sondern bei den Klassenarbeiten. Bei dem eben, was zählt.

Und so hat sich die Kindheit umgestaltet, tief greifend und in einem im historischen Maßstab atemberaubenden Tempo. Bis in die Wurzelspitzen unserer alltäglichen Beziehungen hinein: Statt Spielen steht jetzt Förderung auf dem Programm, statt Kinderbande gilt das Kursprogramm. Es mag uns selbst anrühren, wenn wir unseren Kindern von den Abenteuern der eigenen Kindheit erzählen – und doch tun wir alles, damit deren Kindheit gerade so *nicht* aussieht. Die Kindheit ist nun die Strecke, auf der sich die Kinder für den Job warmlaufen. Auch bei der Kindheit geht es um den Ertrag.

Wenn sich Kinder jetzt treffen, dann mit einem von Erwachsenen gesetzten *Ziel* – in Institutionen und unter Anleitung von Experten. Und unter deren systematischer Beobachtung – damit sollen nicht nur Abweichungen des Entwicklungsverlaufs (und damit »Förderbedarf«) erkannt werden, sondern auch den Eltern das Wachsen und Werden ihrer Kleinen nachdrücklich vermittelt werden.

Auch sind jetzt die Erfahrungsräume der Kinder immer seltener natürlich, elementar und widerständig – sondern wohlgeordnet und für definierte didaktische Zwecke vorbereitet. Die Kindheit, so könnte man mit dem Soziologen Richard Münch sagen, wird nach und nach »zu einer Art totaler Besserungsanstalt« umgebaut, die »dafür sorgt, dass niemand ausfällt, der oder die im internationalen Wettkampf gebraucht wird«.

Und das Programm wirkt. Nach einer aktuellen Studie, in der über 10.000 US-amerikanische Kinder zwischen 12 und 18 Jahren nach ihren Lebenszielen befragt wurden, zählt für die Hälfte vor allem die eigene Leistung als wichtigstes Ziel. Nur für 30 % ist das eigene Wohlbefinden am wichtigsten (und nur 20 % nennen die Fürsorge für andere als wichtigste Kategorie).

Homogenisierung der Kindheiten

Dieser Prozess lässt sich in allen hoch produktiven Ländern dieser Erde beobachten – die Kindheit verläuft jetzt immer stärker nach einem globalisierten Universalmodell. So wie weltweit die an die Erwachsenen gestellten Forderungen immer ähnlicher werden, so gleichen sich auch die an die Kinder gerichteten Forderungen an – mit der rund um den

Globus abnehmenden Sprachvielfalt scheinen auch die vielen »Sprachen der Kindheit« auszusterben. Zur dominierenden Universalsprache der Kindheit wird jetzt die möglichst intensive und möglichst frühe *kognitive Förderung.*

Und hier, bei der Förderung und Entwicklung des kindlichen Hirnpotenzials, tritt jetzt immer stärker der Staat auf den Plan. So wie er es als seine Aufgabe betrachtet, für die richtigen Wachstumsbedingungen der Wirtschaft zu sorgen, sieht er sich jetzt bei der frühkindlichen Förderung in der Pflicht.

Denn diejenigen, die bisher als die Zuständigen galten – die Eltern –, werden bei der Erwerbsarbeit zunehmend als unverzichtbar angesehen. Insbesondere die Mütter gelten jetzt als rasch zu aktivierende »stille Reserve« des Arbeitsmarkts (»Bei den Frauen«, schreibt die Bundesregierung auf ihrem Portal www.fachkraefte-offensive.de, »liegt das am schnellsten aktivierbare ungenutzte Potenzial für den Arbeitsmarkt«). Kein Wunder, dass die eigenhändige, zeit- und kraftraubende Betreuung der Kleinen jetzt immer öfter kritisch hinterfragt wird.

Als echte »Bildungsorte« gelten nun Institutionen, in denen Kinder auf ihren »Bildungswegen« unterstützt werden – und zwar von Profis! Die Gesellschaft hat so die »Möglichkeit, die künftige Generation mit dem geringsten Verbrauch an Kräften und Mitteln am erfolgreichsten zu erziehen. Hunderte, Tausende, Millionen Mütter werden durch die Verwirklichung der gesellschaftlichen Erziehung für die Produktion und für ihre eigene kulturelle Entwicklung frei«. Das ist zwar der »populären Erläuterung des Programms der Kommunistischen Partei Russlands« aus dem Jahr 1920 entnommen, könnte aber in etwas modernerer Sprache durchaus einem Positionspapier der EU oder der OECD entnommen sein. 25 Jahre nach Ende des ehemaligen Wettkampfs zwischen Kommunismus und Kapitalismus scheinen die Systeme ihren gemeinsamen Nenner gefunden zu haben: Ziel ist die von Fürsorgepflichten möglichst weitgehend befreite Teilnahme an der materiellen Wertschöpfung.

Der Heilige Gral

Kinder spielen jetzt eine ziemlich anstrengende Doppelrolle. Einerseits sind sie als Fachkräfte der Zukunft unerlässlich, andererseits sind sie im Hier und Jetzt doch eher ein Klotz am Bein. Kein Wunder, dass die Familienpolitik auf keinen grünen Zweig kommt. Es ist nicht einfach, Frauen einerseits das Gebären schmackhaft zu machen und ihnen gleichzeitig mehr Karriereorientierung einzuimpfen.

Die Wirtschaft steht vor demselben Dilemma. Für ihre *zukünftigen* Gewinne ist sie eindeutig auf die Kinder angewiesen, schließlich sind *das* die Fachkräfte von morgen. Insofern ist sie durchaus daran interessiert, dass Kinder in diesem Land gute Bedingungen vorfinden. Dass Familien sich für Kinder entscheiden. Für ihre *jetzigen* Gewinne jedoch muss die Wirtschaft genau diejenigen rekrutieren, die die Fachkräfte von morgen mit ihren Bäuchen, Händen, Herzen und einer guten Dosis Muttermilch überhaupt erst auf den Weg bringen können: die jungen Frauen und Mütter (ich will die Väter hier nicht vergessen, aber die Mütter tragen auch heute noch den Löwinnenanteil der Versorgungslast). Gerade bei den jungen Frauen muss sie jetzt möglichst viel Arbeitszeit einsammeln. Ein echtes Problem: Ja, man sollte die Familien stärken – das macht auch aus wirtschaftlicher Sicht Sinn. Aber hier und heute braucht man dann doch Eltern, die sich eher *nicht* an der Wickelfront verzetteln. Und Mütter, die eher ganztags arbeiten als nur halbtags.

Dieser Zielkonflikt ist in den letzten zwei Jahrzehnten regelrecht eskaliert. Seit immer mehr Babyboomer als Rentner die Biergärten bevölkern, statt für die Wertschöpfung zu sorgen, müssen die Unternehmen immer leidenschaftlich drängender an die Mütter ran.

Zumal sich dieser leidenschaftliche Drang aus der Tiefe unseres Wirtschaftsmodells speist: Die langfristige Perspektive in Ehren, aber passt sie denn überhaupt zu der kurzfristigen Perspektive der globalisierten Märkte? Welcher Investor würde einen Gewinnverzicht einplanen, der sich vielleicht erst mit der nächsten Generation amortisiert?[18]

Kein Wunder, dass nun alle Hoffnungen auf einem Ort ruhen: der Kita. Sie ist jetzt der Heilige Gral eines ganzen Wirtschaftsmodells. Und sie erscheint prompt als das, was man von einem Heiligen Gral erwartet: Bildungsort, Familienzentrum, Entlastungsort, Keimzelle der Wissensgesellschaft ... Kurz, unsere letzte Hoffnung.

Wer würde da nicht auch mal das eine oder andere Auge zudrücken? Die Rechnung geht schließlich nur auf, wenn das jetzt zu etablierende Servicesystem nicht seinerseits zu viele Fachkräfte bindet.

Wem fällt da noch auf, dass kleine Menschenkinder dort vielleicht etwas anderes suchen als den Heiligen Gral der in Not geratenen Erwachsenen?

Didaktisches Gefälle

Grundmerkmal der Beziehungsarchitektur der Kindheit ist jetzt das »didaktische Gefälle« vom Erwachsenen zum Kind – dem Kind soll durch möglichst hochwertige pädagogische Angebote zu einer positiven Bildungsbiografie verholfen werden. Dieses Modell ersetzt heute zumindest in der Mittelschicht das autoritäre Gefälle, das die Beziehungen zwischen Erwachsenen und Kindern bis über die Nachkriegszeit hinaus geprägt hat (weil das didaktische Modell häufig eben doch in eine Art pädagogische Belauerung mündet, hat es in meinen Augen durchaus auch einen autoritären Kern, aber das nur am Rande).

So wird mit guten Argumenten über die Kindheit ein immer engeres Netz von Tauglichkeitsprüfungen gespannt – von Sprachentwicklungstests im Kindergarten über regelmäßige Entwicklungsbeurteilungen bis hin zu Einschulungstests und internationalen Vergleichsarbeiten. Diese Musterungsebene hat einen gemeinsamen Nenner: ein normatives Verständnis der kindlichen Entwicklung – die Latte wird für alle Kinder auf derselben Höhe aufgelegt (welche Probleme dadurch zum Beispiel bei den Sprachstandserhebungen in den Kitas entstehen, werden wir in Kapitel 13 noch sehen). Es ist bezeichnend, dass damit in dem heutigen »didaktischen« Erziehungsmodell wieder derselbe im Grunde technische Begriff von Normalität im Zentrum steht, der bereits im autoritären Erziehungsmodell leitend war. Auch damals wurde ja ein für alle Kinder einheitlicher Entwicklungsverlauf mit festen »Meilensteinen« angenommen und die Eltern wurden angehalten, etwa die Trinkmengen, den Schlaf und die Gewichtszunahme genau zu protokollieren und mögliche Abweichungen von der Norm an »Experten« zu melden.

Was macht ein Kind wertvoll?

Nützlichkeit, Effektivität, Mehrwert gelten jetzt auch für die Kindheit. Nicht umsonst richtet sich die Kritik des Nestors der Kita-Bildungsinitiative »Haus der kleinen Forscher«, des ehemaligen McKinsey-Managers Jürgen Kluge, ausgerechnet gegen Jean-Jacques Rousseau. Der habe, so die Kritik des Unternehmensberaters, unserer Gesellschaft einen »unrealistischen Kindheitsbegriff« eingeimpft, an dem wir »bis heute leiden«. Seither werde die Kindheit als »Schonraum« verstanden, in dem das Kind »von Anforderungen möglichst frei gehalten« werden solle: »Eine behütete Kindheit, so die weit verbreitete Vorstellung in Deutschland, habe nur, wer sich möglichst lange, am besten unter dem Schutz der Mutter, in einer nahezu bildungsfreien Zone bewegen darf.«

Ja, er wirft Rousseau geradezu Ungeheuerliches vor. »Mit Jean-Jacques Rousseau«, so der Manager in einer Rede auf einem Bildungskongress, »beginnt das Verständnis von Kindern und Kindheit, das uns bis heute prägt: die Idealisierung. Das Kind sei aus sich heraus wertvoll.«

Offensichtlich gewinnt das Kind erst dadurch an Wert, dass es die Fähigkeiten erlangt, mit denen es eines Tages seinen Beitrag zum Wachstum leistet. Die »Zukunftsfähigkeit des Innovations- und Technologiestandorts Deutschland« dürfte nicht zufällig zur Stiftungsmission des »Hauses der kleinen Forscher« geworden sein.

Die Mobilmachung für den globalisierten Wettbewerb beginnt also heute gleich am Lebensanfang. Das in der wirtschaftlichen Sphäre geltende Extraktionsmodell, mit dem immer mehr materielle und menschliche Ressourcen der »Wertschöpfung« zugeführt werden sollen, hat auch die Pädagogik erfasst. Sie dreht sich jetzt immer konsequenter um das, was nach der Logik des globalisierten Wettbewerbs ganz explizit gefordert wird (und das gewiss nicht aus böser Absicht, sondern aus ihrer systemischen Logik heraus): um die Bildung von »Humankapital«.

SIEBEN DAS PROJEKT UND SEINE LEITUNG

Die Erwachsenen spüren also fast schon körperlich, wie sich die Drehzahlen der Welt nach oben schrauben, und für so manchen kommt der Zeiger schon empfindlich nahe an den roten Bereich. Und was machen sie mit ihren Kindern? Sie schaffen für die Kleinen nicht etwa einen sicheren Hafen, sie erklären die Kindheit nicht zu einem Experimentierfeld der Entschleunigung. Nein: Sie erklären den »Schonraum« der Kindheit zur Wurzel des Übels – und marschieren glatt in die Maschinenräume, um nun auch für die Kinder mehr Kohlen aufzulegen. Auch die Kindheit soll jetzt auf die Bildungs- und Persönlichkeitsqualitäten ausgerichtet werden, die in der globalisierten Wirtschaft nachgefragt werden.

Wer ändert da unseren Blick auf das Kind? Wer transportiert den Geist der Globalisierung in die Kinderzimmer, Kitas und Schulen? Wer sorgt dafür, dass wir Eltern unsere Kinder jetzt mit dem heißen Atem eines Arbeitgebers im Nacken erziehen, den wir nicht einmal kennen (und den wir, würden wir ihn kennen, vielleicht nicht einmal leiden könnten)? Kurz: Wer leitet die pädagogische Mobilmachung?

Auffällige Entwicklung

Die Entwicklung gibt jedenfalls Rätsel auf.

… Ist es nicht seltsam, wie rasch sich unser Bild vom Kind gewandelt hat? Wie radikal? Haben sich die Kinder etwa von heute auf morgen geändert? Nein, gewiss nicht. Und doch gehen wir davon aus, dass die Kleinen mit einer anderen, auf »frühe Bildung« gepolten Kindheit auf einmal besser fahren?

… Und ist es nicht seltsam, dass die neuen Ziele, die wir für die Kinder formulieren, genau den Leitbildern entsprechen, die für den globalisierten Wettkampf gelten? Dass wir die Kleinen sozusagen als Miniaturausgabe des erwachsenen Arbeitnehmers sehen – ja, als dessen Idealform? Weil wir große Forscher brauchen, behandeln wir schon die Kinder im Kindergarten als kleine Forscher? Weil wir schlaue Mathematiker brauchen, muss jetzt in der Kita die Erweiterung des Zahlenraums aufs Programm? Weil wir mehr Informatiker brauchen, sollen schon die Kleinen vor den Bildschirmen sitzen?

… Und noch so ein seltsames Zusammentreffen: Die beste Bildung erhalten die Kinder jetzt angeblich dadurch, dass sie Institutionen besuchen, die gleichzeitig ihren Eltern den Rücken frei halten für den Arbeitsmarkt – Krippen und Ganztagsschulen. Was für ein *nützlicher* Zufall aber auch!

… Seltsam auch das: Da hat sich die Entwicklungspsychologie in den letzten Jahrzehnten immer intensiver gerade der frühen Kindheit angenommen, hat das Wachsen und Werden der Kleinen mit neuen Methoden kartiert, und dabei das kompetente, aus eigenem Antrieb lernende und seine Umwelt aktiv erforschende Kind entdeckt. Und was macht die neue Pädagogik? Sie setzt sich jetzt ausgerechnet zum Ziel, beim Kind »den Forschergeist zu wecken« – mithilfe von Experten.

Wobei doch gerade die Experten die entscheidenden Fragen bis heute nicht beantworten können: *Warum denn* sollen die Kinder früher rechnen lernen? Warum früher eingeschult werden? *Warum denn* sollen sie ihren unternehmerischen Geist mit ausgeklügeltem Material auf »Bildungsinseln« ausbilden – und nicht etwa dort, wo sie sich mit Lust und Freude schon immer bewähren konnten – draußen in der Natur beispielsweise? Überhaupt, was ist jetzt auf einmal daran auszusetzen, dass die Kinder *spielen?*

Die Kandidaten

Widmen wir uns also diesem Rätsel: Wer gibt in der Pädagogik heute eigentlich den Ton an? Die Frage, wer die Konsequenzen zu tragen hat, sparen wir hier einmal aus – sie kann einen nämlich durchaus nachdenklich stimmen. Denn die Folgen tragen eindeutig die mit den schmalsten Schultern – die Kinder selbst. Es ist *ihr* Leben, das da in die Testabteilung geschoben wird. Was, wenn sich die neuen Annahmen als Spekulation erweisen? Wir hatten es in der Erziehung mit geplatzten Spekulationsblasen ja schon etliche Male zu tun …

Gehen wir bei der Frage nach den Bestimmern systematisch vor und widmen jedem der potenziellen Kandidaten ein eigenes Kapitel: Den Eltern (Kapitel 8), den Erziehungsexperten mitsamt der Wissenschaft (Kapitel 9), dem Staat (immerhin hat er sich ja den gesetzlichen Bildungsauftrag gesichert, er wird uns in Kapitel 10 begegnen), der Zivilgesellschaft mit ihren Institutionen (im späteren Kapitel 17) … und natürlich – wen würde es nach dem langen Kapitel über die Globalisierung wundern? – »der Wirtschaft«. (Warum die im Gegensatz zu den anderen Kandidaten in Anführungszeichen steht und diese auch redlich verdient hat, wird Thema in Kapitel 11 sein.)

Nehmen wir also die ersten Spuren auf. Wer sagt eigentlich, wie wir die Kinder heute zu behandeln haben?

Fetisch Wissensgesellschaft?

Da stoßen wir zunächst auf ein Argument, das derzeit in jeder pädagogischen Diskussion als ultimative Wahrheit aufgefahren wird. Dass es nämlich die kognitive Förderung deshalb in den Mittelpunkt zu rücken gelte, weil es schließlich die kognitiven Kompetenzen seien, die in der sich abzeichnenden »Wissensgesellschaft« nachgefragt würden.

Diese Argumentation hat mehrere Haken. Zum einen stimmt nicht, dass Techniker, Ärzte, Juristen, Wissenschaftler und Erzieherinnen heute mehr wissen müssen als etwa vor 30 Jahren (natürlich ist heute ein *anderes* Wissen gefragt, aber das muss uns jetzt nun wirklich nicht wundern). Zum anderen werden die allermeisten Kinder auch in Zukunft eben *nicht* an hoch spezialisierten »Wissens«-Arbeitsplätzen, also zum Beispiel als Forscher oder Entwickler, arbeiten, sondern in ganz normalen (und deshalb nicht weniger wichtigen) Berufen in Verwaltungen, in Einrichtungen der Daseinsfürsorge (ob in Krankenhäusern oder Altenheimen), im Handwerk, in der Transportbranche und eben generell im konventionellen Produktions- und Dienstleistungssektor. Oder wird die zukünftige Gesellschaft etwa ohne Zimmerleute, Altenpfleger, Erzieherinnen, Polizeibeamten und Lastwagenfahrer auskommen?

Und selbst wenn der Stellenwert des Wissens bei der Arbeit zunehmen sollte – werden unsere Kinder ihr Leben denn in Zukunft ausschließlich als Erwerbstätige verbringen? Nein. Genauso werden sie Bürger, Partner, Väter, Mütter, Nachbarn und überhaupt Gestalter eines eigenen Lebens sein – das Funktionieren und das menschliche Gesicht unserer Gesellschaft beruhen auch heute eindeutig auf dem *ganzen* Spektrum an Kompetenzen und persönlichen Fertigkeiten. Und ich finde: Dieses breite Spektrum muss weiterhin Grundlage des Bildungsauftrags sein! Das Bildungssystem auf MINT von Kindesbeinen an zu trimmen (MINT steht für Mathematik, Informatik, Naturwissenschaft, Technik), nur weil in bestimmten Branchen derzeit Informatiker und Techniker fehlen, erscheint mir in der Tat als recht riskantes Spekulationsgeschäft.

Was ist Wissen, was ist Zukunft?

Hinter dem neuen Wissensbegriff steht möglicherweise eine eigennützige (und in jedem Fall unhistorische) Definition von »Wissen«. Verfügten die Schmiede über kein Wissen? Waren wir Menschen, als wir noch jagend und sammelnd lebten, keine »Wissensgesellschaft«? Fielen uns die Kalorien etwa in den Mund? Nein, die neue Definition von Wissen enthält eine Verzerrung: Als Wissen soll jetzt das gelten, was sich in materielle Wertschöpfung in hoch produktiven Wirtschaftsfeldern ummünzen lässt. Aus diesem Blickwinkel ist es in der Tat folgerichtig, den Wissensbegriff eng entlang den MINT-Kompetenzen zu führen.

Nur sollten wir dann auch die damit verbundenen Interessen klar erkennen: Je mehr junge Menschen sich mit eben *solchem* Wissen versorgen, desto besser für die, die diesen Rohstoff verarbeiten können (dazu braucht es übrigens nicht unbedingt Wissen, sondern vor allem – Kapital).

Die Rede von der »Wissensgesellschaft« passt bestens zu einem anderen Modebegriff: Branchen mit der höchsten materiellen Wertschöpfung werden auch als »Zukunftsbranchen« bezeichnet – als sei das Ausmaß der Gewinnerwartung allein schon ein Garant für eine gute Zukunft. Die Raumfahrt etwa gilt als Zukunftsbranche, und auch die Atomenergiewirtschaft hat sich lange Zeit so genannt. (Ein Biobauer dagegen würde wohl eher Schmunzeln hervorrufen, wenn er seine Art der Landwirtschaft als Zukunfts- [oder gar Wissens-]Branche bezeichnen würde.)

Die erste Spur: Die Profis – kalt erwischt

Aber zurück zu unserer Spurensuche. Da fällt zunächst einmal auf, dass viele von denjenigen, die tagtäglich mit Kindern zu tun haben – die Eltern also und die Erzieherinnen oder Lehrerinnen – , von den neuen Ansagen, wie Kinder besser gebildet und erzogen werden könnten, eher überrascht waren. Die Erzieherinnen in den Kitas beispielsweise hatten in ihrer großen Mehrheit das Gefühl, dass sie mit dem bis in die 1980er-Jahre hinein dominierenden pädagogischen Ansatz eigentlich ganz gute Arbeit geleistet hatten. Ja, manche Erzieherinnen fühlten sich regelrecht gekränkt, als es auf einmal hieß, die Kleinen würden beim Spielen und Basteln verblöden. Auch die Lehrerschaft runzelte in ihrer Mehrheit die Stirn – wenn sie *einen* Wunsch frei gehabt hätte, dann doch eher den: den im deutschen Kulturraum traditionell eher breit angelegten Bildungsbegriff zu erhalten (kein Wunder, dass sie das angelsächsische Bildungsmodell mit seiner Ausrichtung auf das leichter Verwertbare oder das in Tests gut Abfragbare eher in der Kategorie Fast Food verortete).

Die zweite Spur: Experten fernab der Kinder

Eine zweite Spur führt uns interessanterweise ebenfalls weg von denen, die tagtäglich Umgang mit Kindern pflegen – Menschen also, die in ihrer Mehrheit weiblich und eher unter 50 sind. Diejenigen dagegen, die sich ab den 1990er-Jahren in der Pädagogik ganz dringend zu Wort meldeten und neue, weniger kuschelige und dafür der kognitiven Leistungsförderung dienende Konzepte forderten, waren praktisch ausschließlich ältere Herren. Ihre Spezialgebiete zumeist: Volks- oder Betriebswirtschaft.

So kamen die ersten Forderungen nach einer kognitiven Bildungsoffensive vom Bund der Deutschen Industrie, von der Bundesvereinigung der deutschen Arbeitgeberverbände und vor allem von der OECD und den anderen – damals noch bis auf die zelluläre Ebene vom neoliberalen Geist durchdrungenen – internationalen Wirtschaftsinstitutionen, wie etwa der Weltbank, dem Internationalen Währungsfonds und der World Trade Organization (WTO). Gutachten legten dar, wie Deutschland durch »nicht erschlossene Bildungspotenziale« im internationalen Wettbewerb ins Hintertreffen gerate und wie die frühkindliche Betreuung für einen früheren Start der »Bildungskarriere« genutzt werden könne.[19] Die Weltbank entwickelt jetzt ihren berühmten Leitsatz, den sie den Regierungen für den Bildungssektor empfiehlt: »priorities in education are determined through economic analysis«: Die Prioritäten für die Bildung werden durch die ökonomische Analyse bestimmt!

Im Sinne dieses Diktums sammelt die OECD – eine nicht der Förderung der Bildung, sondern der Förderung des internationalen Handels verpflichtete Wirtschaftsorganisation – bei den Regierungen Geld ein und lanciert nun ihre PISA-Studien (dazu gleich ausführlich mehr). Gleichzeitig definiert sie in einem Grundlagenpapier auch die heute für die Kinder anzustrebenden »Schlüsselkompetenzen« – zu denen nicht nur die »Fähigkeit zur interaktiven Nutzung von Wissen und Informationen« gehört, sondern auch die »Fähigkeit, gute und tragfähige Beziehungen zu anderen Menschen zu unterhalten« (ein Hinweis, wie sehr heute auch die Wirtschaft auf kreative, team- und austauschfähige Mitarbeiter angewiesen ist).

Bei so vielen Vorgaben der internationalen Ökonomie steht eine Frage im Raum: Wozu braucht es da überhaupt noch die Pädagogik?

Sie war bald wieder zur Stelle. Und zwar – wieder so ein Zufall – mit ziemlich genau den gleichen, von OECD und Co. vorgetragenen Vorstellungen von dem, was die Kinder jetzt brauchen: frühe Bildung, frühe »Medienkompetenz«, frühe Begleitung durch Experten! Und sie spricht nun sogar die gleiche Sprache wie die Wirtschaftsverbände. Der jetzt außerordentlich bekannte Kindheitsforscher, Pädagoge, Anthropologe, Genetiker, Psychologe, Psychotherapeut und jahrzehntelange Leiter des Bayerischen Staatsinstituts für Frühpädagogik, Prof. Dr. Dr. Dr. Wassilios E. Fthenakis etwa fordert »die Qualifizierung und Mobilisierung des vorhandenen Humankapitals«. Und auch er ist sich sicher, »dass den höchsten Nutzen die Investitionen bringen, die in den ersten fünf Jahren der kindlichen Entwicklung getätigt werden«. Als wichtigen Hebel dazu identifiziert er die Förderung der metakognitiven Kompetenzen des Kindes – ein damals in der Frühpädagogik in den USA allgegenwärtiges Konzept, das nun auch die Kinder in den deutschen Kindergärten auf die Spur des »lebenslangen Lernens« führen sollte (das Konzept wird uns noch beschäftigen).

Dritte Spur: die Begründungen

Der jetzt tonangebende Teil der Pädagogik geht von der Annahme aus, dass für ein effektiveres (und das heißt jetzt: besser auf den Arbeitsmarkt ausgerichtetes) Bildungssystem die »Bildungsbiografie« des Kindes zu »optimieren« sei (wie Professor Fthenakis es ausdrückt). Die Annahme wird von zwei Forderungen flankiert:

... Die Bildungsbiografie müsse erstens nach unten aufgebohrt werden: Mit »Bildung« solle gleich dort begonnen werden, wo bisher das zweckfreie Miteinander als kindgerecht galt – in den Krippen und den Kitas. Ja, sogar schon in der Säuglingszeit. Die moderne Bildung, so Prof. Fthenakis, brauche nicht nur einheitliche, altersübergreifende Bildungspläne, sondern auch »Fachkräfte, die ein

Kind von der Geburt bis mindestens zum Ende der Grundschule begleiten und mit ihm gemeinsam Bildungsprozesse organisieren«. Bildung total also.

... Zweitens – diese Forderung wird von den Wirtschaftsverbänden mit Nachdruck erhoben – sei die Bildungskarriere zu straffen. Die Kinder seien früher einzuschulen, die Gymnasialbildung auf weniger Schuljahre zu verteilen sowie das Studium zu verkürzen. Nur so könne dem Fachkräftemangel der Zukunft begegnet werden (durch die Vorverlagerung von Bildung in die bisher nutzlos verbrachte Kleinkindphase wäre schließlich einiges an Zeit gewonnen).[20]

Auf der Basis dieser Forderungen wurde die Umgestaltung der Bildungslandschaft in Angriff genommen. Tatsächlich waren sowohl die Unis als auch die Kindergärten schon Anfang der 2000er-Jahre nicht mehr wiederzuerkennen. In Ersteren wird jetzt in den Bachelor-Studiengängen eine »verkappte Berufsausbildung« betrieben, »die mit einem akademischen Titel endet«, so der heutige Vizepräsident der Hochschulrektorenkonferenz Dieter Lenzen. In den Kitas sind jetzt »Bildungsinseln« eingerichtet, mit »Portfolios« wird die Entwicklung der Kleinen dokumentiert, und in den Prospekten der Träger geht es vor allem um das eine: welche Förderung und welche »Bildung« die Kleinen in der Einrichtung bekommen werden.

Vierte Spur: die Methodik

Zum zentralen Hebel, mit dem die angeblich überfälligen Bildungsreformen in der Bevölkerung popularisiert wurden, wurden internationale Vergleichsstudien, insbesondere die für die Schulen konzipierten PISA-Studien (die deutschen Kindergärten wurden mit einer eigenen Studie, »Starting Strong«, unter die Lupe genommen).

Nun sei hier nicht die Wertigkeit von Vergleichsstudien im Bildungsbereich infrage gestellt (aus den Diskussionen haben sich ja durchaus interessante Fragen ergeben, etwa zur Chancengleichheit des Bildungssystems, die uns noch beschäftigen wird). Sehr wohl aber muss hier die enorme Durchschlagskraft der PISA-Studien problematisiert werden. Denn obwohl die PISA-Studien nur einen kleinen Ausschnitt dessen messen, was in unserem Kulturraum bisher als »Bildung« galt, wurden sie rasch als »Bildungsvergleiche« interpretiert, ja, als Bildungs*standards* verstanden. Bei genauem Hinschauen zeigt sich aber, in welche Richtung das Testgebäude seine Schlagseite hat: Getestet wurde nämlich zum einen das, was sich überhaupt standardisieren und kulturübergreifend messen lässt – und vor allem: was in der internationalen Wirtschaftswelt nachgefragt ist. Die anderen Bildungsinhalte, wie etwa musische oder fremdsprachliche Kompetenzen, oder auch problemorientiertes Verständnis bleiben außen vor.

Weil die PISA-Studien aber bis heute als generelle »Leistungs«-Vergleiche der Bildungssysteme verkauft werden, sind die Schlussfolgerungen für die Verlierer sonnenklar: Das Schulsystem muss sich ändern! Und die Richtung der Änderung ist konstruktionsbedingt vorgezeichnet – hin zu den an den Erfordernissen des globalisierten Arbeitsmarkts orientierten Bildungsinhalten. Die Antwort auf eine PISA-Schlappe *kann* also gar nicht anders lauten als: Wir brauchen mehr von dem, was ihr da testet! Zumindest muss mit Gegenwind rechnen, wer nach einer solch gewichtigen Setzung noch Dinge fordert wie etwa: mehr kreatives Denken an den Schulen, mehr Augenmerk auf die Sozialkompetenz oder gar mehr von den Schülern selbst bestimmte und selbst organisierte Bildungsinhalte.

Ich kenne kein Beispiel, bei dem durch eine wissenschaftliche Studie die Prioritäten eines Gesellschaftssystems so rasch beeinflusst worden wären – eine Studie zumal, die sich wegen der damit verbundenen nationalen Wettbewerbsstimmung nicht einmal mehr für ihre offensichtlichen methodischen Mängel rechtfertigen muss – etwa, dass sie unter dem Strich vielleicht doch nichts anderes testet als die spezifische Vorbereitung auf die Art des Tests oder ganz simpel den allgemeinen Schulfleiß.

Die Bahn zu einem neuen Bildungsbegriff ist vorgespurt

So betrachtet sind die PISA-Studien das Produkt einer »normativen Empirie« und damit im Grunde zirkuläre Veranstaltungen: Sie testen nicht Bildung, sondern das, was im Kontext des globalisierten Wettbewerbs als Bildung *gilt*. Die Ergebnisse aber verändern das Bildungssystem fundamental. Die Testentwickler schreiben den Lehrplan sozusagen gleich mit.

Wie Bildung im gesellschaftlichen Diskurs gesehen oder definiert wird, ist dann gar nicht mehr die Frage. Vielmehr wird der Gesellschaft – ob gewollt oder ungewollt – ein neuer Bildungsbegriff vorgelegt: Bildung, das sind diejenigen Kompetenzen, die der globalisierte Wettbewerb anfordert! Und damit stellt sich eine verzwickte Frage: Wenn Weltbank, OECD und Co. ihre Aufgabe darin sehen, eine Bildungsmatrix für den globalisierten Wettbewerb zu liefern – wer hat dann in Bildungsangelegenheiten de facto das Hoheitsrecht?

Gleichzeitig aber bleibt die für die Gesellschaft entscheidende – und eigentlich an die Politik zu richtende – Frage unbeantwortet: Ist das, was den globalisierten Zukunftsbranchen nutzt, gleichzeitig auch das, was es für eine zukunftsfähige Gesellschaft braucht? Und: Wenn wir Bildungsanstrengungen damit begründen, dass sie sich wirtschaftlich lohnen – heißt das nicht im Umkehrschluss, dass wir Bildung unterlassen sollten, wenn sie sich nicht »lohnt«? Dass diejenige Bildung, die nicht zu mehr Wachstum führt, wertlos ist?

Bis heute bleibt jedenfalls der praktische Nutzen der Leistungstests für die einzelne Schule und den einzelnen Schüler völlig unklar. Denn die inzwischen auch außerhalb der PISA-Testreihen in ganz Deutschland flächendeckend durchgeführten Vergleichsarbeiten (etwa VERA in der dritten und achten Jahrgangsstufe) belegen zunächst einmal das zu Erwartende: Die Schüler an sozialen Brennpunkten schneiden schlechter ab. Nur – bisher hat noch keine einzige Problemschule deshalb mehr Lehrer oder ein besseres Weiterbildungsangebot für die Pädagogen bekommen.

Aber auch der gesellschaftliche Nutzen sollte weiter überprüft werden. So wurde nach dem PISA-Schock etwa die Mathematik in vielen Bundesländern zum Abitur-Pflichtfach gemacht. Der erhoffte Ansturm auf die mit Mathematik verbundenen Berufe will sich jedoch bis heute nicht einstellen. Vielleicht taugen ja die 5-Jahres-Pläne in Sachen Bildung genauso wenig, wie sie in der Wirtschaft taugen? Der Weg zur Entdeckung eigener Begabungen scheint kompliziert zu sein – ich kenne jedenfalls kein einziges Kind, das sich deshalb für Mathematik entflammen lässt, weil die jetzt ein Hauptfach ist.

Überhaupt zeigt der Blick auf die asiatischen PISA-Sieger, dass die Schüler gerade aus den am effektivsten auf MINT ausgerichteten Bildungssystemen diese hohe formale Spezialisierung in der Arbeitswelt dann oft überraschend wenig nutzen können. Kognitive Spezialisierung, die sich nicht mit Kreativität oder Begeisterungsfähigkeit paaren will (oder kann), bleibt eine halbe Sache. Vielleicht ist der Grat zwischen Förderung und pädagogischem Raubbau also doch schmaler als in manchen Ministerien und Vorstandsetagen angenommen (dieser Grat ist Thema in Kapitel 19). [21]

Jedenfalls wäre es vorschnell, wenn wir uns jetzt einreden würden, wir hätten heute ein besseres Bildungssystem, nur weil die Schüler in den PISA-Tests inzwischen besser punkten.

Wie Wirtschaftsinteressen zu Politik werden

Auf verschlungenen Wegen sind die auf den globalisierten Wettkampf zugeschnittenen Bildungsziele also in die Bildungspolitik eingesickert. Wie Tinte auf Fließpapier haben sie längst auch ihren Weg ins institutionelle Bildungssystem gefunden.

Wer hat die Tinte aufgebracht? Wohin führt unsere Spurensuche? Auffällig ist zunächst einmal, dass die neue internationale Bildungsagenda von denselben Institutionen propagiert und mit Autorität ausgestattet wird, die auch in anderen Bereichen (wie etwa dem Gesundheitssystem) den neoliberalen Wandel propagieren und das wirtschaftliche Wachstum durch Entstaatlichung, Deregulierung und Privatisierung von Wirtschaftszweigen vorantreiben wollen. Sie empfehlen unisono, die nationalstaatlichen Bildungssysteme an den Erfordernissen der »Wissensökonomie« auszurichten und die »Wertschöpfungskette« durch die »Anpassung und Kommerzialisierung von Wissen« zu stärken, wie es die Weltbank ausdrückt.

Dieser Ansatz – das ist mir wichtig – ist weder unredlich noch von bösen Absichten getragen. Er ergibt sich vielmehr aus den Grundannahmen eines nach ökonomischen Prioritäten ausgerichteten Denkmodells. Wer der Meinung ist, der Schlüssel zu Wohlstand und Wohlergehen der Nationen liege in einem möglichst hohen ökonomischen Wachstum, der wird nicht rasten und ruhen, bis alle Ressourcen für eben dieses Wachstum mobilisiert sind – die Fähigkeiten und Fertigkeiten der Kinder gehören eindeutig dazu. Dieses »Humankapital« vermehrt sich ja nicht von selber – es wächst durch eine auf die Notwendigkeiten der ökonomischen Optimierung zugeschnittene Bildung. Dass sich die internationalen Dachorganisationen der Weltwirtschaft die Ökonomisierung der Bildungsziele und die Ökonomisierung des Bildungsprozesses auf die Fahnen geschrieben haben, ist also nichts anderes als *folgerichtig*.[22]

Und genauso folgerichtig ist es, dass die ökonomischen Dachorganisationen ihre exekutive Macht nutzen, um diese Agenda möglichst weitgehend umzusetzen. So arbeitet die WTO im Rahmen des GATS (General Agreement on Trade in Services, eine Art ständige Verhandlungsrunde zur Deregulierung von Dienstleistungen) daran, die nationalen Bildungsmärkte für die Privatwirtschaft zu öffnen. Der Bildungsbereich soll zum internationalen Zukunftsmarkt werden.

Dass diese Ziele im Rahmen des GATS unter Ausschluss der Öffentlichkeit verhandelt werden, ist allerdings einer Zwischenfrage wert. Wenn öffentliche Dienstleistungen privaten Investoren zugänglich gemacht werden sollen, warum soll das unter Ausschluss der Öffentlichkeit diskutiert werden? Zumal die dann getroffenen Absprachen für die nationalen Parlamente bindend sind – Handelsverträge können ja nicht einmal durch die Wahl einer neuen Regierung abgewählt werden.

Ähnliches gilt für die OECD. Wenn sie von sich selber sagt, sie wolle über ein System gegenseitiger Prüfungen (wie etwa die PISA-Studien)

»Einfluss auf das Verhalten souveräner Staaten ausüben«, dann stellt sich schon die Frage nach dem Selbstverständnis solcher internationaler Wirtschaftsverbände. Wodurch und von wem sind solche »Einflüsse« legitimiert?

Bildung als Managementaufgabe

Tatsächlich ist seit den 1990er-Jahren auf diesem von den supranationalen Wirtschaftsorganisationen bereiteten Boden ein lukrativer Markt für die großen globalen Dienstleistungskonzerne entstanden – ob sie nun Bertelsmann, Microsoft oder Holtzbrinck heißen.

Die Befürworter des neuen Bildungsmarktes teilen eine Meinung (und über ihre »gemeinnützigen« Stiftungen teilen sie die auch mit der Politik, den Verbänden und den Bürgern): Für jedes Problem des Bildungssystems gebe es eine Lösung – und zwar eine ökonomische. Die Schule solle keine »soziale Einrichtung« mehr sein, lässt etwa der Hessische Unternehmerverband wissen, sie solle vielmehr zur »Dienstleistungsorganisation im Bereich Bildung« umgebaut werden.

Und dieser Umbau ist zunächst einmal eine Managementaufgabe – sie soll mit demselben Werkzeugkasten gelöst werden, der sich beim Auf- und Umbau leistungsfähiger Unternehmen tausendfach bewährt hat: mehr Output durch mehr Konkurrenz, durch Leistungsanreize, Standardisierung, Leistungsvergleiche, Benchmarking. Ergebnisorientierte Investitionen und Entlohnung nach Resultat. Einsatz von modernen Kommunikationstechniken und Management-Software.

Eigenverantwortung – Teil der Lösung?

Mehr Eigenverantwortung und Selbstständigkeit für die Bildungseinrichtungen also. Dieses Ziel wurde bereits mit dem Bologna-Prozess in die Universitäten getragen und wird derzeit von den Unternehmensverbänden und ihren Stiftungen lautstark auch für die Schulen gefordert.

Von der Bevölkerung gibt es da viel Applaus, und zwar aus allen

Lagern. Ist mehr Eigenständigkeit nicht ein erster Schritt hin zu einer »Schule im Schoß der Bürgerschaft« – zu einem freieren, bunteren, offeneren Bildungswesen mit selbst gesetzten Bildungszielen? Und weiß nicht jeder aus eigener Erfahrung, wie träge und unflexibel die zentral verwalteten Schulen sind – wer wollte nicht schon deshalb der alten Schule Beine machen? So mancher mag sich klammheimlich die Hände reiben, wenn die Schulministerin des Landes Nordrhein-Westfalen, Barbara Sommer, jetzt »Qualitätsprüfer« in die Schulen schickt, um dort aufzuräumen: »Lehrer mit Defiziten werden im Kollegium identifiziert und isoliert.«

Was dabei oft vergessen wird: Die neu zu installierende, eigenverantwortliche Betriebsführung zielt nicht einfach auf eine »bessere Bildungseinrichtung«, sondern auf eine *effektivere* Bildungseinrichtung. Die Schule oder die Universität bekommt ein selbstständiges Management, wird aber gleichzeitig in ein System eingebunden, das ihren »Output« misst, mit anderen Einrichtungen vergleicht und bewertet. Ob die Zielvorgaben erreicht werden, wird bereits in länderübergreifenden Vergleichstests gemessen – und von deren Ergebnissen könnten dann in Zukunft nicht nur die Leistungsbewertungen der Lehrer, sondern auch die weiteren Investitionsmittel für die Einrichtung abhängen. Die Frage, ob solche Autonomie der Schule das ist, was sich diejenigen wünschen, denen an einer Veränderung von Schule gelegen ist, sei dahingestellt.

Und welcher Lehrer würde in einem solchen System (in aller Freiheit) dann nicht doch bei dem jeweils festgelegten Prüfungswissen landen – und versuchen, dieses möglichst genau, rasch und effektiv in die Köpfe der Kinder zu jonglieren? Ja, wer kann in einem solchen standardisierten System noch die »unproduktiven« Teile des pädagogischen Alltags würdigen? Sich mit den menschlichen Problemen der Klasse abgeben, sie durch schwierige Phasen begleiten? Die Kinder auch in ihrer Entwicklung stärken? Sie ihre eigenen Wege suchen lassen? Ja, wer kann sich überhaupt noch den Luxus leisten, Lerninhalte und Lerntempo an die *Schüler* anzupassen? »Lehrer mit Defiziten« – das sind in diesem System nämlich nicht nur die pädagogischen Idioten (die es leider gibt), sondern vor allem die, die den »Stoff« nicht schaffen. Die neue Schule mag »autonom« sein – aber sie ist alles andere als frei und ein Projekt der Emanzipation schon gar nicht. Sie ist frei im Sinne ihres Erfinders.

Die Stunde der Stiftungen

Blättern wir einmal durch die Tagespresse und verweilen ein bisschen dort, wo es um Bildungspolitik oder um neue »Bildungsinitiativen« geht. Mit an Sicherheit grenzender Wahrscheinlichkeit fällt in den Artikeln der Name einer Stiftung – vielleicht der Bertelsmann-Stiftung, vielleicht der Telekom-Stiftung, Dietmar Hopp Stiftung, Siemens-Stiftung und so weiter.

Gerade die großen Stiftungen sind bestens mit der Politik vernetzt. Ehemalige Staatssekretäre landen nicht selten in den Beiräten von Stiftungen, umgekehrt benutzen noch aktive Staatssekretäre auch schon mal die von den Experten der Stiftungen eingereichten Formulierungen für die Erarbeitung von Gesetzesvorlagen (legendär das Beispiel des »Hochschulfreiheitsgesetzes« in Nordrhein-Westfalen).

Die Stiftungen sind »gemeinnützig«. Sie haben bekannte Schirmherren (und Schirmfrauen). Sie entlasten die klammen öffentlichen Kassen. Sie entwickeln innovative Konzepte, richten Kongresse, Symposien und Empfänge aus (der jährliche Politiker-Empfang der Bertelsmann-Stiftung steht auf jedem Terminkalender des politischen Berlin), sie verleihen Preise, sie vergeben Forschungsaufträge, sie finanzieren Projekte, die dann mit an Sicherheit grenzender Wahrscheinlichkeit über kurz oder lang selbst einen Preis bekommen – von einem Ministerium, einem Verband oder einer anderen Stiftung. Kein Wunder, dass »Bildung« und »Stiftung« oft in einem Atemzug genannt werden. Und sie unterhalten Gütesiegel, wissenschaftliche Schriftenreihen und beauftragen einen ganzen Apparat von Wissenschaftlern, der wiederum Positionspapiere, Grundlagenpapiere oder Umfrageergebnisse anliefert (eine unabhängige Veröffentlichung der Forschungsergebnisse durch die Wissenschaftler selbst ist dabei per Vertrag in der Regel ausgeschlossen). Weil nach deutschem Recht Stiftungen über ihr Tun und Lassen trotz der steuerlichen Förderung keine öffentliche Rechenschaft ablegen müssen, bleibt ein großer Teil ihres Engagements letzten Endes im Dunkeln.

Warum die Stiftungen wohl dieses ganze Geld ausgeben? Nehmen wir einmal die »Schlaumäuse«-Initiative der Microsoft AG. Die Kleinen in der Kita sollen dabei über Tablet-Computer das Sprechen lernen: Das von Microsoft kostenlos verteilte Schlaumäuse-Programm lässt die angetippten Figuren Wörter und Sätze sagen, die Kinder können das dann »mitspielen« und nachsprechen. Das entlastet alle, weil die Kleinen das alleine machen können. »Die Kinder brauchen nicht mehr Erwachsene zu bitten: Lies mir das mal vor. Durch die Schlaumäuse haben sie einen direkten Zugang zur Schrift und werden dadurch unabhängig von Eltern, Erziehern und anderen Erwachsenen.« So die Werbebroschüre des Schlaumäuse-Programms. Und weil das für strahlende Gesichter allenthalben sorgt, ist auch bald eine freundliche Schirmherrin gewonnen – Ursula von der Leyen. Sie brachte vor ihrer Zeit bei der Bundeswehr zusammen mit Microsoft die Kindergartenpädagogik ins elektronische Zeitalter. Und Microsoft zu ein paar neuen Kunden: Inzwischen kommen die Schlaumäuse in rund 10.000 Kitas in Deutschland zum Einsatz.

Tatsächlich dürfte es auch in den anderen Winkeln der Bildungslandschaft schwer sein, den Gemeinnutz und den Eigennutz der mildtätigen Stiftungen klar zu trennen. Wenn etwa im Haus der kleinen Forscher »Die digitale Gesellschaft – Kinder erforschen Kommunikation« zum Kita-Thema des Wissenschaftsjahres 2014 wird, könnte das durchaus auch etwas damit zu tun haben, dass die Telekom-Stiftung das »pädagogische Konzept« des Hauses finanziert. Vielleicht kommt ja dann im Wissenschaftsjahr 2015 das Thema »Mobilität der Zukunft« dran – schließlich hat auch die Autostadt GmbH (Volkswagen) einen Sitz im Stiftungsrat. Für 2016 haben dann die Kinder einen Wunsch frei.

Der Lohn der gemeinnützigen Arbeit

Aber Spaß beiseite. In der neuen Bildungswelt geht es um Geld, um viel Geld – nach Schätzungen des Bankhauses Merrill Lynch liegt das Finanzvolumen des globalen Bildungsmarkts bei etwa 2.000 Milliarden

US-Dollar – pro Jahr. Der schön vorgepflügte Markt fragt jetzt nach Lernsoftware, Testbatterien, Beobachtungs- und Evaluationsbögen, Prüfungsfragen, Prüfungsvorbereitungs-Materialien, Portfoliovorlagen und den dazugehörenden Handbüchern, Schulungsprogrammen und -unterlagen. Wer nicht glauben mag, wie viel Musik der Bildungsmarkt hergeben kann, möge einmal auf der Bildungsmesse Didacta mit ihren fast tausend Anbietern vorbeischauen.

Insbesondere die Testmaterialien werden von einer international agierenden Bildungsindustrie entwickelt. Allein die an der Ausarbeitung der PISA-Testreihe beteiligten kommerziellen Unternehmen (sie werden in den deutschen PISA-Veröffentlichungen als »internationale Forschungseinrichtungen« bezeichnet) haben insgesamt mehr als 7.000 Angestellte und sind an Hunderten von Tests im Bildungsbereich in mehr als 80 Ländern beteiligt.

Und der Markt fragt zunehmend auch komplexere Dienstleistungen nach, wie etwa die Bewirtschaftung ganzer Schulen im Rahmen so genannter *public private partnerships,* ein Wachstumsmarkt, in dem etwa die hundertprozentige Bertelsmann-Tochter Arvato gut im Geschäft ist.

Bei diesen vielen neuen Möglichkeiten der Wertschöpfung lohnt es sich schon, auch mal ein paar »Pilotprojekte« zu finanzieren oder mit einem »Best practice«-Beispiel zu glänzen – damit ist in der an systematischer Begleitforschung armen Bildungslandschaft dann mit wenig Aufwand gleich schon mal ein Bildungs-»Standard« festgeklopft, der nach außen einigen Glanz abwirft. Und bestimmt macht sich auch bezahlt, wenn man der Not leidenden Wissenschaft mit ein paar Aufträgen unter die Arme greift. Die »Schlaumäuse« etwa werden so von einer »Didaktikexpertin« der TU Berlin zum »Pflichtprogramm für Kindergärten« erklärt, »weil diese Software diese einzigartige Individualisierung durch das Kind selbst ermöglicht«.

»Ein dreifacher Gewinn also«, kommentiert Jochen Krautz, Autor des sehr lesenswerten Buchs »Ware Bildung«: »Man zerstört die Beziehungen zwischen Kind und Erwachsenen, diffamiert die Lehrer, weil sie die Kinder schlechter als das Programm behandeln würden, und gewöhnt schon die Kleinsten als zukünftige Kunden an die Microsoft Welt. (...) Microsoft weiß also, wie man schlau Mäuse macht.«

Allein der Markt für die reichlich eingesetzten Schulleistungstests wird weltweit auf Hunderte von Millionen Euro geschätzt. Zunehmend mit dabei: die Elementarpädagogik, die jetzt zum Beispiel auf Sprachstandserhebungen setzt.

»Durchfallsraten« bis zu 50 % sollten allerdings stutzig machen. Vielleicht will ja nicht jedes zum Test geschleppte 4-jährige Kind einfach mal mit einem ihm unbekannten Experten »spielen«? Überhaupt wundert man sich, wie unbedacht mit diesen Tests umgegangen wird. Der erste in einem Bundesland flächendeckend eingesetzte Sprachtest für Kindergartenkinder – der vorher hochgelobte und natürlich von »Experten« evaluierte Delfin 4 – musste nach wenigen Jahren wieder aussortiert werden, weil seine Diagnosen dann doch eher Orakel waren. Orakel, die allerdings so manche Familie, von Groß bis Klein, schwer verunsichert und belastet haben.

Kein Kleid für ein Kind

Öffentliche Bildungssysteme haben, wenn es um die Mobilisierung von ökonomischem Wachstumspotenzial geht, zwei entscheidende Nachteile. Erstens kann man darin kaum wirtschaftlichen Gewinn realisieren. Und zweitens besteht immer die Gefahr, dass die Kinder dort viel Zeit mit im Grunde nutzlosen Dingen verbringen. Mit Dingen also, mit denen sich keine »Wertschöpfung« erzielen lässt.

Dieses Manko wird seit den 1990er-Jahren Schritt für Schritt beseitigt, und die kindliche Entwicklung immer stärker auf die Interessen des Wirtschaftsstandorts ausgerichtet. Dabei wird – das ist meine These – nicht das Kleid auf das Kind zugeschnitten, sondern das Kind auf das Kleid (siehe dazu auch Kapitel 14).

Und das liegt auch daran, dass sich bei diesem neuen Zuschnitt von Bildung und Erziehung Menschen ans Ruder gesetzt haben, die von Management viel, von Kindern aber wenig verstehen. Sie versuchen, nun auch das Bildungsproblem mit den einzigen Methoden zu lösen, die sie kennen – Standards setzen, Anreize schaffen, Vergleiche veranstalten, messen, evaluieren, coachen, Wettbewerb entfachen. Sie versuchen, wie es die Erziehungswissenschaftlerin Elisabeth Flitner ausdrückt, »die Führungskriterien von Wirtschaftsbetrieben« in die öffentlichen Bildungsinstitutionen einzubauen.

Aber ein Kind braucht zum Lernen nicht äußere Anreize, sondern innere. Es braucht nicht Evaluation, sondern Beziehungen, es braucht nicht Konkurrenz, sondern Rückhalt, es braucht nicht Lob für das Ergebnis, sondern Lob für die Anstrengung, es braucht kein Benchmarking, sondern Begeisterung für das, was da zu lernen ist. Standards mögen für Waren taugen, ein Kind aber braucht Aufgaben und Methoden, die zu *ihm* passen, zu seiner Individualität. Eine wenig produktive Tochtergesellschaft kann vielleicht durch straffere Führung auf Kurs gebracht werden – ein Kind aber, das in der Schule zu wenig »produziert«, braucht als wichtigste Hilfestellung eine *menschliche* Schule.

Am Ziel der Suche?

Haben uns die Spuren jetzt zum »Täter« geführt – zum Einpeitscher, der die pädagogische Mobilmachung unserer Kinder antreibt?

Auf den ersten Blick sieht es ganz so aus. Alles deutet ja in eine Richtung: zu »*der* Wirtschaft«.

Aber Halt! Was ist das denn, »*die* Wirtschaft«? Ja, wir sind ein paar eindeutig wirtschaftsnahen Institutionen begegnet – der Weltbank etwa, der OECD, einigen von Unternehmen finanzierten Stiftungen. Aber ist das »die Wirtschaft«? Darüber wird zu reden sein (Kapitel 11).

Und jede Lehrerin und jeder Erzieher weiß auch das: Die Forderungen des ehemaligen McKinsey-Managers Jürgen Kluge, die uns in Kapitel 5 begegnet sind, sind nichts gegen das, was so manche Mutter und so mancher Vater im Schilde führen: »Aber die Parallelklasse ist doch schon bei der Aufgabe 21a!!! Und Sie wollen am Mittwoch eine Exkursion *in den Wald* machen?«

Vielleicht ist das mit der Mobilmachung doch nicht ganz so einfach. Machen wir uns also gleich auf zu einem Besuch bei den Eltern: Welche Rolle spielen die Erziehungsberechtigten in diesem Seilziehen um das Kind?

TEIL 3 UNTERSCHIEDLICHE AKTEURE – UNTERSCHIEDLICHE INTERESSEN?

ACHT   WO STEHEN DIE ELTERN?

══════ Nach dem Grundgesetz sind »Pflege und Erziehung der Kinder das natürliche Recht der Eltern und die zuvörderst ihnen obliegende Pflicht«.

Nun könnte nach dem bisher Gesagten durchaus der Eindruck entstehen, die Eltern seien sich dieses ihres Rechtes vielleicht gar nicht so recht bewusst – oder nähmen es mit ihrer Pflicht nicht ganz so genau. Denn so manches Mal scheinen sie das Ruder einfach abzugeben – an den Zeitgeist, an die Macht des Faktischen, an die Erwartungen all der anderen – an die, die da eben auch am Debattentisch sitzen und mitreden. Wir haben sie bereits kennengelernt.

Vielleicht ist das der Grund, warum die Eltern manchmal behandelt werden, als seien sie nicht ganz stulle. Suchen sie für ihre Kleinen etwa eine Kita, so redet man mit ihnen meist wie im Werbefernsehen. Sie hören dann tief greifende Botschaften wie etwa: »Um die Sprachentwicklung von Kindern nachhaltig zu fördern, ist ein ganzheitlicher Ansatz notwendig.« Immer wieder gerne genommen wird auch Einstein – wer wollte sein Kind nicht in eine »Einstein-Kita« schicken? Zumal, wenn dann so ein richtiges Kribbel-Zitat im Prospekt steht: »Das Schönste und Tiefste, was ein Mensch erleben kann, ist das Gefühl des Geheimnisvollen.«

Mit den Eltern kann man so einen Budenzauber ja machen?

Das kulturelle Drama – in persönlicher Gestalt

Nicht unbedingt. Denn wer Eltern als willenlose Empfänger des Zeitgeistes betrachtet, trifft den Nagel nicht gerade auf den Kopf – schließlich hat es schon immer Eltern gegeben, die frisch, frei, und unbekümmert ihre Kinder ganz anders erzogen haben, als der kulturelle Mainstream das tut.

Tatsächlich haben bestimmte Kreise von Eltern selbst zu Zeiten, die uns aus heutiger Sicht eher wenig pluralistisch erscheinen, der Großwetterlage in Sachen Bildung und Erziehung mit einem eigenen Mikroklima getrotzt. Man denke etwa an die vielen reformpädagogischen Ansätze am Anfang des letzten Jahrhunderts. Selbst im Nationalsozialismus gab es gerade in den gesellschaftskritischen Kreisen eine völlig andere Bewertung von Erziehungsfragen – so hat Sigrid Chamberlain darauf hingewiesen, dass sich im Briefwechsel der Widerstandskämpfer ein fundamental anderes Kinderbild zeigt als etwa in den Briefwechseln der nationalsozialistischen Funktionsträger.

Und nicht nur am Beispiel dieser Gegenbewegung zeigt sich, dass das »Kinderbild« (also wie nahe bzw. distanziert, wie beziehungsbedürftig bzw. objekthaft, wie – im moralischen Sinne – »gut« bzw. »böse« wir Kinder sehen und behandeln) oft in engem Zusammenhang mit dem Frauenbild steht: Wo Kinder negativ gesehen und mit Härte behandelt wurden, hatten es auch die Frauen nicht leicht, und umgekehrt.

Dieser Gleichschritt leuchtet intuitiv ein. Welches Kinderbild würden Sie beispielsweise von einem Mann erwarten, der über Frauen folgendes schreibt: »Zu Pflegerinnen und Erzieherinnen unserer ersten Kindheit eignen die Weiber sich gerade dadurch, dass sie selbst kindisch, läppisch und kurzsichtig, mit einem Worte, zeitlebens große Kinder sind: eine Art Mittelstufe, zwischen dem Kinde und dem Manne, als welcher der eigentliche Mensch ist. Man betrachte nur ein Mädchen, wie sie, tagelang, mit einem Kinde tändelt, herumtanzt und singt, und denke sich, was ein Mann, beim besten Willen, an ihrer Stelle leisten könnte.« Der Mann heißt übrigens Arthur Schopenhauer, er war ein recht typischer Vertreter einer Generation, die mit einem extrem »harten« Menschenbild sozusagen alles tat, um das Erbe der »Philanthropen«, die in den Generationen zuvor ein eher weiches Kinderbild gepflegt hatten, vergessen zu machen.[23]

Wie entsteht unser Kinderbild?

Wir sind damit bei einer ziemlich grundsätzlichen Frage angelangt: Was bestimmt eigentlich, wie Eltern generell über Kinder denken? Was bestimmt, ob sie sich dabei eher an den jeweils vorherrschenden Schablonen orientieren oder sich dagegen stemmen?

Ja, wo kommt überhaupt unser Menschenbild her? Unser Weltbild? Unser Gottesbild?

Wer genauer hinschaut, merkt, dass die »inneren« Bilder, die jeder Einzelne da mit sich herumträgt, aus ein und demselben Guss zu stammen scheinen. Wer sich zum Beispiel Beziehungen zu anderen Menschen nur über Regeln, Gesetze oder ein Autoritätsgefälle vorstellen kann, wird dieses Muster auch auf sein »Kinderbild« übertragen. Und er wird für die Gesellschaft eher Zucht und Ordnung predigen – ja, er wird einen ähnlichen Umgang auch mit »seinem Gott« pflegen (jedenfalls hatten Kinder noch nie etwas zu lachen, wenn sich ihre Eltern vor Gott fürchteten).

Da sind wir mittendrin in unser aller kulturellem Drama, das von Hunderttausenden in eigener Handschrift verfasst wird. Die grundlegenden Urteile, die wir in unserem intuitiven Inneren über Menschen, Gott und die Welt fällen, sind beileibe nicht willkürlich. Sie spiegeln vielmehr in weiten Teilen die Erfahrungen wider, die wir in unseren *eigenen Beziehungen* gemacht haben. Unsere Weltsicht könnte somit letztlich als Quintessenz unserer *Beziehungsbiografie* bezeichnet werden.

Die moderne Bindungstheorie liefert dazu Erklärungen. Wer auf emotional sichere, also verlässliche und feinfühlige Beziehungserfahrungen in der Kindheit zurückgreifen kann, kann auch seine späteren Beziehungen eher nach einem ähnlichen »Arbeitsmodell« gestalten. Wessen biografischer Hintergrund dagegen durch unsichere oder gar traumatisierende Beziehungen geprägt ist, wird Beziehungen (die zu den eigenen Kindern eingeschlossen) stärker über äußere Kontrolle, Vorgaben oder Macht sichern wollen – so gut das eben geht. Oder, um es mit den Worten des Ethnologen Timo Heimerdinger auszudrücken: »Es gibt einen Zusammenhang zwischen dem Umgang mit den kleinen Kindern und der Welt, die diese später einmal gestalten.«

Der psychosoziale Rahmen

Bei aller Verankerung der persönlichen, intuitiven Erziehungshaltung in der biografischen Beziehungsmatrix dürfen aber auch die anderen Einflüsse nicht vergessen werden, die die Erziehungshaltung der Eltern prägen – von der generellen Persönlichkeitsstruktur bis zu den vielen alltäglichen Einflüssen wie Stress, Sorgen, mangelndem sozialem Rückhalt oder psychischer Erkrankung. Wie stark gerade die psychische Verfasstheit auf die Erziehungshaltung einwirkt, erleben nicht nur viele Eltern unmittelbar (»Was bin ich denn heute für ein katastrophaler Vater?«), auch die Elternberatungsstellen können ein Lied davon singen: Wer im Leben in die Enge getrieben ist, hat es auch mit seinen Beziehungen und damit auch in der Erziehung schwerer.

Ein Zusammenhang, der übrigens auch erklärt, warum in der Geschichte die gewaltsamsten Erziehungsformen gerade dann auftraten, wenn Elterngenerationen mit einer doppelten Belastung an dem runden Tisch der Erziehungsdebatte saßen – also mit deformierten Beziehungsbiografien *und* sozioökonomischem Dauerdruck, wie das etwa im deutschen Kaiserreich und in Nazideutschland typisch war.[24]

Viel Freude beim Streit um die Erziehung!

»Die Eltern« gibt es also gar nicht. Vielmehr blicken die Eltern durch sehr unterschiedliche Fenster auf die Welt und auch auf ihre Kinder. Kein Wunder, dass sie auch nach außen nicht als einheitliche Gruppe auftreten, sondern, wie die Kindheitsforschung es ausdrückt, spezifische »Elternschaftskulturen« pflegen. Und die dort herrschenden Überzeugungen und Praktiken reiben sich einmal mehr und einmal weniger mit den momentanen Entwürfen der dominanten Kultur. Genug Stoff also für eine turbulente Diskussion allein schon unter den Eltern!

Und zwar gerade unter den *deutschen* Eltern. In anderen Ländern scheinen die Elternschaftskulturen homogener zu sein – und damit auch der Blick auf das, was man in der Gesellschaft von Kindern erwartet (gerade unsere französischen Nachbarn mit ihren doch eher einheitlichen Sozialisationswegen sitzen im Vergleich zu den deutschen Eltern fast lammfromm an dem Tisch, an dem die Gesellschaft über die richtige Bildung und Erziehung streitet).

Wie unterschiedlich die Vorstellungen von Elternschaft besonders in Deutschland sind, zeigt schon der Gang durch eine typische deutsche Großstadt, bei dem einem in jedem Kiez ein anderer Stil im Umgang mit Kindern begegnet. Da herrscht ein unterschiedliches »Beziehungsklima«, da werden unterschiedliche Betreuungsmodelle bevorzugt, auch das Spielzeug und die Kleidung der Kinder unterscheiden sich, und was die Kleinen zu essen bekommen, sowieso: Während an der einen Ecke die Brust gereicht wird, gilt an der anderen Ecke das Fläschchen als die bessere Alternative. Und während hier das Kinderhändchen in der Gummibärchentüte steckt, sieht man dort die leibseelische Gesundheit in Gefahr, wenn nur die Oma einmal ein Keks herausrückt. Wie sehr selbst die Wahl des Transportmittels letzten Endes auch unterschiedliche Kinderbilder widerspiegelt, hat der Innsbrucker Ethnologe Timo Heimerdinger ganz wunderbar am Beispiel des Tragetuches herausgearbeitet.

Auftritt Kinder

Reden eigentlich auch die Kinder bei der Erziehung mit? Manches spricht tatsächlich dafür, dass an unserem Debatten-Tisch auch ein Schlag von Menschen sitzt, mit dem die wenigsten rechnen würden – nämlich die Kinder selbst. Die scheinen durchaus mit anzusagen, was sie von »Erziehung« erwarten!

Zumindest fällt auf, dass es immer dann zu Erziehungskonflikten zwischen den Generationen kommt, wenn der gesellschaftliche Wandel rasch und tief verläuft – wie etwa in der späteren Nachkriegszeit, als im Westen die Mittelschichten regelrecht aufgemischt wurden, weil sich ihre Gesellschaften mit dem Wandel von der Industrie- zur Dienstleistungsökonomie neu erfanden. Umgekehrt wird über Erziehung wenig gestritten, solange sich in der Gesellschaft wenig tut – gerade die relativ statischen, traditionellen Gesellschaften zeichnen sich ja durch einen von Generation zu Generation kaum wandelnden Erziehungskonsens aus.

Eine Erklärung für den Erziehungsstress in Umbruchzeiten könnte sein, dass gerade die Kinder jetzt vor dem Dilemma »falscher Kompetenzerwartungen« stehen: Die Welt ändert sich (was die Jugendlichen rascher zu bemerken scheinen als die Eltern) – die Großen jedoch erwarten von ihrem Nachwuchs nach wie vor diejenigen Kompetenzen, die für ihren eigenen Lebensweg vielleicht einmal tauglich gewesen waren. Die schlechte Passung wird dann zum Boden für Konflikte – die Kinder entziehen sich den Kompetenzerwartungen der Elterngeneration immer mehr, weil sie irgendwie spüren, dass die »alte« Erziehung für den neuen Wind nicht taugt.

Dieses »Spüren« ist möglicherweise ein recht komplexer Prozess und bezieht, wie es scheint, auch die Mütter mit ein.[25] Jedenfalls fällt auf, wie sehr die Emanzipationsbewegungen der Jugend parallel zu den Emanzipationsbewegungen der Frauen und Mütter verlaufen – das galt nicht nur zu Rousseaus Zeiten, sondern auch für die Wandervogel-Bewegung und vor allem auch für die Alternativbewegung der 1970er- und 80er-Jahre. Oft genug gingen da ja die Mütter Seite an Seite mit den Kindern auf dem Weg zu neuen Lebensentwürfen.

NEUN WISSENSCHAFT – AUFTRITT DER EXPERTEN

Wenn jemand Ordnung in den Streit um die richtige Erziehung bringen könnte, dann eigentlich nur die Wissenschaft. Stellt sie sich doch die Aufgabe, das Dickicht der Subjektivität durch systematische Forschung beiseitezuschieben und einen objektiven Blick auf die dahinter verborgene Wirklichkeit zu ermöglichen. Auf das, was wissenschaftlich nachweisbar und damit echt und »richtig« ist. Kein Wunder also, dass so viele Wissenschaftler und Expert/innen an dem runden Tisch der Erziehungsdebatte gesichtet werden!

Jetzt gilt es nur noch ein Rätsel zu lösen – ein Suchrätsel. Wo genau sitzen sie denn? Sie scheinen nämlich keinen festen Platz zu haben. Egal, wer sich an dem Tisch zu Wort meldet, und egal, welche Position er auch vertritt – nie ist ein Experte weit, der diese Position auch wissenschaftlich begründen würde. Bis heute gibt es keine einzige Meinung in Sachen Erziehung und Bildung, die nicht von irgendeinem Experten oder irgendeiner Forscherin begründet und »wissenschaftlich« abgesichert wurde – und sei sie noch so abwegig.

Im Kaiserreich war von Wissenschaftlern zu hören, die »Thränenbildung« des Säuglings könne »nicht als wahres Weinen bezeichnet werden«, weil Babys »Rückenmarksindividuen ohne psychische Functionen« seien. Auch die Ärztin Johanna Haarer berief sich auf »die neuesten Erkenntnisse der Wissenschaft«, als sie den Eltern des »Dritten Reichs« erklärte, junge Säuglinge hätten gar kein Bedürfnis nach Nähe. Die ganze Familie solle sich deshalb »zum Grundsatz machen, sich nie ohne Anlass mit dem Kinde abzugeben. Das tägliche Bad, das regelmäßige Stillen, das Wickeln des Kindes bieten Gelegenheit genug, sich mit ihm zu befassen«.Und heute warnt uns ein Rostocker Schlafmediziner namens Frank Kirchhoff davor, Babys in den Schlaf zu singen – weil das eine »ungünstige Einschlafassoziation« fördere. Sprich: weil das Baby sich dann vielleicht an einen Menschen gewöhnt, der bei ihm wacht, bis es im Schlaf angekommen ist. Und dabei auch noch singt.

Die Vielzahl der Erklärungen

Tatsächlich werden in Deutschland Erziehungsratschläge bis heute gerne mit Theorien aus den Zeiten des Behaviorismus begründet. Diese Denkschule ging davon aus, das Kind lasse sich durch äußerliche – belohnende bzw. bestrafende – Reize auf ein erwünschtes Verhalten hin konditionieren. Der Topseller in der Baby-Literatur etwa, das Buch »Jedes Kind kann schlafen lernen« von Annette Kast-Zahn, beruht auf dieser Theorie, mit der man sowohl Schnecke, Hund als auch – offensichtlich und nachweislich – ein Baby ganz gut auf die Spur bringen könne.

Gleichzeitig, wen würde es wundern, gibt es gerade zum Thema Babyschlaf ganz andere, komplett konträre wissenschaftliche Meinungen. Neurowissenschaftler etwa sehen in der angstbesetzten Trennungssituation beim Einschlafen eine ungebührliche Stressbelastung für das Baby, die sie sogar für mögliche hirnorganische Veränderungen verantwortlich machen. Evolutionsbiologen weisen darauf hin, dass kleine, leckere Menschenkinder ohne die direkte körperliche Nähe zu einer schützenden, nährenden und wärmenden Bezugsperson zu 99 Prozent den nächsten Morgen gar nicht erlebt hätten. Dass die Kleinen die von unserem Rostocker Schlafforscher gefürchtete »Einschlafassoziation« also *aus gutem Grund* herbeisehnen (und mit entsprechendem Getöse einklagen).

Da haben wir also ein zweites Phänomen. Egal, welche Zeit und welches Thema man betrachtet: Es liegen immer mehrere wissenschaftliche Erklärungsmodelle im Angebot. Die Wissenschaft liefert sozusagen unterschiedliche Berichte von dem, was sie da hinter dem Dickicht gesehen hat (bzw. zu sehen glaubt).

Und damit sind wir schon bei einem dritten Phänomen. Diese unterschiedlichen Versionen scheinen in unterschiedlichen Kreisen unterschiedlichen Anklang zu finden! Die einen Erklärungsmuster sprechen eher den kulturellen Mainstream an, die anderen begeistern eher die alternativen Elternschaftskulturen. Das wiederum scheint etwas mit den dort jeweils herrschenden, unterschiedlichen *Kinder- und Menschenbildern* zu tun zu haben – also mit unseren grundlegenden Annahmen über die Welt und ihre Menschen, die uns bereits im vorigen Kapitel begegnet sind.

Wissenschaft als Spiegel des Menschenbildes

Es ist ja kein Zufall, dass im Nationalsozialismus die Theorien Darwins so viel Anklang gefunden haben (und zwar in ihrer Spencer'schen Auslegung vom gnadenlosen Daseinskampf). Auch dass in den 1960er-Jahren in der angloamerikanischen Wissenschaft die Bindungstheorie »entdeckt« wurde (nach der Babys nicht nur durch gute Ernährung und gute Pflege gedeihen, sondern auch durch gute *Beziehungen*), ist kein Zufall – zu anderen Zeiten und in anderen Teilen der Welt konnte das schon deshalb nicht »entdeckt« werden, weil es nie angezweifelt wurde. Ebenso wenig ist es dem Zufall zu verdanken, dass ausgerechnet die Ära des Neoliberalismus im ausgehenden 20. Jahrhundert von wissenschaftlichen Theorien über die genetische Determiniertheit des Menschen flankiert wurde: Dass Menschen als egoistische Gewinnmaximierer auftreten oder dass es eben Gewinner oder Verlierer gibt, findet eine natürliche Erklärung in den unterschiedlichen Anlagen der Menschen … Und dass heute in der Pädagogik ausgerechnet die kognitive Hypothese – dass der spätere Erfolg unserer Kinder durch das frühe Erlernen mathematischer und naturwissenschaftlicher Zusammenhänge zu fördern sei – auf der wissenschaftlichen Agenda steht, auch das ist kein Zufall.

Jeder Zeit ihre wissenschaftliche Theorie, könnte man sagen. Und jedem Milieu, ja, jedem Menschen seine Lieblingstheorie. Heißt das, dass die Wissenschaft uns zum Narren hält und deshalb für unseren menschlichen »Fortschritt« nichts taugt? Oder an was sonst könnte es liegen, dass uns die Wissenschaft so oft als Kreuzzug erscheint, bei dem sich Kohorten von wissenschaftlich inspirierten Gläubigen um die echte Wahrheit streiten?

Die Mühen der Ebenen

Sehen wir der Wissenschaft zuerst einmal dabei zu, wie sie dieses Dickicht beiseiteschieben will, hinter dem wir oft die »Wahrheit« vermuten. Sie formuliert zuerst eine Vermutung, also eine *Hypothese*. Behauptet also einfach, was sie hinter dem Busch zu finden glaubt. Nun versucht sie, mittels wissenschaftlicher Studien einen ersten Blick auf dieses versteckte Ding zu erhaschen. Das, was aus der jeweiligen Perspektive sichtbar wird, wird dabei so gut und objektiv wie möglich vermessen. Aus diesen »Daten« bauen sich die Forscher dann ein Modell, wie sich das Ganze in etwa erklären lassen könnte. Eine *Theorie* also. Eine solche Theorie ist beileibe kein Abbild der Wirklichkeit, sondern eine Erklärung dessen, was die Forschung meint dort hinter dem Gebüsch gefunden zu haben. Auf eine solche Vorstellung lässt sich ganz gut eine wissenschaftliche Karriere bauen. Aber lassen sich darauf auch so komplizierte Dinge gründen wie die Erziehung der Kinder?

Eher nicht. Denn zum einen spiegelt jede Theorie ja den unterschiedlichen Blickwinkel der Forscherin oder des Forschers (und oft ihrer Auftraggeber) wider – ihren Standort vor dem Dickicht sozusagen. Und dann müssen die erhobenen Daten ja noch kritisch beleuchtet werden: Sind sie verlässlich? Welche Schlüsse sind daraus zu ziehen? Sind sie relevant?

Und hier kommt dann doch wieder das subjektive Element ins Spiel. Die Theorie des Behaviorismus etwa beschreibt das Kind als eine Art Reflexautomat, der durch äußere Reize programmiert wird. Sie beruft sich dabei auf Experimente, unter anderem an Hunden, aber auch an Kindern. Nun ist diese Erklärung eine der vielen Theorien zum kindlichen Verhalten, und sie ist bestimmt nicht falsch (wir Menschen reagieren ja durchaus auf Belohnungen und Bestrafungen). Aber ist diese Theorie deshalb »die Erklärung« der kindlichen Entwicklung? Oder gar eine geeignete Grundlage für den Umgang mit Menschenkindern? Genau das ist dann wieder eine – subjektive – Interpretationsfrage.

Und diese ist von der Persönlichkeit des Forschers oder der Forscherin bestimmt nicht losgelöst. Im Gegenteil, hier kommen wieder die eigene Biografie und Persönlichkeit ins Spiel. Der Psychologe und Top-Behaviorist Burrhus Frederic Skinner etwa skizzierte in einem Roman sogar eine ganze Gesellschaft, die nach den Prinzipien der von ihm erforschten Konditionierung funktionieren sollte, weil er fest davon überzeugt war, dass sich mit den Methoden seiner Theorie auch das menschliche Zusammenleben organisieren ließe. Ist von ihm eine kritische Interpretation auf die in seinen Experimenten erhobenen Daten zu erwarten? Es ist in der Tat überraschend, in welch kurzer Zeit man schon aus einem Alltagsgespräch mit Wissenschaftlern (und überhaupt mit »Experten«) erkennen kann, warum ihre wissenschaftlichen Hypothesen so lauten – und nicht anders. Die Experimentierkittel der Forscher sind sozusagen fadenscheinig (davon nehme ich mich selber übrigens nicht aus).

Das Beispiel Skinner zeigt im Übrigen ein weiteres Problem bei der Interpretation wissenschaftlicher Ergebnisse: »Wer als Werkzeug nur einen Hammer hat, sieht in jedem Problem einen Nagel«, wie Paul Watzlawick sagt. Wissenschaftler sind Spezialisten für ihren eigenen Erklärungsansatz – und der wird dann immer wieder gerne auch dort genommen, wo man vielleicht mit einer Feile weiter käme. Für den Ernährungswissenschaftler sind die Krankheiten dieser Welt eher ernährungsbedingt als für einen Sportwissenschaftler – für den sind sie nämlich eher bewegungsbedingt.

Die »Studien«

Noch schwieriger wird es, wenn wir uns einmal diesen beliebten Begriff der »Studie« vornehmen. Ein wahrer Totschläger voll mit Zahlen, Statistiken, Signifikanzniveaus, Konfidenzintervallen und *odds ratios,* von den Tabellen und Grafiken ganz zu schweigen, Ehrfurcht pur!

Denn die Grundannahme des Gläubigen ist ja die: Studien sind objektive Werkzeuge, durch die sich Hypothesen als richtig oder als falsch beweisen lassen (also *verifizieren* oder *falsifizieren* lassen). Sie sind Werkzeuge, die nicht von der subjektiven Einstellung des Benutzers abhängen und die sich auch nicht durch Fremdeinflüsse verbiegen – sondern akkurat die »wirklichen«, also ursächlichen Zusammenhänge messen.

Werkzeuge, die diesen Forderungen nahe kommen, gibt es tatsächlich – nämlich dort, wo sich experimentell Laborbedingungen schaffen lassen, unter denen akkurate Messungen möglich sind und alle Fremdeinflüsse ausgeschlossen werden (menschliches Durcheinander inklusive). Die Physik lebt von solchen Forschungen, und auch die Experimente etwa mit Ratten lassen sich auf solche Weise recht »objektiv« gestalten (unbefriedigend nur, dass Ratten ziemlich gut darin sind, Ratten zu sein und eben keine Menschen – sodass es an der Übertragbarkeit der Ergebnisse dann oft hakt). Aber auch manche »menschliche« Fragestellungen lassen sich recht sicher beantworten – etwa indem Laborbedingungen durch randomisierte, »kontrollierte« Vergleichsstudien simuliert werden. Ob Medikament X besser wirkt als Medikament Y etwa, lässt sich wissenschaftlich klären – wobei die Geschichte der Medizin zeigt, dass sich selbst bei solchen Versuchen immer wieder Fremdeinflüsse hineinmogeln können (und seien es nur die Gewinnerwartungen derer, die an den Ergebnissen verdienen).

Aber je weiter weg vom Labor die Wissenschaft ihre Arbeit tut, desto schwieriger wird es – man spricht dann nicht umsonst von »Feldforschung«. Wo das menschliche Wirrwarr beginnt, beginnt das Dilemma der Wissenschaft. Sie arbeitet jetzt mit Werkzeugen, die sich bei der Benutzung verbiegen und die vielleicht eher Schraubenziehern gleichen, mit denen man eine Konservendose öffnen will. Bei Fragen des menschlichen Lebens, wo die Kausalitätsketten verfilzten Wollknäueln ähneln und sich das Leben in komplexen Systemprozessen vollzieht, ist also wissenschaftliche Demut angesagt – und große Vorsicht bei der Interpretation von Ergebnissen. Kein Autofahrer würde über eine Brücke fahren, die als »Studie« ausgewiesen ist, und kein Bauherr würde in ein Haus einziehen, das von dessen Architekten als »Studie« bezeichnet wird. Auch bei der »wissenschaftlichen« Studie sollten wir nicht auf einmal alle Vorsicht fahren lassen.

Das gilt natürlich auch für Fragen der Erziehung. Wo es um menschliche Beziehungen geht, ist das subjektive Element ja immer – und unentwirrbar – mit dabei. Jeder bringt einen anderen Rucksack auf die Erziehungsreise mit (und den hat er nicht einmal selber gepackt), andere Schuhe, ein anderes Herz, und jeder hat dazu noch ein anderes Kind an der Hand. Keine gute Voraussetzung für objektive Vergleiche oder Langzeit-Tests nach dem Muster: Alle montags geborenen Kinder werden nach der Methode X erzogen, alle dienstags geborenen nach Methode Y, usw. – und in 20 Jahren kommt die Nachuntersuchung. Sich von der Wissenschaft erklären zu lassen, wie man mit seinem Kind leben soll, ist in etwa so putzig, wie die Wissenschaft zu fragen, ob man sich von seinem Partner scheiden lassen soll.

So kann schon aus rein methodischen Gründen nicht erwartet werden, dass die Wertigkeit, Bedenklichkeit oder Unbedenklichkeit etwa der Ferber-Methode (also des »kontrollierten« Schreienlassens beim Einschlafen von Babys oder Kleinkindern) durch wissenschaftliche Studien zu klären wäre. Das ist wegen vielfältiger Fremdeinflüsse und subjektiver Rückkopplungen schlicht und einfach nicht möglich (ich habe mich damit in einem Eintrag in meinem Blog auseinandergesetzt).

Kein Wunder also, dass die Wissenschaft einen riesigen Friedhof von ehemals topaktuellen (und damals natürlich »richtigen«) Erkenntnissen und Studien pflegt, die heute alle als falsch, überholt oder methodisch fragwürdig angesehen werden. Von Sensation zu Pleite ist es in der Wissenschaft also nicht weit. Allerdings lässt sich auf dieser kurzen Strecke so manche Schlagzeile für den medialen Erkenntniskult generieren – und so manches Schäfchen ins Trockene bringen. (Der verfälschende Einfluss des Gewinnmotivs wurde schon erwähnt. So hat der Pharmariese Roche es zum Beispiel mit getürkten Studienergebnissen geschafft, den Regierungen dieser Erde sein – praktisch wirkungsloses – Medikament Tamiflu als Mittel gegen Grippe-Pandemien aufzuschwatzen. Der Schaden für die Allgemeinheit: 10 Milliarden Euro. Der Gewinn für Roche: viele Milliarden Euro.)

Wissenschaft als Spiegel der gesellschaftlichen Entwicklung

Und trotzdem fasziniert uns die Wissenschaft immer wieder neu. Oder sagen wir es vorsichtiger: Jede Zeit und jede Gesellschaft lässt sich von *ihrer* Wissenschaft faszinieren – sie kürt sozusagen eine wissenschaftliche Disziplin und stattet sie mit schier überirdischen Erklärungskräften aus. Dieser Disziplin traut sie dann auch zu, die Rätsel des Lebens zu erhellen. In den »romantischen« Zeiten Goethes etwa war das die Geologie – sollten nicht die aus der guten, dauerhaften Natur abgeleiteten Prinzipien auch die Menschen beflügeln? Zu Einsteins Zeiten war es die Astrophysik (und später dann die »Weltraumforschung«): Wer die Sterne versteht, der sollte doch auch Rat für uns kleine Menschen wissen! Erziehungsrat natürlich auch – tatsächlich wurden ja die Vertreter der jeweiligen Leitwissenschaften immer auch zu lebenspraktischen Fragen vernommen.

Dabei scheint sich die Öffentlichkeit an einem simplen Prinzip zu orientieren – je steiler die Forscherkarriere, desto aussagekräftiger die Beiträge zu den Wirren des menschlichen Daseins. Ein Nobelpreisträger – muss der nicht *alles* wissen? Verkannt wird dabei ein simples Prinzip: Die Laufbahn eines Forschers speist sich aus der Spezialisierung. Eine Nobelpreisträgerin der Medizin kennt sich nicht in »Medizin« aus, sondern vielleicht bei den Interleukin-12-Rezeptoren der regulatorischen T-Zelle. Kann sein, dass sie dann auch noch den Überblick über den besten Weg zum Frieden hat (oder zum Wirtschaftswachstum) – aber das *muss* nicht sein.

Nach einem kurzen Intermezzo der Genetik in den 1990er-Jahren war dann die Hirnforschung als Leitwissenschaft dran, und sie ist es bis heute geblieben. Wer so nahe am Sitz der jetzt zum Allerheiligsten erklärten menschlichen Intelligenz arbeitet, muss doch den Schlüssel zum menschlichen Wesen in Händen halten! Und darf der Gesellschaft jetzt erklären, wie das mit der Liebe funktioniert, mit dem Glück und mit der Erziehung sowieso. Tatsächlich werden heute regelmäßig Wissenschaftler, die sich in ihrem Berufsleben tagaus, tagein mit den

Nervenzellen der Qualle befassen, befragt, wie man denn aus Sicht der Hirnforschung am besten mit den Krisen der Pubertät umgehe (die Aussage wird insbesondere dann bedeutungsvoll, wenn in ihr irgendwo das Zauberwort »neuronale Netzwerke« erscheint). Mit offenem Mund lässt sich der Gemeinde jetzt verkünden, der Mensch habe keinen freien Willen – das seien die »neuesten Erkenntnisse der Neurobiologie«. Dumm gelaufen für uns Menschen, aber es wurde im Hirnscanner gemessen.

Wenn wir schon bei den gesellschaftlich anerkannten Leitwissenschaften sind, ist noch einmal ein Rückblick auf die Karriere des Behaviorismus fällig. Der hatte zwar in den USA in der unmittelbaren Nachkriegszeit ziemlich viel Begeisterung ausgelöst, so richtig populär wurde er aber auf der anderen Seite des Eisernen Vorhangs, in der Sowjetunion, und damit auch in der DDR (das hat damit zu tun, dass man sich erhoffte, mit dem simplen Reiz-Reaktions-Schema lasse sich recht rasch der erhoffte bessere Mensch schaffen, was bekanntermaßen gründlich danebenging). Der in der frühen DDR populäre Ratgeber »Unser Kind« erklärt den Eltern allen Ernstes, dass die Entwicklung des Kindes letzten Endes eine Abfolge von »bedingten Reflexen« sei, die es von Anfang an durch die Erziehung zu steuern gelte: »Deshalb muss Ihnen unermesslich viel daran gelegen sein, dass die bedingten Reflexe, die Sie beim Kind ausbilden, gleich von Anfang an richtig und positiv sind, damit Sie sie ihm nicht später auf beschwerliche Weise abzugewöhnen brauchen, um es dann neue Gewohnheiten zu lehren!« Aus diesem Grund solle auch das Schreien nicht durch Stillen oder Tragen beantwortet werden: »Auf diese Weise würde beim Kinde ein schlechter bedingter Reflex bekräftigt.« Ob Singen beim Einschlafen erlaubt ist, steht in dem Buch übrigens nicht, aber die Internationale wäre bestimmt akzeptiert worden.

Wissenschaft als Spiegel der Macht

Wissenschaftliche »Erkenntnisse« setzen sich also nicht einfach deshalb durch, weil sie wahr sind – sondern vor allem deshalb, weil sie von bestimmten Gruppen mit Bedeutung beladen und mit Erklärungsmacht ausgestattet werden.

Beim wissenschaftlichen Erkenntnisprozess spielen demgemäß auch ganz irdische, politische und wirtschaftliche Einflüsse eine Rolle. Auf welche wissenschaftliche Fragestellung sich etwa eine Karriere bauen lässt, darüber entscheiden schließlich diejenigen, die die Forschung bezahlen. Das ist – in der Reihenfolge des Auftragsvolumens – die Wirtschaft (sie interessiert sich für Dinge, die sich auf dem Markt verwerten lassen, und das gilt auch für die von ihr finanzierten Stiftungen), das Militär (es finanziert immerhin ein Drittel der an den US-amerikanischen Eliteuniversitäten getätigten Forschung) und die öffentliche Hand. Unter dem Strich ist also auch der Blick hinter das Dickicht des Unbekannten nur in wenigen Fällen von der reinen Erkenntnislust, in den meisten Fällen aber von klar definierten *Interessen* getragen. Zwischen dem Wissenschaftler und dem wissenschaftlichen Handlanger liegt oft nur ein erfolgreicher Drittmittelantrag.

Kein Wunder also, dass die Agenda im Mainstream der Wissenschaft zu jeder Zeit ziemlich genau die Interessen der jeweils tonangebenden wirtschaftlichen und gesellschaftlichen Eliten widergespiegelt hat. Welche wissenschaftlichen Karrieren gerade auf der Überholspur sind und welche auf dem Standstreifen liegen, hat jedenfalls nicht nur mit der Begabung der Forscher zu tun.

Dieser Nexus zwischen Wissenschaft und Macht erklärt auch ein rätselhaftes Phänomen, das erst jetzt allmählich diskutiert wird. Seit der neoliberalen Wende der Thatcher/Reagan-Jahre sind die Wirtschaftswissenschaften fest in der Hand der sogenannten »neoklassischen« Markttheorie. Die allermeisten an den Universitäten lehrenden Wissenschaftler gehen felsenfest davon aus, Menschen seien rational handelnde »Marktteilnehmer«, die ihre Entscheidungen nach kühler Abwägung der damit verbundenen Vor- und Nachteile träfen. Nun zeigt der Blick in die Welt (manchmal auch der in den Spiegel), dass es diesen Homo oeconomicus gar nicht gibt – und trotzdem soll er Modell stehen, wenn es um Empfehlungen und Prognosen zur wirtschaftlichen Entwicklung geht (vielleicht ist das der Grund, warum so mancher tonangebende Wissenschaftler beim Ausbruch der Weltfinanzkrise so kalt abgeduscht wurde). Auch in der Wissenschaft stellt sich also die Frage nach Henne und Ei – sind »wissenschaftliche« Paradigmen vielleicht zu einem gewissen Teil auch kulturelle Rechtfertigungsstrategien, die auf den Flügeln des Zeitgeists in die Elfenbeintürme getragen werden?

Und in den Erziehungswissenschaften – herrscht dort ein freier, von Erkenntnislust getriebener Wettbewerb der klügsten Köpfe? Natürlich ist das eine rhetorische Frage, und ich will mich hier nicht wiederholen. Ich will nur auf einen Umstand hinweisen, der auf dem Gebiet der Erziehung und der Pädagogik durchaus eine Rolle spielt (mehr vielleicht als in der Physik oder der Astronomie): Die Erziehungswissenschaften sind »kulturell kanalisiert«, d.h., ihre Experten rekrutieren sich in ihrer überwältigenden Mehrheit aus ein und demselben kulturellen Milieu – dem der gebildeten Mittelschicht nämlich. Damit sind aber auch ihre Denkmodelle und ihre Antworten in gewisser Weise kanalisiert und vorhersehbar. So kann man nur staunen, wie sehr sich die akademische Auseinandersetzung in den Erziehungswissenschaften noch immer um *Gender*-Theorien dreht, während es im pädagogischen Alltag viel stärker um den Umgang mit Verhaltensproblemen, mit unterschiedlicher kultureller Herkunft, mit sozialen Handicaps, um den Krippenausbau und um Familienförderung geht. Was die gebildete Mittelschicht zu ihrem jeweils neuesten Thema kürt, scheint jedenfalls auch in der Pädagogik nicht unbedingt dem Bedarf in der freien Wildbahn zu entsprechen.

Und noch etwas schlägt gerade in der Pädagogik zu Buche: die völlig unterschiedlichen Erkenntnis- und Verarbeitungswege zwischen denen, die das »Wissen« generieren – und denen, die es anwenden. Dieser Graben ist gerade in der Elementarpädagogik kaum überbrückbar: Auf der einen Seite die mit den Kindern arbeitenden Erzieherinnen, meist mit mittlerem Bildungsabschluss, dafür lebenspraktischer Erfahrung mit Kindern. Auf der anderen Seite Wissenschaftler mit einem hochtheoretischen Zugang zu pädagogischen Themen, dafür oft wenig Einblick in die praktischen Belange. Wen würde es wundern, dass da auf beiden Seiten des Grabens sehr häufig die Köpfe geschüttelt werden.

Wissenschaft, Herrschaft, Glauben

Früher kamen sowohl die Fragen als auch die Antworten in den gesellschaftlichen Diskussionen von »den Autoritäten« – dem Kaiser, der Kirche etc. (und da wurde nicht ohne Grund lange Zeit nur Latein geredet). Heute vertrauen wir neuen Autoritäten – ganz vorneweg der Wissenschaft. Und viele denken, damit seien wir die Verzerrungen durch Herrschaft und Macht los. Die jetzt gegebenen Antworten seien schließlich »wissenschaftlich bewiesen« und damit objektiv und richtig.

Das Problem der Entmündigung scheint aber fortzubestehen. Zum einen, weil auch die Wissenschaft, wie gesehen, Machtinteressen dient, zum anderen, weil wir aus den Wissenschaftlern wieder eine Priesterkaste gemacht haben (und sie spricht wieder eine Art Latein). Dazu gehört gerade auch in den Erziehungswissenschaften ein »universitärer Diskurs«, ein Jargon, der für Außenstehende oft unverständlich ist und schon deshalb »Wissenschaftlichkeit« suggeriert – und darüber hinaus dafür sorgt, dass die Experten unter sich bleiben. Früher nannte man das einmal »Herrschaftswissen« – ein bis heute gar nicht so verkehrter Begriff.

Sagen wir zur Expertenrolle deshalb so viel: Hinter jedem Stuhl an unserem Debattentisch steht auch ein »Experte« – dessen Wissen allein schon deswegen zählt, weil sie oder er aus der Kaste der jeweils gerade angesagten Disziplinen stammt. Was wir von den Experten erwarten können, ist also nicht »die Wahrheit«, sondern allenfalls deren Plural: Wahrheiten.

ZEHN DER STAAT ALS ERZIEHUNGSHELFER?

Wenn wir die Wissenschaftler also eher zum Catering an unserem runden Tisch der Erziehungsdebatte rechnen müssen, so kommen wir jetzt zu einem Teilnehmer, für den wir ganz sicher einen Stammplatz erwarten, und zwar auf einem extrabreiten Stuhl: dem Staat. Schließlich kann der beispielsweise den Eltern ihr Erziehungsrecht entziehen lassen, wenn Zweifel an der elterlichen Kompetenz aufkommen. Und er schreibt seit geraumer Zeit auch die Bildungspläne für die Schulen, und zwar ganz alleine. Mit seinem schulischen Bildungsmonopol in der Tasche unterhält er entweder eigene Schulen oder beaufsichtigt Schulen anderer Träger – über deren Zulassung er aber das letzte Wort behält.

Und er sorgt zumindest in Deutschland auch dafür, dass die Schüler tatsächlich in den Schulen auftauchen. Bis heute kann er seine Polizei ausrücken lassen, wenn sich ein Schüler beispielsweise mehr für Marihuana als für Mathe interessiert und den Unterricht schwänzt.[26] Und er hat die Macht, von seinen Lehrern treue Gesinnung zu fordern und »Radikale« per Erlass vom Bildungsbetrieb fernzuhalten. Also der breiteste Po am Tisch?

Bevor wir das entscheiden, erzählen wir vielleicht seine Geschichte. Wie kam der Staat denn zu seiner einzigartigen Bildungsgewalt? Die hat er nämlich noch gar nicht so lange. Bis vor etwa zweihundert Jahren war das Bildungsmonopol in anderen Händen – auf dem extrabreiten Stuhl der »Bildungsexekutive« saßen schon Hohepriester, Landesfürsten, Generäle, Äbte, Zunftherren und sogar Bürgermeister.

Aber der Reihe nach.

Die Geschichte der schulischen Bildung

Geleitetes Lernen – ob wir das nun unter Erziehung oder Bildung ver-
buchen – ist im Angebot, seit es Menschen gibt, es dürfte zu den ange-
stammten Kulturtechniken des Homo sapiens gehören. Es wird angenommen, dass dieses Angebot spätestens mit der Erfindung der ersten
Schriftsysteme vor ca. 7.000 Jahren dann auch in speziellen Institutionen gepflegt wurde. Die Ersten, die sich mit solchen Einrichtungen sozusagen exekutive Bildungsgewalt verschafft haben, waren möglicherweise die Hohepriester Ägyptens und des Alten Orients.

Auch die Mächtigen, die in der Geschichte folgen sollten, nutzten
für die Bildung ihres Nachwuchses entsprechende Institute – ob dies
nun die (heute oft als erste Demokraten verklärten) Sklavenhalter der
Antike waren oder die (heute eher verachteten) Feudalherren des Mittelalters. Ein Teil dieses Angebots war vom Staat organisiert (etwa in
Sparta), ein anderer Teil privat getragen (etwa in Athen, teilweise auch
im Römischen Reich). Ab dem 6. Jahrhundert waren dann auch Klos-
terschulen im Angebot, sie dienten in erster Linie der Ausbildung des
Klerus. (Der Adel nahm die »pfäffischen Künste« bis ins 16. Jahrhundert eher spärlich in Anspruch, man war auch als Analphabet ein stol-
zer Ritter und großmächtiger Landbesitzer.) Ab dem 11. Jahrhundert
kamen – zunächst ebenfalls von der Kirche getragene – Universitäten
zur theologischen, aber auch säkularen Weiterbildung hinzu. Über die
weitesten Strecken des Mittelalters aber war eine umfassende und systematische Bildung das Privileg einer hauchdünnen Oberschicht aus
Klerus und Adel.

In Deutschland sollte sich das zuerst in den mittelalterlichen Städten ändern – dort wurden ab dem 13. Jahrhundert etwa von den Stadt-
magistraten eigene »Deutsche Schreib-, Lese- und Rechenschulen« unterhalten, sie standen nach und nach nicht nur Kaufleuten, sondern
auch Handwerkern offen. Die Unterrichtssprache war, wie der Name
schon sagt, Deutsch – im Gegensatz zu den schon vorher vorhandenen »Lateinschulen«, an denen in den Städten nicht nur eine klerikale,
sondern auch eine säkulare höhere Bildung angeboten wurde. Schon
zu Beginn der Neuzeit waren unter den Kaufleuten kaum mehr Anal-

phabeten. Das einfache Volk aber blieb weiterhin »ungebildet« – bekam aber mit der größten Volksbildungsinitiative der Geschichte, der Übersetzung der Bibel ins Deutsche durch Martin Luther, immerhin allgemein verständlichen Vorlesestoff geliefert.

Eine regelrechte Bildungsrevolution vollzog sich mit der Aufklärung im 18. Jahrhundert (eine Geschichte, so dicht und spannend, dass sie in einem eigenen »Ausflug« am Ende des Kapitels behandelt wird). Dieses »pädagogische Jahrhundert«, wie es auch genannt wird, steht nämlich ganz im Zeichen tief greifender sozialer Verwerfungen. Zum einen entsteht jetzt – parallel zum Aufstieg des Feudalstaates – eine neue, unternehmerische und bildungshungrige Bürgerschicht (aus ihr sollte schließlich in einem sagenhaften und grausamen Industrialisierungsprozess eine neue Wirtschafts- und Machtelite hervorgehen). Zum anderen wird der bisherige »Brotstand«, die Bauern, regelrecht entwurzelt. Ein immer größerer Teil der Landbevölkerung verdingt sich nun in handwerklicher Heimarbeit oder in den entstehenden Manufakturen – die neue Schicht der Lohnarbeiter entsteht. Landflucht, Verelendung und das Auseinanderbrechen familiärer Bindungen werden zum Massenphänomen.

Der preußische Bildungsweg

Die Antwort auf diese Verwerfungen heißt: Revolution! Zumindest ist das die Antwort in Frankreich. Tatsächlich wird das dortige Feudalsystem innerhalb weniger Jahre im Zuge der Französischen Revolution – wenigstens vorerst – pulverisiert.

Und in Deutschland? Bleibt zunächst alles beim Alten. Während im französischen Nachbarland die Sturmglocken läuten, schlägt in Deutschland inmitten dieser enormen Spannungen zwischen Bürgerstand, Adelsstand und neuem Prekariat – ausgerechnet die Stunde der Bildung. Und zwar – das ist das Interessante – der Bildung nicht etwa nur für die neu aufgestiegene Bürgerschicht, sondern für *alle*.1794 wird im allgemeinen Preußischen Landrecht die allgemeine Schulpflicht eingeführt: »Schulen und Universitäten sind Veranstaltungen des Staates, welche den Unterricht der Jugend in nützlichen Kenntnissen und Wissenschaften zur Absicht haben«, heißt es gleich in § 1. Seither besitzt der Staat in Deutschland nicht nur das Hoheitsrecht über Kasernen und Gefängnisse, sondern auch über die Bildungseinrichtungen.

Handelte es sich bei der Einführung der Bildung für alle um ein Geschenk der absoluten Staatsmonarchie an ihre von »Unwissenheit und Dummheit« geplagten Untertanen (wie die Obrigkeit die Ausgangslage schon im Jahr 1763 beschrieben hatte)? Oder war der Ruf nach Bildung Ausdruck der »Aufgeklärtheit« des absolutistischen Staates, der nun auch seine Untertanen der »freien Gedanken« teilhaftig werden lassen wollte?

Der Preußische Feudalstaat beantwortet diese Frage selbst. Sein Sinn stehe nach »geschickteren und besseren Untertanen«, verkündet er im General-Landschulreglement von 1763.

Geschickter und *besser* – das trifft es ganz gut. Denn tatsächlich ging der Bedarf in zwei Richtungen: Die neuen Verwaltungs-, Beamten- und Militärapparate erforderten eine Art Qualifizierungs- und Sortiermaschinerie, welche die im Nationalstaat benötigten Fachkräfte liefern konnte: Offiziere, Bürokräfte, Verwaltungsfachkräfte. Der auf militärische und wirtschaftliche Expansion angelegte Nationalstaat brauchte aber auch etwas Zweites, und zwar dringend: eine nationale Identität, in der sich jeder Staatsbürger als Untertan im Dienst eines größeren Prinzips verstand. Anstelle von Kompetenz in der Agrarwirtschaft oder im hauswirtschaftlichen Milieu war jetzt das gefragt, was einen effektiven Bürger eines totalitären Staates auszeichnet: Gehorsam, Unterordnung und Disziplin. Oder, wie es der Staatskanzler der Habsburger-Monarchin Maria Theresia ausdrückte (die bald eine ähnliche Bildungsoffensive startete): Man müsse »den Staatsbürger Sitten lehren, bevor man Dienste von ihm verlangt« – schließlich brauche der Staat nicht nur die »Geldsäckel« der Bürger, sondern auch »ihre Arme und Köpfe«.

Bildung wofür?

Da war es also, das utilitaristische Bildungsprinzip – die Kinder sollten das liefern, was als brauchbar, als nützlich galt. Sie sollten nach dem Sinn derer gebildet werden, die sich bestimmte Leistungen der Kinder sichern wollten, bestimmte *Funktionen*.

Allerdings, das 18. Jahrhundert würde seinem Ruf als »pädagogisches Jahrhundert« nicht gerecht, wenn da nicht auch Gegenmeinungen formuliert worden wären. Tatsächlich war bald die Diskussion um die richtige Bildung in vollem Gange. Da erinnerte ein Wilhelm von Humboldt mit Verve an das emanzipatorische, zuerst von den Humanisten formulierte Ideal: Bildung solle dem Menschen helfen, sich durch die Kraft des Geistes *selbst* zu bestimmen! Bildung solle deshalb nicht »im fremden Sinn« (der Gesellschaft), sondern »im eigenen Sinn« (des Individuums) passieren. Sie solle also auf das Menschlich-Allgemeine gerichtet sein, nicht auf das Gesellschaftlich-Funktionelle. Sie solle eine breite Grundlagenbildung schaffen und die kritische Benutzung des menschlichen Geistes fördern …[27]

Es ist fast schon eine Ironie der Geschichte, dass ausgerechnet dieser Mann bald schon zum Geheimen Staatsrat am Preußischen Ministerium des Inneren für die Bildungspolitik berufen wurde. Humboldts Einsatz endete allerdings nach nur 16 Monaten – die vielen Scharmützel mit denen, die eher an einer Bildung »im fremden Sinn« interessiert waren, hatten ihn mürbe gemacht. »Es gibt nun einmal verschiedene Stände (…) in der menschlichen Gesellschaft«, so wurde ihm von einem seiner Kritiker, dem Staatsrat Ludwig von Beckedorff entgegengehalten, »sie sind rechtmäßig, sie sind unentbehrlich.«

In der preußischen Wirklichkeit lief das Schulsystem erst recht nicht in die Humboldt'sche Richtung. Die neuen »humanistischen« Bildungsideen wurden zwar in den Feuilletons der bürgerlichen Presse, in Salons und auch auf den Universitäten diskutiert – im praktischen Alltag aber stand Drill auf dem Programm. Statt Nachdenken war Nachsagen angesagt, statt geistiger Erleuchtung gab es Kopfnüsse. Und natürlich blieben die Schüler nach Ständen getrennt.

Widerstand gegen die Schule

Auch gab es bald Widerstand gegen die Schulpflicht – und er kam aus so ziemlich allen Ecken. Der alte preußische Landadel wehrte sich, weil das Biotop der preußischen Junker ja im Grunde weiterhin nach den Gesetzmäßigkeiten des Mittelalters funktionierte – da braucht es keine Bildung für die niederen Stände. Auch viele Eltern waren nicht nur begeistert – die Schulkinder fehlten als Arbeitskräfte auf dem Hof oder als Empfänger von Fabrik- oder Heimarbeiterlöhnen.

Der massivste Widerstand aber kam aus dem Großbürgertum, das inzwischen Manufakturen und Fabriken unterhielt. Denn die Schulpflicht bedrohte das wichtigste Humankapital des frühen Kapitalismus: billige, ungelernte Arbeitskräfte – und was war billiger als Kinder, die damals teilweise schon als Vierjährige ganztags in Fabriken und Bergwerken schufteten?

Der Kampf war hart, und er wurde von den Fabrikbesitzern mit einem bekannten Argument geführt: Durch die Schulpflicht würde der deutsche Industriestandort gegenüber der englischen Konkurrenz ins Hintertreffen geraten …

Die Frage der Schulpflicht wurde schließlich entschieden, indem der Staat seine militärischen Interessen ins Spiel brachte: Es sei »zur Anzeige gekommen, dass bei der Militäraushebung eine so unverhältnismäßige Anzahl der Fabrikarbeiter wegen Körperschwäche zurückgestellt werden müsse, dass aus den Fabrikgegenden das Kontingent nicht vollständig zu entnehmen gewesen und aus den Landkreisen habe ergänzt werden müssen«. Kurz: Das Interesse an billigen Arbeitskräften gehe zulasten des staatlichen Interesses an kräftigen Rekruten – und damit seiner Wehrhaftigkeit. Am Ende wurde per Gesetz am 6. April 1839 die Kinderarbeit weitgehend eingeschränkt (den Industriebaronen kam man mit der Erlaubnis entgegen, der Schulpflicht auch in werkseigenen »Industrieschulen« nachzukommen).

Bildung für die Revolution?

Schwenken wir den Blick aber noch kurz über den Rhein, nach Frankreich, wo die Revolution tobte. Sie brachte ein grundsätzliches Dilemma auf das Tapet: Die Revolutionäre träumten von einer neuen Gesellschaft – allein, der neue Mensch, der zu dieser Gesellschaft der Gleichen, Freien und Brüderlichen passen würde, war noch nicht da. Was lag näher, als ihn durch Bildung zu schaffen?

Tatsächlich verfolgte die Pariser Republik jetzt dieselbe Strategie wie das preußische Reich: Bildung für alle! Mitten in den Revolutionswirren wird ein »Plan der Nationalerziehung« ausgearbeitet, der im Grunde eine Umerziehung der Jugend in mehr oder weniger geschlossenen Bildungsanstalten vorsieht (der Plan wird uns in Kapitel 16 noch einmal beschäftigen). Nur indem die Bildung der Jugend durch eine »undurchdringliche Mauer von der unreinen Berührung mit den Vorurteilen unseres alten Geschlechts« geschützt werde, würde sich die »neue, arbeitsame, geregelte, disziplinierte Masse« bilden, von der die Revolutionäre träumten.

Auch wenn das nationale Bildungsprojekt den Wirren der Terrorzeit zum Opfer fiel – interessant ist der Versuch allemal: Während in Deutschland die allgemeine Schulpflicht eingeführt wurde, um den Status quo einer zentralisierten Feudalmacht aufrechtzuerhalten, sollte sie in Frankreich eingeführt werden, um die Sache der Revolution voranzutreiben. Bildung und Macht scheinen unter allen möglichen Umständen ein Paar zu bilden.

Bürgergesellschaft im Abseits

Fassen wir zusammen. Dass im 18. Jahrhundert in Deutschland die Bildungsfrage auf die politische Tagesordnung gekommen ist, überrascht nicht – dieses Jahrhundert skizziert ja bereits den Übergang von der feudalen zur bürgerlichen Gesellschaftsordnung. Und wo gesellschaftliche Positionen im Fluss sind, wird mit der Bildungsfrage letzten Endes immer auch die Machtfrage verhandelt: Wer wird sich mit seiner

Vision einer zukünftigen Gesellschaft durchsetzen können? Wer wird welche Funktionen und Talente der Kinder einmal nutzen können?

Hält man sich die erhebliche wirtschaftliche Macht der jetzt entstehenden Bürgerschicht vor Augen, so wundert schon, wie wenig sie bei der Ausgestaltung des neuen Bildungswesens zum Zug gekommen ist: »Das moderne Schulwesen«, so stellt Werner Sesink klar, »entstand zumindest in Deutschland nicht auf Initiative des Bürgertums (…), sondern auf Initiative der (…) absolutistischen Herrscherhäuser.« Die Bildungsmacht wanderte in Deutschland also von Anfang an sozusagen nach oben. Trotz in der Bürgergesellschaft durchaus formulierter Gegenvisionen landeten die Leitung und Planung des Projekts letzten Endes bei denen, die in der Gesellschaft offensichtlich noch immer für die Ansagen zuständig waren.[28]

Wechselbäder des 20. Jahrhunderts

Trotz der Anordnung im Preußischen Landrecht sollte sich ein allgemeiner, flächendeckender Schulbesuch aller Bevölkerungsschichten erst mit der Weimarer Republik durchsetzen – vorher scheiterte das Projekt »Volksschule für alle« am Standesdünkel der oberen Schichten, an der oft desolaten Organisation in den Dörfern oder an den elenden Lebensbedingungen im städtischen Prekariat. Im Nationalsozialismus wurde die Schule dann zur ideologischen Front: »Die deutsche Schule hat den politischen Menschen zu bilden, der in allem Denken und Handeln dienend und opfernd in seinem Volke wurzelt und der Geschichte und dem Schicksal seines Staates ganz und unabtrennbar zuinnerst verbunden ist.« Bildung »in fremdem Sinn« pur. Der vorher unter bestimmten Bedingungen als Bildungsweg zugelassene Hausunterricht wurde nun gesetzlich untersagt – aus naheliegenden Gründen. (Warum dieses Verbot eines von Eltern selbst organisierten Hausunterrichts bis heute noch von jeder Bundesregierung aufrechterhalten wird, verdient sicherlich eine intensivere Diskussion, als sie bisher geführt wird.)

Erst mit der Demokratisierung der Gesellschaft in der Nachkriegszeit und dem Aufkommen einer historisch beispiellosen Prosperität in den 1950er- bis 1980er-Jahren wurde Bildung von ihrem bisherigen Zuschnitt auf die Erfordernisse des autoritären Staates befreit und auf die Ideale einer »sozialen Marktwirtschaft« ausgerichtet. Bildungsziele waren jetzt auch die Vermittlung sozialer Kompetenzen, Chancengleichheit und demokratische Mündigkeit – eben das, was man bis heute in den Präambeln der Bildungspläne und im Grundgesetz so geschrieben findet.

Zukunft des Bildungswesens

Im Grunde hat die Schule als öffentliche Bildungseinrichtung immer in einem Spagat gestanden und wird das weiter tun. Einerseits sollen die Bildungseinrichtungen Bildung »im Sinne des Einzelnen« ermöglichen, andererseits haben sie Bildung »im fremden Sinn« im Programm – also auf gesellschaftliche oder wirtschaftliche Funktionen ausgerichtete Bildung. Dass der Schwerpunkt nur allzu leicht auf dem »fremden Sinn« landet, wird nicht überraschen – die Schule war ja immer auch eine Art Sortiermaschine für die gesellschaftlichen Chancen. Im Grunde veranstaltet sie ein langwieriges Rennen um mehr oder weniger begehrte Bildungstitel, mit denen man sich dann auf den Weg zu den leckeren (oder weniger leckeren) Positionen der Gesellschaft machen kann. (Dieses Wettkampfprinzip gilt zumindest für die Mittel- und Unterschicht – wie wir in Kapitel 15 sehen werden, werden die Chancen für die Oberschicht bis heute weniger durch Bildungsanstrengungen erworben als vielmehr ererbt.)

Welche Zukunft wird die Schule haben? Das hängt in einer freien Gesellschaft langfristig davon ab, wie viel Nutzen sie dem Einzelnen bieten kann. Dieser Nutzen besteht, natürlich, in den erworbenen Kompetenzen und Wissensinhalten. Vor allem aber besteht er in der materiellen und sozialen »Reichweite« der von der Schule vermittelten Bildungstitel. Anders ausgedrückt: Die Schule wird umso stärker an Legitimation einbüßen, je weniger sich der Bildungsaufwand für den

Einzelnen auszahlt. (Dieses Motiv hat die Geschichte der Schule von Anfang an begleitet – der Widerstand der Eltern gegen die Einführung der Schulpflicht im preußischen Reich nährte sich ja gerade daraus: dass sich die Bildung für die bäuerlichen Milieus eben *nicht* gelohnt hat.)

Ein Legitimationsproblem für das staatliche Bildungswesen könnte sich deshalb aus drei Entwicklungen ergeben:

... Zum einen verliert die Schule überall dort an Anziehungskraft, wo Schulabgänger mit den in der Schule erworbenen Bildungstiteln auch nicht weiter kommen als ohne sie. Wer nach 10 Jahren Schulbesuch sowieso nur einen schlecht bezahlten Job bei Burger King oder McClean findet, wird möglicherweise ungern seine ganze Energie in den Besuch einer Schule stecken wollen. Kein Wunder, dass die Rate der Schulabbrecher ganz gut mit der Qualität des Jobangebots vor der Haustür korreliert. Ohne Zweifel wird also der globalisierte Arbeitsmarkt mit seinen vielen prekären Arbeitsverhältnissen im unteren Servicebereich auch die Schule vor neue Herausforderungen stellen.

... Auf der anderen Seite des Arbeitsmarktes, in den hoch technisierten IT-Branchen, lassen sich Berufschancen zunehmend auch ohne die über die Schule bzw. Universität vermittelten Zertifikate realisieren. Immer mehr »tech kids« in den USA oder Asien etwa stehen mit 14 Jahren tatsächlich vor der Alternative, entweder weiter auf die Schule zu gehen – oder gleich in ein Unternehmen einzusteigen (oder ein eigenes Unternehmen zu gründen). Da gerät unser bisher geradezu kanonischer Glaube schon ziemlich ins Wanken, »dass ordentliche, solide und seriöse Bildung nur in den dafür vorgesehenen Einrichtungen erworben werden kann« (Marianne Gronemeyer). Für das hoch spezialisierte Segment des Bildungsmarktes werden also möglicherweise flexiblere Modelle entwickelt werden müssen. (Sie würden dann möglicherweise dem Modell im Mittelalter und zu Beginn der Neuzeit entsprechen, wo 17-jährige Professoren keine Seltenheit waren.)

... Aber auch für die »Bildung im eigenen Sinn« stellen sich neue Herausforderungen. Denn gerade das mittlere Segment des Arbeitsmarktes dürfte in Zukunft insgesamt »unternehmerischer« werden,
d. h. mehr auf selbstständig aufgebauten Erwerbskarrieren beruhen. Wo aber die Kinder später nicht einfach von der Wirtschaft mit
Jobs versorgt werden, müssen sich auch die schulischen Bildungsinhalte verändern. Die für die selbstständige Existenzsicherung erforderlichen Qualitäten ergeben sich ja nicht automatisch aus einer
guten Abiturnote (ich werde darauf in Kapitel 15 zurückkommen).

Manches deutet also darauf hin, dass das Bildungswesen seiner Rolle
als reine »Sortiermaschine« nach und nach verlustig gehen wird. Der
Staat könnte versucht sein, den insgesamt sinkenden Nutzwert der
Staatsschule dadurch zu kompensieren, dass er alternative und von der
Bürgergesellschaft organisierte Bildungswege weiter benachteiligt oder
gar behindert. Es könnte aber auch sein, dass sich der Spagat im staatlichen Bildungswesen stärker zur Bildung »im eigenen Sinn« verschiebt
und dass die Schule ihren Gebrauchswert durch ein neues, eher auf
eine ganzheitliche Entwicklungsförderung zugeschnittenes Bildungs-
profil erhöht (das würde schon deshalb Sinn machen, weil gerade hier
so manche Lücke in den Familien ausgeglichen werden könnte). Vielleicht wird es ja in einem Zeugnis dann doch interessieren, ob man mit
seiner Klasse auch einmal eine Alpenüberquerung oder die Organisation eines Rock-Festivals geschafft hat.

Vielleicht also würden wir nach einer Phase der »pädagogischen
Mastpläne« dann wieder an die Diskussionen des »pädagogischen Jahrhunderts« anknüpfen: ob Bildung denn nun eher dem »eigenen Sinn«
oder aber einem »fremden Sinn« dienen solle.

EIN KLEINER AUSFLUG: WIE DAS 18. JAHRHUNDERT ZUM »PÄDAGOGISCHEN JAHRHUNDERT« WURDE

Über die weitesten Strecken des Mittelalters war Bildung das Privileg einer kleinen Schicht von Geistlichen – sie drehte sich entsprechend vor allem um die Pflege der sakralen Tradition und der theologischen Theorie. Der große Rest der Gesellschaft aber blieb im wahrsten Sinn des Wortes bildungsfern.Und das aus einem guten Grund: Bildung war für die allermeisten Menschen schlicht und einfach nutzlos.

Um das zu verstehen, müssen wir uns kurz die »alte« Ordnung des europäischen Mittelalters vor Augen führen. Sie beruhte auf dem Prinzip des Feudalismus, dem jeder einzelne Mensch, ob Herrscher oder Untertan, unabänderlich zugeschrieben war. Die eigene Position im Leben war also nicht das Resultat von eigenem Willen, Anstrengung oder Begabung, sondern von äußeren Mächten (bzw. dem dahinterstehenden göttlichen Willen) vorgezeichnet. Oder, wie der Erziehungswissenschaftler Werner Sesink es in einer sehr lesenswerten Zusammenfassung des 18. Jahrhunderts ausdrückt: »In der feudalen Gesellschaft war jemand das, was er einmal sein würde (…) von und durch Geburt. Er war sozusagen schon ›fertig‹.«

Und weil jemand, der schon »fertig« ist, nicht erst »gebildet« werden muss, hat die Geschichte der säkularen Bildung von Anfang an etwas mit Fragen von Herrschaft und gesellschaftlichem Wandel zu tun.

Wie kam nun die Bildung zu den Menschen? Sie kam in vier Wellen.

Die *erste Welle* ging vom Aufschwung der Städte im Mittelalter aus – mit dem Ausbau von Handel und städtischer Wirtschaft wurde Bildung zu einem Muss für Händler, Unternehmer, Bankiers und später auch Handwerker. Sie waren ja alle für ihr berufliches Fortkommen darauf angewiesen, dass sie zumindest lesen, schreiben und – mehr oder weniger – rechnen konnten. Der Aufbau eines schulischen Bildungswesens in den Städten trug dem Rechnung.

Auf diese Weise war die städtische Elite schon zur Zeit der Hanse (und erst recht in den blühenden Städten der Renaissance) bestens mit Bildung versorgt. Das Gros der Bevölkerung aber, zumal auf dem Land, blieb von Bildung weiter unbeleckt. Das sollte sich erst ändern, als das Feudalsystem an seine Grenzen kam – und allmählich mitten in der Feudalgesellschaft eine immer breitere »bürgerliche« Schicht entstand, in der die Lebenswege eben *nicht* von Geburt an vorgezeichnet waren, sondern unabhängig von ererbten Machtpositionen *gestaltet* werden mussten – auch mithilfe von Bildung. Die *zweite Bildungswelle* ist deshalb eng mit dem Aufstieg des Bürgertums im Zeitalter der Aufklärung verbunden. Immer mehr Tore höherer Bildungseinrichtungen (und vor allem der nun regelrecht aus dem Boden schießenden Universitäten) öffneten sich jetzt den neureichen Bürgersöhnen (und bald sogar -töchtern).

Wie konnte es zu diesem Aufstieg einer bildungshungrigen Bürgerschicht überhaupt kommen? Es dürfte für die Feudalherren ja absehbar gewesen sein, dass dem Bildungshunger bald schon ein Emanzipationshunger folgen würde! Tatsächlich war der Aufstieg der Bürgerschicht Folge eines Webfehlers in der feudalen Architektur: In dem hierarchischen, auf Landbesitz beruhenden feudalen Wirtschaftssystem wurden im Grunde immer nur »Naturalwaren« von unten nach oben durchgereicht – die Bauern mussten dem jeweiligen adeligen Landbesitzer Teile ihrer Ernteerträge sowie Arbeitskraft liefern. Und auch der adelige Landbesitzer gab – im Kriegsfall – seinem jeweils vorgesetzten Lehnsherrn Arbeitskraft ab (plus ein bisschen Blut, je nachdem, wie es auf dem Schlachtfeld so lief). Aber Geldwirtschaft? Etwas verkaufen? Etwa Holz aus den Wäldern, Steine aus den Steinbrüchen, Erz aus den Gruben, Überschüsse aus der Landwirtschaft? Und mit dem Erlös vielleicht mächtiger werden? Oder sich gar »etwas leisten« – Luxusprodukte etwa oder das, was am Königshof angesehen war oder das Leben bequemer und lässiger machte? Das war in diesem System der Naturalwirtschaft nicht so einfach möglich.

Es sei denn, man ließe einen besonderen Geist aus der Flasche. Etwa, indem man langsam, aber sicher einen weiteren »Stand« fördert, der Rohstoffe veredeln kann (Handwerker) und mit den entstehenden Produkten handelt und Märkte betreibt (Kaufleute, Händler) – und dem man dann wiederum einen Teil des erwirtschafteten Geldes abpressen kann, ob als Zölle, Markt- und Gründungsprivilegien, als Schutzgelder oder in Form von Steuern.

Das langfristige Risiko dieser Strategie ist unübersehbar: Über kurz oder lang würde ein neuer Stand entstehen, der durch erfolgreiche Arbeit immer reicher werden konnte – reicher vielleicht als der Adelsstand, der seine Wirtschaftsbasis, den Grundbesitz, ja nicht mehren konnte! Ein neuer Stand gar, der den neuen Reichtum gleich nutzen würde, um sich seinerseits Macht zu verschaffen und sich gegen die Ansprüche des Adels zur Wehr zu setzen!

Und genau so ist es dann gekommen. Und das auch deshalb, weil der Stand der Bürger dem Adel gegenüber noch einen weiteren Trumpf im Ärmel hatte: Da er nicht an eine »Immobilie« gebunden war, konnte er mit der Welt in Austausch treten. Handwerksburschen konnten neues Wissen auflesen, Händler auf fernen Märkten neue Produkte – und generell neue Perspektiven – entdecken. Kurz, der neue Bürgerstand konnte immer neue Methoden der Wertschöpfung und der kulturellen Entfaltung erschließen, und damit: Fortschritt schaffen!

Und er vermochte noch etwas Weiteres – etwas, das unsere nach wie vor in weiten Teilen »bürgerlichen« Gesellschaften bis heute trägt. Er konnte sich ein neues, ein »aufgeklärtes« Selbstverständnis zulegen! Das eigene Auskommen wurde jetzt ja nicht mehr nur von der Natur geerntet oder von Untergebenen abgeschöpft, sondern durch den eigenen Einsatz geschaffen. Damit rückte automatisch der Mensch mit seinem »eigenen Sehvermögen« (Werner Sesink), seiner Gestaltungskraft und seinen Begabungen in den Mittelpunkt. Er ist nicht mehr bloßes Geschöpf außermenschlicher Kräfte, sondern versteht sich immer mehr als Schöpfer seines eigenen Schicksals.

Tatsächlich umfasste das »Projekt der Aufklärung« ja nicht nur Bildung. Die mit dem technischen und ökonomischen Wandel der damaligen Zeit neu auf das Tapet der Geschichte gekommenen gesellschaftlichen Optionen ermöglichten auch eine komplett neue Selbstdefinition der Menschen – wie etwa die, dass Menschen einen Anspruch auf eine eigene, nicht erst mit dem Jüngsten Gericht verhandelte Menschenwürde haben. Solche neuen, damals regelrecht revolutionären Ideen von Mündigkeit oder Freiheit konnten in der Tat erst ab dem Moment gedacht werden, als es in der Gesellschaft überhaupt die *Möglichkeit* gab, eigene Verantwortung zu übernehmen und darauf ein Leben zu gründen.[29]

Dem Aufstieg des Bürgertums folgte bald schon eine *dritte Bildungswelle*. Und sie sollte ausgerechnet den Adel erfassen, der für die Bildung seines Nachwuchses über Jahrhunderte allenfalls die klerikalen Einrichtungen in Anspruch genommen hatte (oder sich – was den Landadel betrifft – wie die Bauern ganz ohne formale Bildung durchgeschlagen hatte).

Auch diese Bildungswelle ist eng mit der Neuausrichtung der Machtverhältnisse im feudalen System verbunden. Denn die Strategie des Adels ging ja zunächst einmal auf: Die Förderung von Handwerk und Handel bringt das ersehnte Geld in die Adelshäuser. Und das wird auch gut genutzt. Zum einen können damit stehende Heere finanziert werden (zuvor bedeutete jeder Kriegszug eine mögliche Hungersnot im Jahr darauf, weil die Bauern statt mit Säen mit Keilerei beschäftigt waren). Zum anderen kann damit die Teilnahme am gesellschaftlichen Leben – und damit auch am Leben einer sich rasch verselbstständigenden Machtelite – abseits der heimischen Scholle finanziert werden. Tatsächlich leitete der Anschluss an den Geldverkehr eine rasche Zentralisierung der Adelsmacht ein – die Fürsten- und Königshöfe wurden immer größer, immer mächtiger. Die ursprünglich durch ein System der wechselseitigen Abhängigkeit gezügelte Macht wandert jetzt immer weiter an die Spitze der Pyramide – um schließlich im Verlauf des 18. Jahrhunderts auch in Deutschland »absolutistisch« zu werden. Der herrschaftliche Hof umgibt sich mit einem immer gewaltigeren Militärapparat, schafft leistungsstarke Verwaltungen ... und braucht dafür entsprechend »gebildetes« Personal! An den großen Adelshöfen entstehen eigene Bildungsanstalten für den Nachwuchs des höheren Adels. Der lernt nun auf »Ritterakademien«, was es für die Verwaltung des jetzt entstehenden Staatsgebildes so braucht: Grundlagen der Fremdsprachen, aber auch körperliche Gewandtheit und selbstbeherrschtes Auftreten. Und sogar Mathematik. Denn auch das ist nun Teil der neuen Verwaltungsaufgaben: die Förderung der heimischen Wirtschaft – die merkantilistisch aufgedonnerten Unternehmen sollen ja den Eroberungs- und Expansionshunger des neuen Feudalstaates finanzieren.

Und die *vierte Bildungswelle?* Sie ist uns bereits begegnet, und zwar als Paukenschlag, der ganz zu Ende des »pädagogischen Jahrhunderts« erklingt: die (zumindest formale) Schulpflicht für *alle* Kinder.

ELF   WIRTSCHAFT –
DER GROSSE PATE
DER BILDUNG?

Der Ausflug in die Geschichte, den wir uns im letzten Kapitel geleistet haben, hat eines gezeigt: Die prägende Kraft in Sachen Bildung ist zunächst eindeutig der Staat gewesen. Er hat im Kaiserreich seine nationalstaatlichen Interessen erfolgreich in die Bildungspolitik getragen, und er hat im »Dritten Reich« seine Ideologie auch über das Bildungs- und Erziehungswesen umgesetzt. Die Bildungsimpulse der Zivilgesellschaft haben sich zunächst lediglich in reformpädagogischen Nischen der 1920er-Jahre niedergeschlagen und dann in der Prosperitätsphase der 1960er- bis 1980er-Jahre zumindest partiell auch Eingang in die Bildungspolitik der Bundesländer gefunden.

Und die Wirtschaft?

Seit ihrer langen und schmerzhaften Geburt Ende des 18. Jahrhunderts hat die kapitalistische Wirtschaft ihren Warenausstoß um ein Vieltausendfaches gesteigert. Sowohl die gesellschaftliche Organisation als auch das Leben des Einzelnen drehen sich seither immer mehr darum, Waren und Dienstleistungen zu schaffen und zu verbrauchen. Dominierten im Mittelalter die Kathedralen und später die Prachtbauten des absolutistischen Staates das Stadtbild, so sind es heute die Bürotürme der Firmen, die am höchsten in den Himmel ragen.

Da liegt die Vermutung nicht fern, dass die Wirtschaft, diese heute allumfassende Gestalterin unserer Lebenswirklichkeit auch die Erziehung und Bildung unserer Kinder mit bestimmt. Und tatsächlich haben wir in diesem Buch schon so manche Hinweise gefunden, dass sie an dem runden Tisch der Erziehungsdebatte mit von der Partie ist. Und zwar mit ziemlich spitzen Ellenbogen. Ja, vielleicht hat sie dort sogar bereits das Ruder übernommen …

Und schon sind wir mitten in einem Problem.

Welche Wirtschaft?

Denn »die Wirtschaft« gibt es gar nicht. Vielmehr stellt sie eine ganze Familie dar, ja, eine ganze Sippe, deren Mitglieder unterschiedlicher kaum sein könnten.

Da ist die goldbehangene Tante (auf dem Weg in die Münchner Maximilianstraße, eine neue Handtasche shoppen). Ihr Bruder – das glatte Gegenteil: jeden Morgen früh bei der Arbeit, seriös, sparsam, fleißig. Und immer ein gutes Wort übrig für die Angestellten. Für die würde er durchs Feuer gehen, für die setzt er auch mal sein Eigenkapital aufs Spiel. Genau das könnte man von seinem eingeheirateten Schwager nicht behaupten, er spielt lieber den stets gebräunten Boss (samt Personenschutz). Wenn eine Abteilung mal nicht so recht läuft, wird sie eben dichtgemacht. Und der ältere Herr daneben: wieder ein anderer Typ, ein echter Nadelstreifen-Träger, hochgewachsen wie die meisten Konzernchefs.[30] Er redet mit großem Ernst auf einen anderen Herrn ein, wohl seinen Banker. Oder einen Politiker?

Beim Rest der Sippe geht es genauso bunt weiter. Da begegnet uns ein Prälat (oder sogar Bischof?), studierter Theologe jedenfalls. Ihm gehörte mal eine Buchhandelskette. Und da ist der arme Neffe mit seinem löchrigen Pulli, sein Studium an der Business School hat er längst geschmissen, er sucht gerade nach einer neuen Geschäftsidee. Vielleicht etwas mit Medien. Und wie in jeder Sippe ist da auch das eine oder andere schüchterne Würstchen, die Außenhaut mit Furcht einflößenden Tattoos versehen. Betreiber von na ja, Secondhandshops, Start-ups im Internet oder gleich einer Döner-Bude.

Die Wirtschaft – eine echte Patchworkfamilie!

Die vielen Gesichter der Wirtschaft

Einen Teil der Sippe haben wir schon näher kennengelernt – die transnationalen Unternehmen, vulgo »Big Player«. »Big« in der Tat: Zwei Drittel des Weltmarktes werden von den derzeit etwa 80.000 transnationalen Unternehmen mit ihren etwa 800.000 ausländischen Tochterunternehmen beherrscht. Allein die 20 größten von ihnen setzen mehr Geld um, als die 80 ärmsten Staaten der Erde zusammen an Sozialprodukt erwirtschaften! Kein Wunder, dass sie auch auf den Familientreffen unserer Sippe die erste Geige spielen – und erst recht in den vielen Lobby- und Dachverbänden der Wirtschaft, die sich regelmäßig mit »Gutachten«, Forderungen oder Warnungen an die Politik wenden.

Dabei lässt sich nicht einmal bestimmen, wer genau da den Bogen über die Saiten zieht. Denn auch das zeichnet die »Big Player« ja aus: hinter den meisten von ihnen steht kein Gesicht. Sie gehören denen, die sich entschlossen haben, diese Gesellschaften eine Zeit lang mit Kapital zu versorgen – den Investoren. Das können Banken sein oder der freundliche Herr Soros. Oder aber ein Leser oder eine Leserin dieses Buches, die eine kleine Erbschaft in einen Aktienfonds gesteckt haben. Oder in eine private Rentenversicherung, wie etwa der Autor dieses Buches.

Und dann gehören zu »der Wirtschaft« natürlich auch die, die man als »Small Player« bezeichnen könnte – wenn sie mit ihren kleinen Umsätzen denn überhaupt irgendwo mitspielen. Die kleinen Selbstständigen vor allem, die zum Beispiel putzen gehen, Gartenarbeiten verrichten, bei Ebay einen Shop unterhalten oder sonstwie Dienstleistungen oder Waren auf dem Markt anbieten, wie etwa das Buch »Die Kindheit ist unantastbar«.

Und schließlich gehört zur Wirtschaft, und das offensichtlich mitten hinein, der »Mittelstand«. Das ist der Teil der Wirtschaft, der schon den einen oder anderen Mitarbeiter beschäftigt (bis hin zu großen Belegschaften), bei dem Haftung und Leitung aber – anders als bei den Big Player – beim Inhaber liegen. In aller Regel handelt es sich dabei um Familienbetriebe, von denen es in Deutschland immerhin etwa 3,5 Millionen gibt. 60 % der sozialversicherungspflichtig Beschäftigten verdienen ihr Geld in mittelständischen Betrieben, 40 % der Gewinne werden dort gemacht. Auch der Mittelstand agiert übrigens teilweise global, dann allerdings nicht im Auftrag von Investoren, sondern eben auf eigene Rechnung (und genau deshalb fühlt sich so mancher Mittelständler in der Nähe des nadelgestreiften Teils der Sippschaft nicht ganz so wohl – der bespricht nämlich vielleicht gerade mit seinem Banker die Übernahmestrategie für ein auf den Weltmarkt vorgedrungenes mittelständisches Unternehmen …).

Und schließlich besteht »die Wirtschaft« aus all denen, die da sonst noch so kreuchen und fleuchen und den Markt mit Dienstleistungen, Rohstoffen oder Waren beliefern – seien es kommunale Wasserwerke, städtische Krankenhäuser, Freizeitparks, Pflegedienste oder Bordelle. Ja, nach einer EU-Richtlinie werden inzwischen sogar die Umsätze des Drogenhandels zur »Wirtschaftsleistung« eines Landes gerechnet.

Lob der Marktwirtschaft!

Märkte sind etwas Wunderbares. Schon in der Steinzeit sind Menschen Hunderte von Kilometern gewandert, um etwa Obsidian-Steine einzutauschen, aus denen sich besonders scharfe Pfeilspitzen herstellen ließen. Jeder Treffer mit diesen neuen Produkten hieß: ein besseres Leben für den Clan! Und erst die Märkte der mittelalterlichen Stadt! Sie sorgten dafür, dass der Hände Arbeit zu einem »Wert« wurde: Bäuerinnen verkauften ihre Kartoffeln, Handwerker ihre Möbel, und erst dadurch entstand dieser Kreislauf von Waren, Dienstleistungen und Geld, der uns verlässlich mit dem versorgt, was wir zum Leben brauchen. Kommt dieser Kreislauf zum Erliegen, stehen wir nackt und hungrig da.

Kein Wunder, dass der *Markt* der Mittelpunkt der mittelalterlichen Städte war – er versorgte die Käufer mit Waren, die Verkäufer mit Einkommen und diejenigen, die den Markt ausrichteten, mit Marktzöllen. Mitteln also, mit denen sich der Dreck nach einem Markttag beseitigen oder die von den Karren ausgefurchten Wege pflastern ließen. Einzige Voraussetzung für diese allseitige Dividende: dass der Markt gut erreichbar war (gute Infrastruktur), dass er sicher war (keine Diebe), dass es dort das zu kaufen gab, was die Leute suchten, und dass die Preise stimmten (keine Wucherer, keine Monopolisten). Kurz, dass der Markt so organisiert war, dass er einen fairen Austausch ermöglichte.

Was Wirtschaft mit Bildung und Erziehung zu tun hat

Der Markt hatte also immer auch mit Regeln zu tun. Wer immer wieder Verdorbenes anbietet, fliegt raus. Waagen werden geeicht – von einem »Beamten« der Stadt. Was als Bier verkauft wird, darf nur Wasser, Hefe, Hopfen und Malz enthalten. Und so weiter.

Aber auf diesem Markt geht es auch – um Erziehung und Bildung! Denn auf diesem Markt werden ja nicht nur Kartoffeln verkauft oder Wagenräder. Hier finden auch die Anbieter und Nutzer von Arbeitskraft zusammen. Man sucht einen guten Stallburschen, und hängt sein Zettelchen am »Stellenmarkt« auf: Stallbursche gesucht. So läuft das bis heute, nur dass der Stellenmarkt eben in die Zeitungen und ins Internet umgezogen ist.

Und damit sind wir bei einer Verbindung, die uns auf den ersten Blick seltsam erscheinen mag, die, so betrachtet, aber ganz selbstverständlich ist: der Verbindung zwischen Wirtschaft und Bildung. *Kann der Stallbursche denn das, was ich mir von ihm erwarte? Kann mein Bewerber denn das, was da in der Stellenbeschreibung alles aufgelistet ist? Verfügt er über die entsprechende Ausbildung?* Kurz, wer anderen Menschen Lohn und Brot gibt (und im Austausch dafür bestimmte Leistungen erwartet), ist automatisch parteiisch, wenn es um Bildung und Erziehung geht: Gut, wenn der Stallbursche mit Pferden klarkommt. Aber ist er morgens auch pünktlich im Stall? Kommt er mit den anderen Knechten und Mägden aus?

Natürlich ist die Wirtschaft an bestimmten Funktionen der Kinder interessiert, an bestimmten Talenten, Tugenden und Fertigkeiten! *Natürlich* ist sie daran interessiert, dass die Arbeit, die in einer Unternehmung zu tun ist, auch möglichst sachkundig und sorgfältig getan wird! Kein Wunder, dass die Geschichte von Bildung und Erziehung immer auch die Handschrift der Wirtschaft getragen hat.

Und umgekehrt: Auch die Kinder sind ja darauf angewiesen, dass sie im Elternhaus und in der Schule etwas erlernen, womit sie später auch im Beruf nicht hilflos dastehen – schließlich haben auf dem Arbeitsmarkt sonst immer die anderen Bewerber die Nase vorn. Oder die Arbeitsplätze verschwinden mangels geeigneter Fachkräfte ganz aus dem Angebot. Oder ins Ausland.

Und das wissen auch die Eltern. *Natürlich* erziehen sie die Kinder so, dass sie fit sind für die zu erwartenden Lebensumstände – und da gehört der Broterwerb nun einmal ganz vorne mit dazu. Und wer sollte sich darüber wundern, dass sie dabei auch die wirtschaftlichen Gegebenheiten berücksichtigen?

Die Interessen der Wirtschaft liegen also erst einmal auf einer Linie mit denen von Kindern und Eltern. Etwas holpriger ausgedrückt: »Legitim als Forderung der Wirtschaft an die staatlichen Schulen ist also, dass sie berufsfähige Schüler entlassen, also junge Menschen mit einer ausreichenden Allgemeinbildung und einer Persönlichkeit, die (…) Selbstständigkeit und Verantwortlichkeit besitzt.«

Von wegen Gleichklang

Da sollte man doch meinen, dass unsere Sippe in der Bildungsdiskussion am gleichen Strang zieht! Dass sie *einer* Meinung ist, wenn es um so wichtige Fragen geht wie: Welche Bildung brauchen die Fachkräfte der Zukunft? Welche Kompetenzen sollen Eltern und Gesellschaft den Kleinen mit auf den Weg geben, damit sie am Arbeitsplatz gut dastehen?

Nach außen sieht alles ja tatsächlich recht harmonisch aus – die Forderungen »der Wirtschaft«, wie sie etwa der Bund der Deutschen Industrie oder die Vereinigung Deutscher Arbeitgeberverbände formulieren, erscheinen wie aus einem Guss: Mehr MINT, mehr frühe Bildung, mehr Investitionen in Ganztagsschulen. Mehr Eliteförderung. Bildungsstandards, Leistungsanreize – für Schüler *und* Lehrer.

Unter der Oberfläche aber brodelt es. Denn die Ausgangslage zwischen den »Big Player« und dem Rest der Sippschaft ist sehr unterschiedlich, gelinde gesagt. Wenn es um die Bildungsfrage geht, bewegen wir uns auf einem Minenfeld.

Das geht schon bei den erwünschten Qualifikationen los. Die meisten mittelständischen Betriebe suchen händeringend nach Bewerbern für eine ganze Reihe von breit gefächerten Berufen: im Verwaltungsbereich, in der handwerklichen Fertigung, in der industriellen Produktion, dem Vertrieb, der Pflege, dem Einzelhandel und, und, und. Dieser Teil der Wirtschaft erwartet vom »Bildungsmarkt« also vor allem motivierte, lernfähige junge Leute mit einer soliden Grundlagenbildung.

Bei den hoch arbeitsteiligen internationalen Konzernen dagegen liegt der Flaschenhals eher bei den Topspezialisten. Und zwar in den Bereichen, in denen die derzeitigen »Zukunftsbranchen« verortet werden – in der Wissens- und Hochtechnologie, also im MINT-Bereich. Für diese Stellen suchen sie möglichst »fertig« qualifizierte, leistungsstarke Spitzenkräfte.

Dazu kommt etwas Zweites: ein sehr unterschiedlicher Zugriff auf den Arbeitsmarkt. Während die großen Konzerne mit ihren attraktiven Löhnen und Aufstiegschancen sozusagen den ganzen Arbeitsmarkt (teilweise über Landesgrenzen hinweg) ansaugen können, sind die kleineren, ortsgebundenen Unternehmen weniger flexibel. Sie sind – je kleiner, desto mehr – auf das regionale oder gar lokale Angebot an Arbeitskräften angewiesen.

Daraus leiten sich sehr unterschiedliche Vorstellungen von dem ab, was ein gutes Bildungssystem leisten sollte! Die globalisierte Wirtschaft ist an einem Bildungssystem interessiert, das in erster Linie die Spitze abdeckt. Ihr kommt es vor allem auf die Kinder an, die einmal die Hochleistungspositionen in den »Zukunftsbranchen« übernehmen. Ob das eine oder andere Kind beim Weg zur Spitze stecken bleibt, ist für sie nicht entscheidend.

Das Gros der mittelständischen Wirtschaft dagegen bevorzugt eher ein Bildungssystem, das als Grundlage für eine breite Palette von Berufen taugt. Sie braucht also ein Bildungssystem, das möglichst *alle* Kinder für einen Beruf oder eine Ausbildung qualifiziert. Für die »Kleinen« in der Wirtschaftssippe sind gerade die »stecken bleibenden« Kinder ein Problem – jedes Kind, das den Schulabschluss nicht schafft, bedeutet möglicherweise eine nicht besetzte Stelle.

Das Bildungsdilemma der Mittelständler

Der Konflikt in der Sippe hat sich in den letzten Jahren verschärft, und zwar auf allen Ebenen. Das liegt zum einen an dem bereits angesprochenen demografischen Wandel. Die mittelständische Wirtschaft kann die vor Ort nicht Geborenen nun einmal schwerlich durch schicke überregionale Anzeigenkampagnen kompensieren – oder gar mit der Firma ostwärts ziehen. Auch bekommt der Mittelstand jetzt die Folgen der Akademisierungsoffensive der letzten Jahre voll zu spüren – wer früher einmal ein Bewerber für eine Lehre als Elektriker gewesen wäre, drückt jetzt womöglich die Bank in einem Hörsaal.

Denn *natürlich* sind hohe Akademikerquoten eine feine Sache – für die globalisierten Unternehmen. Die suchen sich aus dem jetzt vorbildlich akademisierten Pool an Bewerbern die besten Kräfte heraus – je mehr Bewerber und je weiter spezialisiert, desto besser. Kein Wunder, dass die OECD so hartnäckig für diese Strategie trommelt (und das mit Erfolg: Praktisch alle politischen Parteien haben die OECD-Forderung übernommen). Nur: Für die Ausbildungsbetriebe ist diese Strategie nicht so toll – sie bezahlen den Preis der Akademisierung in Form von offenen Lehrstellen und am Bedarf vorbei qualifizierten Jugendlichen.

In den letzten Jahren rührt sich allerdings Kritik.[31] Als der damalige Präsident des Zentralverbandes des Deutschen Handwerks, Otto Kentzler, im Jahr 2013 ein Umdenken in der Akademisierungsfrage forderte, wurde ihm noch die Bertelsmann-Klinge an den Hals gesetzt: In einer sehr interessanten Diskussion hielt ihm Jörg Dräger von der Bertelsmann-Stiftung unter anderem das clevere Argument entgegen, die Verbandsvertreter des Industrie- und Handelskammertages schickten ihre Kinder doch auch lieber auf Universitäten. Zuletzt aber scheint die Ausbildungsmisere in den mittelständischen Betrieben doch so groß geworden zu sein, dass die politische Front wackelt.

Zumal sich seit den Krisenjahren so mancher auch einmal genauer in den anderen europäischen Ländern umschaut. Das spanische, das französische und das italienische Bildungssystem haben alles, was die Befürworter der neuen Bildung fordern: frühe Einschulung (in Spanien sind die Kinder sogar schon mit drei dabei), frühe kognitive Förderung (in den »écoles maternelles« Frankreichs geht es gewiss nicht ums freie Spielen), Ganztagsschulen, hohe Akademikerquoten – und wie fahren diese Bildungssysteme damit? Viele brave Kinderlein, alle von klein auf von einem pädagogischen Weideplatz zum nächsten getrieben, um schließlich je nach Muskelansatz prämiert zu werden. Die Bildungssysteme dieser Länder sind, mit Verlaub, in einem tristen Zustand. Warum uns jetzt gerade dieses Modell (insbesondere für die Früh- und Elementarpädagogik) angedient werden soll, mag verstehen, wer will.

Qualifizierungslücken

Am meisten aber hat der Mittelstand unter dem strukturellen Versagen des Erziehungs- und Bildungssystems zu leiden – an der steigenden Zahl von Schulabsolventen nämlich, die nicht ausbildungsfähig sind, weil es ihnen an grundlegenden Kompetenzen fehlt. Die »Qualifizierungslücke«, die diese Jugendlichen hinterlassen, trifft nicht Daimler und Co. (die bekommen ihre Azubis so oder so) – sondern die regionalen Betriebe des Mittelstands.

Das Problem schlecht auf das Berufsleben vorbereiteter Jugendlicher rührt übrigens nicht etwa daher, dass die Lehrer nichts taugen oder die heutige Generation nicht streng genug angefasst wird, wie manche hilflosen Seelen behaupten. Es handelt sich bei den »Schulversagern« vielmehr um Jugendliche, die entweder aus einem anderen Kulturraum stammen und hierzulande nie angekommen sind (weder sprachlich noch in der Gesellschaft) – und das ist gewiss kein Disziplinproblem, und wenn, dann eines der deutschen Gesellschaft. Und es handelt sich um Jugendliche, die in prekären familiären Verhältnissen aufgewachsen sind – und diese Milieus zeichnen sich nicht durch einen Mangel an Strenge aus, sondern durch einen Mangel an *funktionierenden Beziehungen*. Auch die gerne bemühte »Bildungsferne« der Eltern ist übrigens nicht das ursächliche Problem und die materielle Armut schon gar nicht. Es gibt durchaus Kinder aus armen Haushalten, die locker überall mithalten können – solange sie zu Hause verlässlich tragende Beziehungsmodelle vorfinden. Und umgekehrt gibt es genug beziehungsverwahrloste Kinder auch in reichen Haushalten, bei denen es mit der persönlichen Entwicklung hapert.

Und dennoch: Die Zahl solcher mit prekären Beziehungserfahrungen belasteter Jugendlichen nimmt eindeutig zu (und das hat – auch wenn wir das aus Gründen der »political correctness« nicht gerne hören – nicht nur mit der fehlenden Chancengerechtigkeit zu tun, sondern auch damit, dass heute überdurchschnittlich viele Kinder gerade in den Problemlagen der Gesellschaft geboren werden).

Eine parasitäre Strategie

Und damit sind wir bei einem Phänomen angelangt, das uns, wie ich finde, zum Nachdenken bringen sollte. Seit dem Beginn der verschärften Globalisierung in den 1990er-Jahren versucht der tonangebende Teil der Wirtschaft immer hartnäckiger, die Bildungssysteme der Gesellschaften in seinem Sinne umzugestalten – sie sollen das »Humankapital« bereitstellen, das er jetzt für die Wertschöpfung auf den globalisierten Wachstumsmärkten braucht. Das von der Gesellschaft bezahlte Bildungssystem soll – so weitgehend wie möglich und auch entgegen den Interessen der ortsverbundenen Wirtschaft – zu einer Ausbildungsmaschine für die globalisierte Wirtschaft werden. Ich nenne dies eine *parasitäre Strategie.*

Sie wird umgesetzt, indem den Bildungseinrichtungen ein neuer, an der Nützlichkeit in der globalisierten Wertschöpfungskette orientierter Bildungsbegriff vorgegeben wird. Gleichzeitig wird versucht, das »Betriebssystem« des Bildungswesens (Thomas Steinfeld) so zu verändern, dass die vorgegebenen Ziele möglichst effizient erreicht werden: Die Lehre an den Schulen und Universitäten soll standardisiert, ihr »Output« messbar und vergleichbar gemacht und die Zielerfüllung durch entsprechende Anreize gefördert werden. All diese Schritte dienen dazu, das Bildungssystem auf die Erfordernisse des globalisierten Wettkampfes auszurichten.

Bei dieser Strategie spielen supranationale Wirtschaftsinstitutionen wie die OECD bis heute eine wichtige Rolle. Sie statten der Politik gegenüber das neue Bildungsparadigma mit Autorität aus und führen durch ein System von Bildungsvergleichen à la PISA gleichzeitig neue Normen in die Schulpolitik ein. Für die Verankerung des neuen Bildungsparadigmas in der Bürgerschaft und den gesellschaftlichen Institutionen sorgen wiederum die Interessenverbände der internationalen Wirtschaft, allen voran die unternehmensnahen Stiftungen. Mit ihrem Zugriff auf die Schnittstellen zwischen Politik, Wissenschaft, Kultur und Wirtschaft tragen sie die neuen Bildungskonzepte sozusagen »flussabwärts« in die mit der praktischen Bildungsarbeit befassten Gremien hinein – oder topfen sie gleich direkt in den Bildungseinrichtungen ein, wie wir es am Beispiel des »Hauses der kleinen Forscher« gesehen haben. Der Rekurs auf anerkannte Grundprinzipien erfolgreichen Wirtschaftens (»mehr Leistung, mehr Effizienz, weniger Schlendrian«) sichert den Konzepten Rückhalt auch in breiten Teilen der Bevölkerung.

Mit dieser Strategie treibt die transnationale Wirtschaftselite die nationalstaatlichen Bildungssysteme derzeit so geschickt vor sich her, dass die wichtigsten bildungspolitischen Inhalte heute als gesetzt angesehen werden können: frühe kognitive Bildung, Primat des MINT-Bereichs, Akademisierung der Berufsausbildung, umfassende Institutionalisierung (von Krippen bis Ganztagsschulen), Standardisierung und Eliteförderung – all das gehört heute zum Grundkanon der Bildungspolitik *aller* politischen Parteien. Allenfalls wird politisch noch darüber gestritten, ob die längst anerkannten Ziele in einem ein-, zwei- oder dreigliedrigen System und ob sie in acht oder neun Gymnasialjahren umzusetzen sind. Schon diese politische Einheitsfront zeigt an, wie sehr es sich bei diesen Setzungen um Vorgaben der internationalen Dominanzkultur handelt – und nicht etwa um die Resultate eines Bildungsdiskurses in der Zivilgesellschaft.

Eine altbewährte Strategie

Die sanfte Strategie der programmatischen Inobhutnahme drängt sich beim deutschen Bildungssystem geradezu auf. Im Gegensatz zu den angelsächsischen Ländern stehen nämlich Schulen und Universitäten in Deutschland traditionell unter straffer staatlicher Kontrolle – unser bis heute noch nicht abgewickeltes »preußisches« Erbe. Der Aufbau eines privatwirtschaftlich organisierten Parallelsystems, das sich zu guten Teilen am Bildungsbedarf der globalisierten Wirtschaft orientiert (wie es etwa in den USA gut entwickelt ist), ist damit in Deutschland derzeit nur schwer umsetzbar. In den deutschsprachigen Ländern ist es für die globalisierte Wirtschaftselite sinnvoller, dem Bildungssystem eine neue Denke zu verpassen – und es damit sozusagen unter konzeptionelle Vormundschaft zu nehmen.

Das gilt insbesondere für die Universitäten. Sie sind in den letzten 15 Jahren stärker verändert worden als jemals zuvor in der Geschichte der Bundesrepublik. Ihre Anbindung an Wirtschaftsinteressen ist weit fortgeschritten, für die wirtschaftliche Wertschöpfung »uninteressante« Fakultäten werden immer weiter ausgetrocknet, die für die globalisierte Wirtschaft interessanten Fakultäten finanzieren sich jetzt immer stärker über Drittmittel und Auftragsforschung für die Wirtschaft. Gerade die Master-Studiengänge in den technischen Fächern sind so stark mit den Entwicklungsabteilungen der großen Konzerne verzahnt, dass diese nun auch an den öffentlich finanzierten Einrichtungen die Forschungsagenda prägen können. Auch die Deregulierung der Verwaltungen – eigentlich mit dem Ziel einer besseren Verzahnung mit der Gesellschaft eingeführt – wurde prompt für eine bessere Anbindung an die Wirtschaft genutzt (es ist überraschend, wie viele Aufsichtsräte und Vorstände großer Unternehmen in den angeblich aus der »Mitte der Gesellschaft« berufenen Hochschulräten sitzen).

Die beschriebene Strategie, nach der das Bildungssystem über ein neues Bildungskonzept umprogrammiert werden soll, ist übrigens keine neue Erfindung. Als Wilhelm II. die nationalistische Zuspitzung in die Gesellschaft tragen wollte, widmete er sich zuerst einem neuen Bildungsbegriff. »Wer selbst auf dem Gymnasium gewesen ist und hinter die Coulissen gesehen hat«, raunte er 1890 zur Eröffnung der Schulkonferenz, »der weiß, wo es fehlt. Und da fehlt es vor allem an der nationalen Basis. Wir müssen als Grundlage für das Gymnasium das Deutsche nehmen; wir sollen nationale junge Deutsche erziehen und nicht junge Griechen und Römer (…).« Und auch die Kolonialmächte setzten ihre Interessen in den Kolonien nicht nur durch Heere und Kanonen um, sondern indem sie dort die Bildung in ihrem Sinne neu definierten und Privilegien an die Vergabe erfolgreich erworbener Bildungstitel knüpften.[32] Vielleicht erklärt diese Strategie, warum das Britische Empire einen Kontinent wie Indien mit nur wenigen Tausend loyalen Beamten beherrschen konnte. Den konzeptionellen Reset-Knopf im Bildungssystem zu drücken bedeutete immer auch, den Reset-Knopf für die Gesellschaft zu drücken – und das gilt nicht nur in totalitären Staaten.

Der Wirtschaftsstaat

Man könnte es auch andersherum formulieren: Der mit der Globalisierung unter einen immer größeren Wachstums- und Schuldendruck geratene Staat sucht sein Heil nun darin, dass er immer mehr Einfluss an die globalisierte Wirtschaft abgibt. Diese versucht nun, das öffentliche Bildungssystem auf ihre Interessen auszurichten, indem sie es auf diejenigen Kompetenzen festlegt, die von den hochproduktiven Branchen der globalisierten Wirtschaft angefordert werden.

Das entbehrt nicht einer gewissen Ironie. Die globalisierte Wirtschaft, die Steuern vor allem als Enteignung von Investoren begreift (siehe Kapitel 4), nutzt jetzt für ihre Zwecke ein öffentliches Dienstleistungssystem, das es nur deshalb gibt, weil andere nicht die Macht haben, sich den öffentlichen Abgaben zu entziehen.

Andere – wie etwa die mittelständische Wirtschaft. Die muss jetzt zuschauen, wie die großen Einflüsterer aus dem transnationalen Off ein Bildungssystem etablieren, das ihr selbst oft genug Kopfweh oder Bauchschmerzen bereitet.

ZWÖLF SPUREN, DIE SICH KREUZEN, ODER: MITERZIEHER ALLERORTEN!

Wir haben uns ja zusammengefunden, um herauszufinden, wer eigentlich heute die Ansagen im Bereich von Bildung und Erziehung macht. Die Suche hat sich dann doch etwas ausgedehnt. Der Fall scheint ziemlich kompliziert zu sein. Nicht nur kreuzen so viele Spuren hin und her, dass man schon mal durcheinanderkommen kann. Auch scheint es schwer zu sein, die Kräfte, die da infrage kommen, auf klare Aussagen zu verpflichten. Denn die einzelnen Parteien, wie etwa »die Wirtschaft«, reden gar nicht mit einer Stimme – wir haben es ja gesehen. Genauso »die Eltern«: Die einen wünschen sich für ihre Kinder mehr Zick, die anderen mehr Zack. Und sogar »der Staat« wechselt dauernd sein Gesicht – zumindest wenn man ihm ein paar Jahre Zeit lässt. Ja, und nicht einmal auf »die Wissenschaft« ist Verlass!

Richtig laut geht es derzeit in der Ecke zu, wo wir die Wirtschaft verorten, sie scheint ziemlich aufgebracht zu sein. Aber auch die Eltern reden gern und viel. Ein kompliziertes Volk, zumindest legt das der Blick in ihr Seelenleben nahe. Und dann bringen sie auch noch ihre Kinder mit an den Tisch! Auch der Staat ist zu vernehmen. Nach seiner tiefen Stimme zu urteilen, wohl bis heute eine Großmacht an dem Tisch – und immer zu Reibereien mit der Zivilgesellschaft aufgelegt.

Die sitzt dort irgendwo eingequetscht in einer Ecke, ziemlich verschüchtert und irgendwie nachdenklich, vielleicht denkt sie ja an ihre guten Jahre in den 1970ern, 1980ern zurück. Und sinniert darüber, wie ungerecht das ist, dass gerade jetzt die anderen am Tisch das große Wort führen. Wo es doch so viel zu diskutieren gäbe, was den Weg in die Zukunft angeht!

Gefangen im System: Die Eltern

Kommen wir aber noch einmal kurz zu den Eltern. Sie erscheinen einerseits als die ewigen Jasager. Egal, wer in Erziehungsdingen den Ton vorgab, er hatte, wie wir gesehen haben, immer schnell die Eltern auf seiner Seite – zumindest deren größten Teil. Aber andererseits: So ganz mit Haut und Haar scheinen sie sich dann auch wieder nicht gefügt zu haben.

Betrachtet man die verfügbaren Zeitzeugnisse, so hört man tatsächlich oft zwei Stimmen: Auf der einen Seite werden die subjektive Sicht des Kindes und seine Bedürfnisse sehr wohl wahrgenommen – die Eltern waren sich durchaus bewusst, dass sie ihren Kindern zum Teil gehörige *Belastungen* aufbürdeten. Auf der anderen Seite aber wird eine auf das Kind gerichtete Perspektive sofort wieder mit der gerade herrschenden Erziehungsideologie relativiert und entkräftet.

Das dabei entstehende Duett klingt dann zum Beispiel so (hier in einem Tagebuch aus dem Jahr 1939 – Hervorhebungen durch mich): »Mutter führt die ersten erzieherischen Maßnahmen an Dir durch. Da Du dauernd hungrig bist und noch keine Regel in der Nahrungsaufnahme kennst, lässt Du immer wieder Deine schon so kräftige Stimme ertönen. *Aber Ordnung muss sein!* Am Tage alle vier Stunden und nachts nach acht Stunden gibt es zu trinken … Zwar fällt das laute Weinen Mutter besonders auf die Nerven, *aber es muss bis zur festgesetzten Stunde durchgehalten werden,* was allmählich auch erreicht wird. Nur die acht Nachtstunden dauern dir noch zu lange. *Aber auch hier (muss) in Deinem eigenen Interesse ausgehalten werden.*« Statt die Angaben zu hinterfragen (warum acht Stunden »Stillpause« und nicht sieben? Oder neun? Und warum überhaupt eine »Stillpause«?) wurden die kanonischen Begründungen der Autoritäten ins Tagebuch eingefügt. Und die sind nicht hinterfragbar, schließlich zielen sie ja auf das »eigene Interesse« des Kindes. (Wenn man die komplizierte Logik dieser Begründungen zu Ende denkt, so meldet das Baby also sein eigenes Interesse nach Nahrung und menschlicher Zuwendung an – genau im Namen seiner eigenen Interessen muss ihm eine Antwort auf dieses Interesse aber verwehrt werden … Erziehung kann schwindelerregend sein.)

Ähnlich in der Nachkriegszeit. Die Härte der Erziehung wurde durchaus wahrgenommen. Aber gleich war da wieder dieser mächtigere Überbau, der nicht infrage gestellt werden konnte. »Als wir damals aus dem Krankenhaus kamen«, berichtet etwa der Vater seiner Tochter, »haben wir dich ins Kinderzimmer ins Bettchen gelegt und ich habe die Tür abgeschlossen und den Schlüssel versteckt. Deine Mutter hätte es sonst nicht ausgehalten und wäre zu dir reingerannt, so doll hast du geschrien.«

Und auch heute dient ein großer Teil des Austausches zum Thema Erziehung, etwa in Internet-Foren, der Referenz auf übergeordnete Instanzen und Theorien. Die Autorin des Buches »Jedes Kind kann schlafen lernen«, Annette Kast-Zahn, beschreibt in einem Interview, wie sie ihr Schlafprogramm an ihrer eigenen Tochter durchführte: »Natürlich tat es weh, vor der Tür zu stehen und Andrea drinnen weinen zu hören. Aber ich wusste auch, dass ich das Richtige tue.« Auch in den Internet-Foren stößt man auf diese Mischung aus Überzeugung – und Rechtfertigung. Ja, man würde eigentlich schon gerne noch ein paar Monate mit seinem Kleinkind zu Hause bleiben – aber braucht so ein kleiner Mensch jetzt nicht mehr Anregung und Förderung? Ja, man würde sein Baby eigentlich gerne zu sich ins Bett nehmen – aber wird es dadurch nicht verwöhnt – oder gar der Gefahr des Plötzlichen Kindstods ausgesetzt? Und ja, man würde schon gerne ein bisschen länger stillen – aber schafft das nicht eine ungesunde Abhängigkeit? Von außen betrachtet, sieht das fast schon wie ein Seilziehen aus. Ein Seilziehen um das Kind, aber auch um die eigenen Überzeugungen. Was ist das »eigentliche« Interesse des Kindes? Dass ich jetzt meinem Herzen nachgebe? Das kann es ja auch nicht sein, schließlich muss das Kind später einmal …

Dieses Seilziehen ist Teil des Erziehungsprozesses, ob wir das wollen oder nicht. Denn dieses »Später einmal« enthält ja auch ein Versprechen: Wenn du dein Kind »nach Plan« erziehst und »richtig« bildest – dann hat es alles, was es braucht, um einmal ein erfolgreiches Leben zu führen. Dann hast du alles getan, um deinem Kind seinen Platz zu sichern.

Und genau dieser Lockstoff ist der Grund, weshalb die Vorgaben der gesellschaftlichen Dominanzkultur von den Eltern so rasch verinnerlicht werden – und es dann am Ende oft genug die Eltern selber sind, die ihr Kind vorwärtstreiben. Mit Zweifeln im Herzen vielleicht, aber im Zweifel eben doch auf die vorgegebenen Ziele hin. Es braucht nun einmal erhebliche Eigenkräfte, um im »Erfolg« eines Kindes nicht nur das zu sehen, was andere für »Erfolg« halten.

Hätte man unseren Urgroßeltern vorgehalten, dass sie sich für eine militaristische Erziehung missbrauchen lassen, hätten die den Kopf geschüttelt. Sie hätten die Zweifel an ihrer elterlichen Kompetenz weit von sich gewiesen: Aber ein Baby *braucht* doch nachts eine Stillpause von acht Stunden! Ein Kind *wird* doch zu einem kleinen Tyrannen, wenn man seinen Wünschen nachgibt! Wie soll ein Kind Gehorsam erlernen, wenn es nicht fühlen muss, was es nicht hört?

Und so ist es am Ende schwer, zu entscheiden, wer denn da genau die Treiber sind. Man kann Interessen benennen, aber sie überschneiden sich und bedingen sich wechselseitig. Sie bilden letzten Endes die Leitplanken eines jeden Systems – auch des »Systems Erziehung«. Aber innerhalb dieser Randbedingungen greifen die Rädchen fast von alleine ineinander, da lässt sich dann auch nicht mehr entscheiden, was genau Ursache und was Wirkung ist. Das Erziehungssystem organisiert sich ein Stück weit selbst.

Mit den Zielen, die wir für die Kinder haben, ist es also im Grunde wie mit den Zielen, die wir uns selber setzen. Auch bei diesen »Zielen« bleibt ja unklar, ob sie wirklich *unsere* Ziele sind oder ob wir einfach nur mitmachen. Das Modell, nach dem wir leben, ist vielleicht nicht gerade unser Herzenswunsch – aber es ist auch nicht einfach ein äußeres Zwangsregime, das sich in uns festgekrallt und sich unserer Synapsen bemächtigt hat. Wir mögen über den Zwang zu immer mehr Effizienz und beständigem Wachstum murren – aber im Alltag geht es uns halt doch um ein möglichst bezahlbares, bequemes und »erfolgreiches« Leben. Ja, von oben betrachtet, lässt sich kaum leugnen, dass unsere Denkstrukturen und Lebensziele viel mit dem gerade herrschenden Zeitgeist zu tun haben und, im aktuellen Falle, auf die Produkte, Dienstleistungen und auch das Lebensmodell des globalisierten Marktes ausgerichtet sind. Aber aus der Alltagsperspektive stehen nun einmal die Nahziele im Vordergrund: ein Einkommen verdienen. Einen

Wandschrank kaufen. Auch mal eine Fernreise machen. Und so ist das mit unserem Erziehungsalltag auch.

Und doch gibt es in diesem System klar definierte Interessen, und es gibt auch klar benennbare Akteure. Sie handeln aufgrund definierter Intentionen, mit denen sie das System in eine bestimmte Richtung bringen wollen – diese werden ja oft genug auch explizit benannt (etwa: Förderung bestimmter Kompetenzen, Abhilfe gegen Fachkräftemangel, Unterstützung des Wirtschaftswachstums). Wenn wirtschaftsnahe Stiftungen etwa die MINT-Bildung fördern und die entsprechenden Ressourcen in die Kitas oder Schulen pumpen – dann ändert sich dadurch nicht nur das Bildungsangebot, sondern es ändern sich auch die Rahmenbedingungen und Inhalte der Bildungsdebatte. Die Debatte rund um Bildung und Erziehung organisiert sich also nicht nur selbst – sie *wird* auch organisiert.

Medienmacht

Wie komplex diese Selbstorganisation des Erziehungsprozesses ist, zeigt auch der Einfluss der Medien. Die waren ja, seit Menschen die ersten Bilder auf Steine geritzt haben, immer auch für die kulturellen Ansagen und die »Gesinnung« der Menschen mit zuständig. NATÜRLICH werden Kinder in einem System, das die beständige Steigerung des Konsums zum Ziel und Inhalt hat, auch als Konsumenten sozialisiert.

Nehmen wir nur einmal das Verhältnis zum eigenen Körper. 2006, zu Beginn der Staffel *Germany's Next Top Model,* waren »70 Prozent der befragten Mädchen mit ihrem Körper zufrieden, 2009 noch 55 Prozent und 2012 noch 46 Prozent«. Stevie Schmiedel, die sich mit Frauen- und Körperbildern in der Werbung beschäftigt, führt dies darauf zurück, dass Heidi Klum in Fragen der Körperwahrnehmung miterzieht. Im Grunde lässt sie sich dafür bezahlen, dass sie den kritischen, versachlichenden Blick auf den eigenen Körper als trojanisches Pferd der Schönheitsindustrie mitten in den Kinderzimmern platziert. Und das funktioniert ja auch: 75 % aller Mädchen meinen derzeit, sie seien zu dick – in Wirklichkeit sind 85 % aller Mädchen normalgewichtig. Der

Trend beginnt schon bei den ganz Kleinen: »Meine Freunde meinen, ich hätte den perfekten Fashion-Body. Zwar weiß ich noch nicht recht, was das bedeutet, aber sie haben mich zum Shoppen mitgenommen, wo es zum Sterben stylishe Outfits gab.« Das sagt jetzt die Heldin Frankie aus der für Kinder ab dem Kindergartenalter konzipierten Puppenserie Monster High. Nicht ohne Grund, denn da, wo das Äußere zur ultimativen Referenzgröße aufgebaut wird, klingeln die Kassen (und das umso mehr, je mehr die Kinder in der Kindheit mit unerfüllten Sehnsüchten zurückgelassen werden). Es wäre naiv, zu glauben, dass dieser Systemprozess der Erziehung nicht auch auf die effektive Teilhabe am Konsumwettbewerb gerichtet sei.

Erziehung zum Erfolg

In gewisser Weise könnte man Eltern also schon unterstellen, dass sie Kollaborateure der jeweils herrschenden Erziehungsideologie sind – wir hatten es in Kapitel 8 schon einmal davon. Ja, man könnte noch weiter gehen und unmissverständlich behaupten: So wie früher von den Eltern erwartet wurde, dass sie »Kanonenfutter« für das Reich liefern (warum sonst hätte es im »Dritten Reich« ein Mutterkreuz gegeben?), genau so sollen sie heute Kampfmaschinen für den globalisierten Wettbewerb heranziehen …

Nur, ganz so einfach ist das mit der Erziehung nicht. Sie ist ein sich selbst erfüllender Kreislauf, in dem sich die Frage, wer letztlich für alles verantwortlich zeichnet, so einfach gar nicht klären lässt. Aus ihrer eigenen Sicht haben die Eltern noch nie Kanonenfutter geliefert (sie waren vielmehr verzweifelt, dass ihre Kinder es wurden) – alles, was sie wollten, war, ihre Kinder zu »guten Deutschen« oder zu ordentlichen Menschen zu erziehen. Es war ihnen wichtig, dass die Kleinen »folgen«. Dass sie ohne Widerworte tun, was man ihnen sagt. Und zwar, natürlich, in deren eigenem Interesse. Sie sollten es mit diesen »Tugenden« einmal besser haben als diejenigen, die sie von ihren Eltern nicht beigeprügelt bekommen hatten …

Und heute ist das genauso. Eltern erziehen ihre Kinder auf das hin, was im heutigen Gesellschafts- und Wirtschaftssystem Erfolg verspricht. Und dieses System wird nicht von »der Regierung«, der OECD, der Weltbank oder »den Unternehmen« unterhalten, sondern von uns allen, die wir uns der Logik und der Vorteile dieses Systems bedienen und unterwerfen – als Kunden, als Konsumenten, als Arbeitskräfte, als Wähler – und natürlich auch als Eltern, die ihre Kinder auf einen »erfolgreichen« Weg bringen wollen. Und dazu gehört nun einmal in zunehmendem Maß, dass man die Kleinen auch mal auf die Überholspur setzt. Dass man sie in den Dingen fördert, die heute wichtig sind und eben zu einer »guten Erziehung« gehören.

TEIL 4 DER PÄDAGOGISCHE BELAGERUNGSRING RUND UM DAS KLEINKIND

DREIZEHN PROTEKTORAT KITA

Schauen wir uns die derzeitige Bildungslandschaft einmal aus der Vogelperspektive an. Da fällt etwas Interessantes auf: Das an ökonomischen Zielen orientierte Bildungsparadigma hat in manchen Bereichen viel stärker Fuß gefasst als in anderen. Die Universitäten beispielsweise sind inzwischen deutlich stärker mit dem neuen Betriebssystem versorgt als die Schulen. Letztere wurden zwar durchaus in die PISA-Mangel genommen – aber wenn man die deutschen Schulen etwa mit denen in Großbritannien vergleicht, so scheint es sich hierzulande fast schon um gallische Dörfer zu handeln, die erheblichen Widerstand leisten. Ja, natürlich werden die Schulen jetzt in den Wettbewerb zueinander gezwungen – aber sie dürfen noch eine Weile Knieschoner tragen.

Das Schulsystem ist nun einmal gerade in Deutschland recht träge. Das liegt teilweise am Föderalismus, aber auch an den traditionell starken Philologen-Verbänden mit ihren Verbandelungen in die Schulbehörden hinein. Und auch in den Gewerkschaften der Lehrer fließt sozusagen gallisches Hämoglobin.

Vorauseilender Gehorsam

Ganz anders sieht das im »unteren« Teil der Bildungslandschaft aus, in der Elementarpädagogik. Ja, es gibt dort Waldkindergärten, Montessori-Pädagogik, Pikler-Kitas usw. Die alternativen, bildungsaffinen Milieus haben sich ein Stück weit ihre eigenen Landschaften geformt. Aber der Rest, und es ist ein großer Rest, hat sich weitgehend und fast schon in vorauseilendem Gehorsam in das neue Bildungsparadigma gefügt. Das Gros der Kitas war schon um die Jahrtausendwende auf kognitive Förderprogramme, MINT-Bildung, frühes Lernen, Entwicklungsdokumentation und sonstige Sonderschichten für die Synapsenbildung eingeschwenkt. Während die Schulen erst allmählich elektronische Tafeln einführen (die Bücher liegen nach wie vor kiloschwer im Rucksack der Schüler), sind Zigtausende von Kitas schon längst mit Tablets und E-Learning-Programmen versorgt. Die Kleinen, so scheint es, sind die Versuchskaninchen für das neue Bildungs-Wunderpulver.

Woher kommt das? Der Grund ist ein einfacher: Die Trägerlandschaft bei den Kitas ist bunt und vielgestaltig – die Preußen kannten die Elementarpädagogik im heutigen Sinne ja noch nicht. Die Betreuung kleiner Kinder lief damals noch als karitatives Projekt und wurde gerne der Zivilgesellschaft, den Kirchen und den Gemeinden überlassen. In deren Hand ist die vorschulische Bildung großteils geblieben. Die Einrichtungen sind deshalb relativ autonom, was ihr pädagogisches Innenleben angeht – auch wenn man die Orientierungspläne der Kitas heute längst Bildungspläne nennt.

Diese Unabhängigkeit ist zwar einerseits (wie wir noch sehen werden) eine Chance. Sie macht die Kitas aber auch zur leichten Beute von Moden, fahrenden Gesundbetern und Geschäftemachern. Auch sind die Erzieherinnen im Vergleich zu den Lehrerinnen deutlich weniger organisiert und auch weniger professionalisiert – man braucht als Erzieherin im Einzelkampf viel gallisches Blut, um den jetzt an den Hochschulen mit heißer Nadel gestrickten (und mit manchem komplizierten Wort gespickten) Bildungskonzepten und -ideen zu widersprechen. Zudem stehen die Kitas in einem lebhaften Imagewettbewerb zueinander und schmücken sich deshalb gerne mit pädagogischen Reliquien – den ganzen Zusatzprogrammen und Zertifizierungen, die die Kita von heute so auszeichnen.

All das hat dazu geführt, dass sich die Kindheit gerade für die kleinen Kinder am radikalsten verändert hat. Dieser Teil der Bildungslandschaft ist wahrhaftig zum pädagogischen Protektorat geworden. Einem Protektorat, in das die Kleinen immer früher eintreten, das aber – das ist meine Überzeugung – für Menschenkinder keinen ausreichenden Entwicklungsraum bietet.

Wie der neue Wind aufkam

Schauen wir uns den Griff nach den Kindern einmal genauer an: Kaum hatte sich mit dem Fall der Mauer und der jetzt regelrecht entfesselten Globalisierung der makroökonomische Rahmen neu ausgerichtet, forderten die Unternehmerverbände die kollektive Kleinkinderziehung – die noch kurz zuvor ebenso lautstark als sozialistischer Unfug gebrandmarkt wurde.

De facto war dieser Schwenk durch die sich jetzt beschleunigende internationale Arbeitsteilung und den demografisch bedingten Mangel an Fachkräften in der Wirtschaft vorgezeichnet – die Unternehmen müssen nun verstärkt an die Mütter ran. (Dass das umgekehrt durchaus dem Interesse vieler Mütter an einem Zusatzeinkommen oder an einer identitätsstiftenden Tätigkeit entspricht, zeigt an, wie sehr sich auch bei dieser Frage Wirtschaftsinteressen und persönliche Interessen der Eltern gegenseitig bedingen können.)[33]

Während der Ausbau des Krippenangebots zunächst vor allem als Betreuungsaufgabe gesehen wurde (und damit immer auch die Frage im öffentlichen Raum stand, ob ein kleines Kind nicht vielleicht zu Hause besser betreut wäre), wurde bald schon die *Bildung* zum zentralen Thema – ob man diese wertvolle Ressource nicht schon in der Krippe an die Kinder bringen sollte. Wieder ganz vorn im Chor mit dabei: die Spitzenverbände der Wirtschaft und ihre diversen »Thinktanks«. »Vor allem die kognitiven Fähigkeiten der Kinder«, so das Positionspapier *Bessere Bildungschancen durch frühe Förderung* der Bundesvereinigung der Deutschen Arbeitgeberverbände, »wurden bislang unterschätzt und zu wenig oder nicht gezielt gefördert.« Und prompt setzt die Wirtschaft dem Kindergarten alter Schule den Stuhl vor die Tür. »Der Kindergarten wurde zum Teil mehr als Familienersatz und weniger als Bildungseinrichtung betrachtet«, rügen die Unternehmer. Vor lauter freiem Spiel sei das »strukturierte Lernen« unter die Räder gekommen.

Auf einmal galt als gegeben, dass die Kleinen in den Krippen und Kitas nicht einfach spielen sollten, sondern Zahlen lernen, Naturwissenschaft lernen, Technik lernen – und zwar strukturiert, also nach den Vorgaben und Programmen der Erwachsenen. Das Konzept der

»frühen Bildung« war geboren. Und so manches Mitglied einer in Spiel- und Bastelkindergärten verwahrlosten Generation (zu der auch der Autor gehört) fragt sich seither bange: Wie weit könnte ich heute sein, wenn meine Erzieherinnen damals schon von früher Bildung gewusst hätten!?

Starting Points

Wobei auch die Geburt der »frühen Bildung« einer Schwangerschaft bedurfte. Und die vollzog sich – wen würde es wundern – in den USA. Im Jahr 1994 veröffentlicht dort die *Carnegie Corporation* (eine Stiftung vom Rang der hiesigen Bertelsmann-Stiftung) mit dem Positionspapier *Starting Points: Meeting the Needs of our Youngest Children* einen veritablen Kulturschocker, der eine mangelnde kognitive Stimulation der Kleinkinder beschreibt. Die im häuslichen Bildungsvakuum bei oftmals überforderten Eltern aufwachsenden Kleinen seien im Kindergarten schlichtweg lernunfähig. Als Gegenstrategie wird jetzt die »kognitive Hypothese« formuliert: Die Entwicklung der Kinder werde dadurch stimuliert und gefördert, dass ihre kognitiven Fähigkeiten in den Kinderbetreuungseinrichtungen besonders geschult werden – intensiv, unter Anleitung erwachsener Experten, und vor allem: früh im Leben.

Die »Starting Points« wurden bald zum Startpunkt für viele Projekte und kommerzielle Initiativen rund um das, was jetzt als die richtige Bildung für die Null- bis Dreijährigen verstanden wurde – von »Baby Einstein«-Lernvideos bis zu ausgefeilten Bildungsprogrammen für Krippen. Auch in Europa war jetzt auf einmal vom »knowledge gap«, der Wissenslücke bei den Kleinen, die Rede – ihr sollte durch den Aufbau »metakognitiver Kompetenzen« in den Einrichtungen der Frühpädagogik entgegengewirkt werden.

Seither treffen sich in den ehemaligen Spiel- und Bastelstuben kleine Forscher mit anderen kleinen Wissenschaftlern zum Experimentieren – spielerisch natürlich. Und, anders als bei der »echten« Forschung, auf die man sich trotzdem gerne beruft, unter strikter Anleitung: »Um sich die hochkomplizierten Abläufe seit der Entstehung des Universums vorstellen zu können, veranschaulichen wir die Ausdehnung des Universums mit einem relativ simplen, aber doch eindrücklichen Experiment, nämlich dem Aufblasen eines Luftballons«, empfiehlt jetzt die Stiftung »Haus der kleinen Forscher«. Und hält gleich noch Dutzende weitere Ideen zur Abarbeitung für die Kleinen bereit. Welches kleine Kind hätte nicht schon immer die Entstehung des Weltalls verstehen wollen?

Bildungskonzepte – mit heißer Nadel gestrickt

In einem aus heutiger Sicht unglaublichen Tempo – und praktisch unter Ausschluss der Praktikerinnen vor Ort – wurden jetzt die entsprechenden Bildungstheorien für Krippen und Kitas entwickelt und in den Orientierungsplänen für die Kitas verankert. Gleichzeitig wurde das Aufgabenspektrum der jetzt zu »Bildungsfachkräften« oder »Bildungsbegleiterinnen« geadelten Erzieherinnen erweitert: Der Entwicklungsstand soll jetzt regelmäßig und »verbindlich« dokumentiert werden, um mögliche Störungen der Entwicklung frühzeitig zu erkennen – auch das setzt eine Kernforderung der Bundesvereinigung der Deutschen Arbeitgeberverbände um: »Zum Bildungsplan gehören auch verbindliche allgemeine Standards: Denn erst nachzuweisende Standards an Fähigkeiten und Fertigkeiten der Kinder sorgen für ein ergebnisorientiertes Lernen und für eine Strukturierung der Lernprozesse im Kindergarten.« Das in der Wirtschaft bewährte Benchmarking soll jetzt auch die Frühpädagogik effektiver machen.

Von der Grobmotorik (einer von mindestens acht zu dokumentierenden Entwicklungsbereichen) etwa heißt es jetzt in einer Beispieldokumentation für Erzieherinnen: »Die Auge-Hand-, Auge-Fuß-Koordination (Ball schießen, Gegenstände gezielt greifen etc.) ist sehr gut entwickelt. [Maxi] ist in der Lage, eine Strecke über 10 m wohlkoordiniert zu laufen. Er übt sich darin, seine Körperspannung besser zu kontrollieren. Er federt z.B. Sprünge und Stöße nicht genug ab. Die Mundmotorik und die Kontrolle des Speichelflusses bedürfen noch der

Übung.« Und so weiter, nicht ohne den Hinweis am Schluss, dass Maxi dem Arzt vorzustellen sei, damit dieser die mögliche Verordnung einer logopädischen Behandlung prüft (vielleicht um die Kontrolle des Speichelflusses zu üben).

Kein Wunder, dass Eltern die eigenen Bordmittel jetzt immer kritischer betrachten. Die kindliche Entwicklung, so der Eindruck, sei etwas enorm Kompliziertes, das ohne didaktisches (und manchmal sogar medizinisches) Großaufgebot nicht zu bewältigen sei. In einem Internetforum schreibt die Mutter eines 2-jährigen Kindes, dass sie sich die »Bildung ihres Kindes zu Hause nicht zutraue«. Bildung und Erziehung der kleinen Kinder sind zur Facharbeit geworden.

Immer seltener hört man jetzt das Lamento von den übergewichtigen Kindern und den vielen Krankheiten, mit denen sie dereinst das Gesundheitswesen belasten würden. Dass die Speckröllchen jetzt aus den Schlagzeilen gerutscht sind, hat vielleicht einen simplen Grund: Die Antwort auf die jetzt entdeckte kognitive Lücke heißt ja nicht: mehr rennen, mehr toben, mehr spielen – sondern: mehr *sitzen,* des strukturierten Lernens wegen.

Erzieherinnen unter Druck

Aber auch die Erzieherinnen geraten unter Druck. Ihnen wird jetzt immer öfter ihre mangelnde akademische Qualifikation vorgehalten, die sie für die heutigen Bildungsaufgaben nur bedingt tauglich mache. Die ZEIT spitzt es auf die Formel zu: »Die bildungsfernen Schichten bilden die nächste Generation aus.« Der Aktionsrat Bildung, ein von der bayerischen Wirtschaft gesponsertes Forschergremium, formuliert auch gleich die Konsequenzen. Für die Zukunft sei »auf die Neuanstellung geringer qualifizierter Kinderpflegerinnen und Sozialassistentinnen in Kindergärten und Kindertagesstätten« zu verzichten. Diese Helferinnen werden offensichtlich als Ansteckungsquellen für prekäre Bildungsverläufe gesehen.[34]

Zerknirschung herrscht jetzt auch ganz oben in der pädagogischen Verwertungskette. Das Bundesministerium für Senioren, Frauen und

Jugend legt ein veritables öffentliches Schuldbekenntnis ab: Man habe bei den kleinen Kindern Entwicklungschancen »ungenutzt« verstreichen lassen: »Trotz der Weiterentwicklungen der vergangenen Jahre«, so das Ministerium, »entspricht das System der Kindertageseinrichtungen in Deutschland in seiner derzeitigen Form weder den Ansprüchen moderner Pädagogik noch den neuen Anforderungen, die aus den beschriebenen gesellschaftlichen Entwicklungen resultieren. Gerade vor dem Hintergrund neuerer Erkenntnisse der Neurowissenschaften, der Bildungsforschung und der Entwicklungspsychologie, die die zentrale Bedeutung der ersten sechs Jahre für das lebenslange Lernen herausstellen, wird deutlich, in welchem Maße man derzeit die Entwicklungschancen dieses frühen Lebens- und Lernabschnittes ungenutzt verstreichen lässt.«

Die Stunde der Experten

Verständlich, dass jetzt die Tore der Kitas den echten »Experten« geöffnet werden. Die kommen von den Unis, von den Stiftungen, von den Sportverbänden, von den Landfrauen, von der AOK, praktisch jeder es gut meinende Verein kann jetzt die Kleinen »fördern«, ihnen »Werte«, innere Stärke oder gesunde Ernährung vermitteln oder, noch besser, sie sprachlich voranbringen. Oft bleiben die Erzieherinnen selbst bei diesen Übungsstunden außen vor (sie nutzen die Zeit dann zur Dokumentation).

Besonders die Logopädie findet jetzt ein fruchtbares Feld. Jedes vierte Vorschulkind wird im Schleppnetz von Tests und Evaluationen der Sprach- und Sprechtherapie zugeführt – in bester Absicht zwar (wer will schon den Schulstart seines Kindes vermasseln?), aber doch in vielen Fällen aus den falschen Gründen.[35]

Überhaupt redet man jetzt viel von »Bildungsfenstern«. »Erkenntnisse der Lernpsychologie weisen darauf hin«, heißt es etwa in einem Positionspapier der Arbeitgeberverbände, »dass sich das erste große ›Lernfenster‹ im Kindesalter bereits wieder schließt, wenn die Schulzeit mit der Grundschule gerade begonnen hat. Alles, was in frühen Jahren an Unterstützung und gezielter Förderung versäumt wird, kann später aber nur mühsam, mit großem Aufwand und deutlich geringeren Erfolgsaussichten nachgeholt werden.«

Leider überträgt man mit dieser Angst im Nacken ein an sich richtiges und wichtiges Konzept wahllos und ohne Verständnis für die erforderlichen Rahmenbedingungen generell auf so ziemlich alle Domänen der kindlichen Entwicklung.[36] (Dass das mit den richtigen Schlüssen nicht ganz so einfach ist, zeigt dann die Statistik: Weder führt das frühe Lesen zu höherer Lesekompetenz, noch führt das frühe »Erweitern des Zahlenraumes« zu einem besseren Zahlenverständnis.)

Kindergärten gartenfrei

In immer mehr Einrichtungen wird das Konzept der »Lernfenster« jetzt so wörtlich genommen, dass die Kleinen die Welt dort tatsächlich nur noch durchs Fenster wahrnehmen – es gibt inzwischen fünfstöckige Kitas mit mehr als einem Dutzend Krippengruppen. Und auch so mancher Kindergarten kommt heute ohne Garten aus (dafür gibt's dann drinnen eine »Bildungsinsel«). Damit gerät ein seit Friedrich Fröbel's Zeiten als »pädagogischer Raum« wahrgenommener Teil der Kinderwelten in Bedrängnis: die unstrukturierten, natürlichen Erfahrungsräume im Außengelände oder generell in der Natur. Der Raum also, der den Kindern Widerstände entgegenbringt, der sie ihre Wirksamkeit erfahren lässt, ihnen Erfahrungen mit den Elementen bietet und ihnen das selbst organisierte Entdecken ermöglicht. Der Raum auch, der Sinne, Körper und Seele zusammenwachsen lässt. Und damit gerade das, was im häuslichen Umfeld oft sowieso schon weit zurückgedrängt ist – und doch bis heute eine unverhandelbare Grundlage der kindlichen Entwicklung bleibt.

Wenn die Natur jetzt geschätzt wird, dann als Gelegenheit zum Lernen *über* die Natur. Oder als Rahmen für ein pädagogisches Programm. Man darf dann sogar auch mal ein Lagerfeuer anzünden. Man kann da nämlich gut zeigen, dass heiße Luft nach oben steigt.[37]

Ein taugliches Konzept?

Eines aber passierte bei diesem Neustart in der Elementarpädagogik *nicht*: Es wurde weder thematisiert noch untersucht, ob diese neuen Konzepte denn überhaupt für kleine Kinder taugen: Regt sich denn wirklich ihr Forschergeist, wenn ihre »metakognitiven« Kompetenzen geschult werden? Wenn ihnen beispielsweise das »Falsifizieren« nahegebracht wird – wie es die Pädagogikbroschüre im »Haus der kleinen Forscher« erklärt: »Wenn Kinder einmal vermeintlich falsche Konzepte heranziehen, z. B.: ›Der Wind kommt aus den Bäumen‹, dann wird daraus ersichtlich, wo sie gerade stehen. Aufgabe ist es, Kinder bei geeigneter Gelegenheit darauf aufmerksam zu machen, dass es auch dort Wind gibt, wo sich keine Bäume befinden.«

Auch wenn es verlockend erscheint, die Kinder durch hartnäckiges pädagogisches Belauern klüger zu machen – bis heute bleibt ungeklärt, ob die Förderung der »Metakognition« die Kinder denn auch tatsächlich für ihre weitere Bildungskarriere lernfähiger macht: Werden Kinder wirklich an das jetzt anstehende lebenslange Lernen herangeführt, indem sie dazu angeregt werden, ihre eigenen Denkprozesse zu reflektieren? Erziehungswissenschaftler sind sich da keineswegs einig[38], und die im Juli 2014 veröffentlichte 120-seitige Stellungnahme der Leopoldina-Akademie der Wissenschaften zur frühkindlichen Bildung erwähnt den Begriff der Metakognition nicht einmal mehr.[39]

Bei anderen, ähnlich heiß gehandelten Konzepten, zeigt schon die erste Analyse, wie viel alter Wein da in neue Schläuche umgefüllt wird. So schmückt jetzt ein Konzept der »Ko-Konstruktion« die neuen Bildungspläne. Es handle sich dabei, so der eifrigste Fürsprecher dieses Konzepts, der bereits vorgestellte Prof. Fthenakis, um einen »neuen Ansatz in der frühkindlichen Bildung«. Wobei doch noch jede Erzieherin ein Déjà-vu bekommt, wenn es dann um die Details geht: Bildung, so wird ihr erklärt, sei ein »sozialer Prozess, der jeweils im Kontext stattfindet und an dem sich – neben dem Kind – auch die Fachkräfte, die Eltern und andere aktiv beteiligen«. Gut, dass das endlich jemand entdeckt hat. Und dann gleich auch noch die philosophische Begründung für diesen »modernen pädagogisch-didaktischen Bildungsansatz«

liefert: »Die Ko-Konstruktion hat sich aus dem philosophischen Ansatz des Konstruktivismus herausgebildet, nach dem man die Welt interpretieren muss, um sie zu verstehen.« Dann wird da ja was dran sein!

Entscheidende Fragen bleiben offen

Dabei werden das Kind und seine Fähigkeiten durchaus in den Blick genommen. Blättert man etwa durch die Bildungspläne der Frühpädagogik, so kommt das »kompetente«, eigentätige Kind, das in den Lehrbüchern der Entwicklungspsychologie beschrieben wird, schon irgendwie vor – allerdings vor allem in den Präambeln und Einleitungen. Wo es aber um die praktische Umsetzung in den Einrichtungen geht, dominiert das Kind, dem das zu Entdeckende gezeigt, schmackhaft gemacht und vorstrukturiert werden muss. Da herrschen wieder klassische Vorbereitungs-, Angebots- und Nachbereitungspädagogik. Oder, um es mit den Worten des Pädagogikprofessors Gerd Schäfer zu sagen: »Das aktive, selbstgesteuerte, postmoderne Kind wird in den praktischen Umsetzungsvorstellungen in ein rezeptives Kind verwandelt, welches das ko-konstruierend nachvollziehen darf, was andere ihm dazu vorsetzen.«

Trotz der opulenten konzeptionellen Offensive bleiben entscheidende Fragen damit bis heute offen – für die Erzieherinnen, für die ihnen anvertrauten Kinder und für die Eltern:

... Was heißt denn die Theorie der »frühen Lernfenster« konkret für die Begleitung der Kinder? Spricht dieses Konzept nun für oder gegen die Einführung von Fremdsprachen an der Kita? Und wenn es dafür spricht: Welcher Rahmen wäre dann erforderlich – wenn wir von Kindern doch eines wissen: dass sie eine Sprache nur dann auf intuitivem Weg erlernen, wenn sie mit Menschen zu tun haben, die ihnen etwas bedeuten und mit denen sie unbedingt und regelmäßig in Verbindung treten wollen?

... Welche Rolle spielt für das Kind die »frühe Medienkompetenz«, die sich auf den Flügeln der kognitiven Wende als Bildungsziel der

Frühpädagogik etabliert hat? Dass sie den Medienunternehmen viel bedeutet, sieht man schon daran, dass diese die Erarbeitung der »konzeptionellen Grundlagen« sehr gerne finanzieren. Worauf aber stützt sich die Annahme, dass frühe Medienkompetenz ein pädagogisch sinnvolles Ziel für Kitas ist? Ich interpretiere die Entwicklung des Kindes mit ihrem zutiefst intersubjektiven, auf unmittelbaren Beziehungserfahrungen beruhenden Aufbau einer »Theorie des Geistes« jedenfalls anders (ich bin darauf ausführlich in meinem Buch »Wie Kinder heute wachsen« eingegangen).

... Wie wirkt sich denn die Übertragung des Bildungsauftrags auf immer mehr externe »Experten« aus, denen ein heutiges Kind auf Schritt und Tritt begegnet, ob bei Sprachstandstests, bei Förderprogrammen, bei Stiftungsaktionen oder auch bei den diversen therapeutischen Veranstaltungen, von der Ergo- bis zur Logopädie? Wo wir doch vom Kind eines wissen: dass es eigentlich nur effektiv in vertrauten Beziehungsstrukturen lernen kann?

... Was haben die Kinder von der beständigen Dokumentation ihrer Entwicklung? Sie bindet bei den pädagogischen Fachkräften erhebliche Ressourcen und birgt darüber hinaus eine ganz reale Gefahr: dass sie mit ihren engen normativen Vorgaben die Pädagogik auf eine endlose Suche nach Defiziten reduziert, und zwar nach Defiziten bei den *Kindern*. Aber was wird aus einem Kind, wenn bei Problemen immer nur danach gesucht wird, was bei *ihm* nicht in Ordnung ist (und welche Experten nun vielleicht helfen können) – und nicht etwa, ob vielleicht die *Einrichtung* etwas besser machen könnte?

Welche Behutsamkeit eigentlich bei der Beobachtung der kindlichen Entwicklung herrschen müsste, zeigt die Misere der heute an vielen Kitas (in manchen Bundesländern sogar verbindlich) angewendeten Sprachstandstests. Als der an Tausenden von Kitas zur Festlegung von »Förderbedarf« eingesetzte »Delfin-Test« einer wissenschaftlichen Überprüfung unterzogen wurde, erwies er sich in etwa so aussagekräftig wie ein Horoskop. Für die vielen in den Kitas verwendeten Entwicklungsbögen und Beobachtungsprotokolle dürfte Ähnliches gelten: Avanti dilettanti. Es mag verlockend sein, schon den kleinen Kindern sozusagen »Noten« für ihre Entwicklung zu geben, aber das Konzept ist aus Sicht der Kinderheilkunde mit erheblichen Risiken und Nebenwirkungen verbunden. Denn allein schon die *normale* Entwicklung der Kinder unterscheidet sich von Kind zu Kind und von Entwicklungsbereich zu Entwicklungsbereich so sehr, dass eine für alle Kinder auf derselben Höhe aufgelegte Latte gar nicht funktionieren *kann*. Ein 5-jähriges Kind etwa kann in sprachlicher, emotionaler, körperlicher oder sozialer Hinsicht durchaus auf dem Stand eines 3-jährigen (oder aber eines 7-jährigen) Kindes »funktionieren« und ist in seiner Entwicklung doch gesund und normal.

Die Idee des Benchmarkings kann in der Frühpädagogik sehr viel Schaden anrichten, sie muss überdacht werden. Kurz, wir brauchen keine totale Pädagogik, sie sollte uns vielmehr Angst machen.

VIERZEHN FRÜHPÄDAGOGIK ALS SPEKULATIONS-MODELL

Dass der Entdeckungs- und Gestaltungsraum der Kinder geschrumpft ist, ist am wenigsten die Schuld der Erzieherinnen. Auch ihr Gestaltungsraum wurde ja beschnitten. Sie wurden zwar pro forma zu »Bildungsfachkräften« aufgewertet – ihre Präsenz bei der Gestaltung eines reichhaltigen, abenteuerlichen und beseelten Alltags wurde aber gleichzeitig durch den zu bewältigenden Krippenausbau, die Aufnahme immer jüngerer Kinder und eine immer absurdere Dokumentationspflicht ausgedünnt. Inzwischen müssen ja auch noch die Forschungsfortschritte der kleinen Forscher dokumentiert werden: »Aufgabe der Pädagoginnen und Pädagogen ist es, das Vorwissen der Kinder und insbesondere ihre Vorstellungen über die Welt wahrzunehmen und entsprechend zu handeln, beispielsweise durch gelenkte Partizipation. Dazu sind neben der Kenntnis alterstypischer Entwicklungsschritte genaue Beobachtungen und Dokumentationen des Verhaltens und der Reaktionen des Kindes wichtig.« So die Pädagogikbroschüre des Hauses der kleinen Forscher. Wie soll denn eine *Pädagogik des Alltags* – ich komme noch darauf zurück – bei der gegebenen Personalsituation überhaupt möglich sein?

Und auch die Beziehungen der Kinder untereinander wurden mit einer immer strafferen Gestaltung des Kinderalltags nach pädagogischen Vorgaben ausgedünnt. Wo und wann finden die Kinder den Raum und die Zeit für das selbstorganisierte, gemeinsame Entdecken der Welt? Wo erleben sie ihre Abenteuer? Wo in diesem Legehennenkonzept kommen die Wetzsteine vor, die Staubbäder, der Auslauf für Körper, Herz und Sinn?

Vom Konzept zum Kind

Ich frage mich, wie es dazu gekommen ist, dass sich die Frühpädagogik im Grunde einem Spekulationsmodell verschrieben hat. Die Ansätze sind gut gemeint – das will ich niemandem in Abrede stellen. Aber begründend für diese Ansätze war eindeutig eine *funktionelle* Perspektive: Welche Kompetenzen sollen die Kleinen ausbilden, damit …? Die Entstehungsgeschichte des Konzepts der frühen Bildung führte eindeutig nicht vom Kind zum Konzept, sondern vom Konzept zum Kind.

Einem Konzept, das im Grunde aus einer Rückwärtskonstruktion besteht: Ausgangspunkt sind die Kompetenzen am Arbeitsplatz – daraus wird abgeleitet, was in der Schule gelehrt werden soll. Und der Kindergarten gilt dann als Vorbereitung auf die Schule. Dort soll das geübt werden, was im Klassenzimmer gefragt sein wird. Und die Krippen? Die dienen wiederum der Vorbereitung auf den Kindergarten. Ja, und immer öfter werden dann auch schon Babys daraufhin belauert, was man ihnen denn schon beibringen könnte, damit sie schneller fit werden für die Kita, für die Schule, fürs Studium, für die Arbeit …

Auch das Konzept der Metakognition stellt eine solche Rückwärtskonstruktion dar. Es wird damit begründet, dass an den Arbeitsplätzen der Zukunft Flexibilität und vor allem lebenslanges Lernen erforderlich seien. Was lag da näher, als das »Lernen des Lernens« zum Thema schon in den Kitas zu machen? Nur: Die Grundlagen des Lernens liegen in der Entwicklung von Hartnäckigkeit, Selbstkontrolle, Frustrationstoleranz und Begeisterungsfähigkeit – wo kommen die in dieser Gleichung vor? Man wird kleinen Kindern nicht gerecht, wenn man ihr Lernen als Bonsai-Ausgabe des Erwachsenenlernens begreift.

Ökonomie statt Pädagogik

Um zu verstehen, wie aus gut gemeinten Ideen eine derart verschwurbelte Programmatik wurde, müssen wir uns noch einmal den Weg anschauen, auf dem sie in die Pädagogik gekommen sind. Man kann lange suchen, bis man auf diesem Weg jemanden antrifft, der Kinder wirklich aus nächster Nähe kennt. Suchen Sie in den ganzen Schriften doch einmal nach einer Verlautbarung einer *Erzieherin* über Kinder! Viel Glück bei der Suche.

Stattdessen dominieren die Perspektiven eher kinderferner Instituts- und Chefetagen.[40] Da fordert man in einem Memorandum an die Bildungspolitik etwa eine bessere »Strukturierung« des Kindergartentages mit einer Abwechslung von »Lern- und Übungsphasen, Spiel- und Ruhephasen, mit Einzel- und Gemeinschaftsaktionen ...«. Was die Bundesvereinigung der Deutschen Arbeitgeberverbände da zusammenpackt, ist bestimmt nett gemeint und kaum anders, als man sich das von älteren Herrschaften vorstellt, die auch schon mal ihr Enkelkind aus der Kita abholen. Aber das als Grundlage der *Frühpädagogik*? Als Empfehlung für eine neue *Bildungspolitik*?

Und dann diese Masche mit der Buchführung: »Förderung beginnt mit einer systematischen Diagnose. Ein Portfolio dokumentiert die Entwicklungsschritte des Kindes; es wird kontinuierlich weitergeführt und auch von der Schule genutzt.« Vielleicht kann man es später auch gleich in die Bewerbungsmappe packen. Ja, aus Sicht eines Unternehmers macht das alles Sinn (»Wir sind überzeugt, dass die erfolgreichen Prinzipien der Marktwirtschaft auch im Bildungsbereich greifen: Leistung, Wettbewerb, Profilbildung, Qualität ...«), mit regelmäßigen Assessments und Portfolios werden schließlich ja auch die Mitarbeiter geführt.

Aber diese Ansätze jetzt für *Kinder*?!

Einfach mal drauflosreden

Woher nehmen die Unternehmerverbände denn die Expertise für ihre weitreichenden Vorschläge? »Bisher hat sich der deutsche Kindergarten weitgehend auf die Vermittlung nur sehr elementarer Sachverhalte und auf das soziale Lernen konzentriert«, schreibt die Bundesvereinigung der deutschen Arbeitgeberverbände etwa in einem in der Politik hoch gehandelten Positionspapier. »Pädagogisch dominiert in der Regel der ›situationsbezogene Ansatz‹, der an sich ergebende Situationen bei den Kindern anknüpft und diese zur Entwicklung der Kinderpersönlichkeit nutzt, aber darauf verzichtet, aktiv Lerngelegenheiten herzustellen und zielgerichtete Lernprozesse zu ermöglichen und systematisch zu unterstützen.« Geschickter kann man ein Konzept gar nicht in die Tonne treten (wobei davon auszugehen ist, dass sich die Kritik nicht auf den »situationsbezogenen Ansatz« nach Armin Krenz bezieht, sondern auf den schon länger gebräuchlichen »Situationsansatz« – aber das sind Feinheiten). Alles frisch und frei, ohne Angabe von Quellen oder weiterführenden Hinweisen. Einfach mal so dahergesagt.

Auf ähnliche Weise brachen sich die »Erkenntnisse« der ökonomischen Bürokratie ihre Bahn. Kaum veröffentlicht die OECD ihren Report »Starting Strong« (»Kindergarten-PISA«), wird in der Politik die frühe Einschulung zum Thema – man verweist auf »andere europäische Länder«, die bereits »Vierjährige in die Schule schicken« und in manchen Tests besser abgeschnitten hätten.[41] Und weil jetzt die Akademisierung des Erzieherinnenberufs als Allheilmittel gilt, wird für so manchen Bildungsreformer auf einmal ausgerechnet Frankreich zum Vorbild der Erzieherinnenausbildung – einer der vielen Treppenwitze des pädagogischen Spekulationsmodells.

Ich will damit gar nicht für oder gegen eine frühe Einschulung oder für oder gegen die Akademisierung Stellung beziehen (es kommt da ja immer darauf an, *wie* man solche Vorhaben umsetzt).[42] Ich will nur das zeigen: Wie *leichtfertig* in diesem Klima mit den Kindern umgegangen wird. Für die kindliche Entwicklung so tief greifende Einflüsse wie etwa der Zeitpunkt der Einschulung werden nicht etwa diskutiert, durchdacht, erforscht, pilotiert oder sonstwie auf den Prüfstand gestellt – sie werden einfach zur Macht des Faktischen, weil die angeblich richtigen Leute davon reden.

Die Koalition der Willigen

Bestimmt konnte sich das Konzept der frühen Bildung auch deshalb so rasch etablieren und als goldener Weg einer neuen, »moderneren« Bildungspolitik präsentieren, weil sich im Grunde jeder an diesem Konzept etwas abschneiden kann. Für nicht wenige Eltern macht der frühe Start schon deshalb Sinn, weil beispielsweise eine früher begonnene Bildungskarriere der Kinder auch weniger Löcher in der Familienkasse bedeutet – die Mutter kann ja jetzt eher ein Einkommen erzielen. Und das Versprechen der »frühen Bildung« suggeriert, dass die Kleinen in den Einrichtungen das bekommen, was sie brauchen – wer würde ein auf Bildung ausgerichtetes Konzept anzweifeln wollen? (Die Altenbetreuung könnte sich da durchaus ein Beispiel nehmen. Ihr Imageproblem ließe sich ja vielleicht auch mit einem Bildungsversprechen lösen – wie wäre es mit einem Programm: »Greise werden weise«?)

Aber auch für die Erzieherinnen enthält das neue Bildungsversprechen einen Bonus. Der neue Bildungs-Nimbus wertet auch ihren Beruf ein Stück weit auf. Als »Bildungsfachkräfte« werden sie zwar nicht besser bezahlt, aber stehen vor den Eltern und der Gesellschaft als »Lehrerinnen für die Kleinen« schon einmal professioneller da.

Auch die »Experten« sind zufrieden – ihre Rolle als Anleiter, Trainer und Coaches der kindlichen Entwicklung tut sowohl dem Renommee als auch dem Einkommen gut (allein die Zahl der Logopäd/-innen hat sich in nur 10 Jahren um ein Drittel auf 12.000 vermehrt). Und ebenso will der Output aus den jetzt in raschem Aufbau befindlichen Pädagogik-Hochschulen verwertet sein, jede Bachelorarbeit hat jetzt ja das Zeug zu einem »Programm«. Mehr noch: Wie wir gesehen haben, kann so mancher Geldgeber mit solchen »Programmen« oder »Projekten« jetzt die Inhalte der Frühpädagogik aktiv mitbestimmen – eine wahre Goldgräberzeit für die Stiftungen und ihre akademischen Wasserträger!

Und schließlich sind auch Wirtschaft und Politik zufrieden, weil die Mütter früh zu bildender Kinder entsprechend früh wieder dem Arbeitsmarkt zur Verfügung stehen. Und dann auch noch mehr Steuern und Rentenbeiträge zahlen.

Und dann enthält das kognitive Konzept bei der gegebenen Personalsituation durchaus auch ein paar praktische Vorteile. Einen spannenden Alltag mit Kindern gestalten, mit ihnen die Welt kennenlernen, mit ihnen werkeln, kochen und auch mal rausgehen hat nämlich einen entscheidenden Nachteil: Es braucht dazu keine wohlfeilen Konzepte, sondern Menschen aus Fleisch und Blut. Gehen wir doch einmal raus mit so einer Horde Kleiner! Sie einpacken. Mütze auf, Handschuhe an, Reißverschluss zu. Ein müdes Kind auch mal tragen. Ein angeschlagenes Knie verarzten. Und ooups, ein kleiner Pipi-Unfall ... Und dann auch noch den Schnuller vergessen! Nachher dann dreckige Schuhe abbürsten, nasse Kleider wechseln, Kakao kochen. Und dabei Fragen beantworten, Geschichten anhören. Und so weiter.

Wir landen also immer wieder bei der Frage nach den Personalschlüsseln – und weil sie politisches Dynamit enthält, steht sie bis heute, obwohl jüngst von verschiedenen Seiten thematisiert, seltsamerweise kaum im Fokus der Politik (da wird dafür über die Maut für ausländische Pkws diskutiert). Wäre nämlich jede Krippe mit dem Personal ausgestattet, das für eine qualitativ hochwertige (also, bitte schön, ganz normale!) Betreuung und Bildung kleiner Kinder erforderlich ist, würde die Erwerbsarbeit der Mütter, rein finanziell betrachtet, für den Staat zum Nullsummenspiel. Die Rechnung geht also im Grunde nur deshalb auf, weil die Erzieherinnen unterbezahlt sind – und weil die Kinder mit pädagogischem Personal unterversorgt sind (nicht in allen, aber in vielen Einrichtungen). Auf einem derart dünnen Eis an Beziehungen, an Achtsamkeit und menschlicher Präsenz ist die »Bildung« kleiner Menschen nun einmal nur schwer möglich – in vielen Fällen nicht einmal deren artgerechte Haltung. Nach einer aktuellen Studie betreut etwa in den Hamburger Krippen eine Fachkraft auf dem Papier im Durchschnitt 5,7 Babys und Kleinkinder unter drei Jahren. Schon das ist fast doppelt so viel wie von allen Fachverbänden empfohlen. Im Alltag aber liegt dieser Stellenschlüssel wegen urlaubs- und krankheitsbedingter Ausfälle bei 7,6, in offenen Gruppen sogar bei 8,0. Jeder oder jede, die schon einmal mit kleinen Kindern zu tun hatte (oder sich einmal rein unverbindlich vorstellt, sie oder er habe zu Hause Fünf- oder Sechslinge alleine zu versorgen ...), wird dem Kommentar zustimmen: »Viel mehr als Wickeln ist da kaum drin.« Dabei gilt Hamburg im Vergleich zu den östlichen Bundesländern noch als gut versorgt.

Gut also für die Politik, wenn die Eltern noch eine Weile bei der Fahne der frühen Bildung bleiben und sich über die schönen »Portfolios«

und Entwicklungsdokumentationen freuen, statt sich über die fehlenden Hände, Herzen und Arme zu ärgern.

Familien zwischen den Stühlen

Und doch muss die Lücke dringend thematisiert werden. Denn der Bedarf an Krippenplätzen wird zunehmen. Immer mehr Familien brauchen das zusätzliche Einkommen, um nicht sozial abzusteigen (was auch den Kindern nicht gerade guttut). Und auch die psychokulturelle Selbstdefinition der Menschen wird in Zukunft eher über die Erwerbsarbeit als über die Übernahme von Versorgungspflichten laufen.

Auch sieht es nicht gerade danach aus, als würden demnächst in der Wirtschaft die familienfreundlichen Teilzeitmodelle – ob für Mütter oder für Väter – flächendeckend aus dem Boden schießen. Im Gegenteil: Gerade in der Boom-Nation Deutschland bleiben familienfreundliche Lösungen, mit denen sich Erwerbs- und Familienleben besser verbinden ließen, Mangelware.

Es sieht eher nach der umgekehrten Strategie aus: Die Wirtschaft braucht Mama und Papa mit Haut und Haar – möglichst ganztags. Mehr Krippen müssen her, und die sollen, bitte schön, bezahlbar sein und auch bei einem leer gefegten Arbeitsmarkt für Erzieherinnen irgendwie funktionieren. Auf die Kinder werden also noch mehr Belastungen zukommen. Man darf gespannt sein, wie lange das Bildungsversprechen die Eltern von der Straße fernhalten wird.

Zeit für Forderungen?

Damit hier kein Missverständnis aufkommt: Ich bin nicht der Meinung, dass die außerfamiliäre Betreuung »gegen die Natur des Kindes« wäre (ich habe das in meinem Buch »Menschenkinder« ausgeführt). Es gibt wunderbare Beispiele, dass sie funktionieren kann, und ich halte eine hochwertige »Fremd«-Betreuung (die Anführungszeichen deshalb, weil die für das Kind ja nur dann funktioniert, wenn die Beteiligten dem

Kind eben *nicht* fremd sind) für einen integralen Teil einer menschlichen Gesellschaft.

Allerdings stehen dann nicht luftige Konzepte wie »frühe Bildung« im Mittelpunkt, sondern ein vordergründig etwas simpleres, aber nichtsdestoweniger anspruchsvolles Konzept – nämlich »dass ein Kind gut versorgt ist mit Nahrung, Kleidung, Wohnung und freundlichen Erwachsenen, dass es sich sicher und geborgen fühlt da, wo es ist, sei es zu Hause, in der Krippe oder bei der Tagesmutter«. Es geht dann um das, was für die *Kinder* die grundsätzlichste Forderung ist: dass sie funktionierende Beziehungen vorfinden – verlässliche, feinfühlige, authentische Beziehungen. Ohne diesen Rahmen sind sie aufgeschmissen. Es geht da also primär um die Begegnung mit Menschen aus Fleisch und Blut, die tagtäglich, liebevoll, verlässlich und ohne die Belastung durch mangelnde Wertschätzung und einen unrealistischen Betreuungsschlüssel den Alltag mit den Kindern gestalten. Nur in einem solchen Rahmen der emotionalen Sicherheit sind Entdecken und Lernen für Kinder das Thema. Und vor diesem Hintergrund sollte auch die Krippenfrage gesehen werden:

… Natürlich gibt es Familien, deren kleinen Kindern man vor allem eines wünscht: dass sie ihre Zeit möglichst *nicht* zu Hause verbringen. Diese Kinder steigen noch in so ziemlich jeder Krippe in eine höhere Liga auf.

… Aber ja, es gibt auch Krippen, in denen Kinder eher »absteigen« – wenn man die Qualität der Beziehungen dort mit den Beziehungserfahrungen im häuslichen Umfeld oder mit denen in einer guten Krippe vergleicht.

Statt dass wir uns also in einem unfruchtbaren Streit verlieren – sind Krippen gut oder böse? –, wäre im Sinne der Kinder jetzt ganz dringend *die Qualitätsfrage* auf die Tagesordnung zu bringen.

Und bei diesem Thema steht gewiss nicht die bloße Versorgung im Mittelpunkt – ob mit »Betreuungsplätzen«, Bio-Essen oder »Bildung«. Und da sind auch gewiss die Eltern mit im Boot – und das in ihrer seit Jäger-und-Sammler-Zeiten in ihnen angelegten Doppelrolle als Ernährer *und* Erzieher ihrer Kinder. Und deshalb werden die neuen Modelle auch nicht funktionieren, wenn parallel dazu nicht auch flexiblere Arbeitsmodelle erzwungen werden.

Teil dieses neuen Blicks auf die Qualität ist für mich aber auch: dass die Eltern sich gegen diesen gierigen Blick auf ihre Kinder wehren. Gegen dieses Schielen nach den wirtschaftlich verwertbaren Potenzialen der Kleinen, das die jetzige Frühpädagogik prägt – und das ihr einen Geist aufgezwungen hat, der nicht zu der kindlichen Entwicklung passt.

TEIL 5 IN DER KLEMME

FÜNFZEHN DAS NICHT GEHALTENE VERSPRECHEN

Wir könnten die Fäden aus den letzten Kapiteln auch so verknüpfen: Wie wir Kinder sehen, hat nichts damit zu tun, wie Kinder *sind*. Das Bild, nach dem wir die Kinder erziehen, ist vielmehr ein *Bildnis*, das wir uns immer wieder neu zurechtpinseln – jeder auf seine Art und mit seinen Hoffnungen, Wünschen und Ängsten im Hinterkopf. Was dabei herauskommt, ist ein Kunstprodukt. In ihm spiegeln sich die Lebenswelt und Wünsche der Erwachsenen samt deren – sehr unterschiedlichen – Interessen.

Bleiben wir aber noch kurz in der Vogelflugperspektive. Die aktuelle Vorstellung, dass man den kindlichen Neocortex schon ab Geburt fördern und für die erfolg- und ertragreiche Karriere in einer »Zukunftsbranche« trainieren müsse, reiht sich ein in ein Defilee von Überzeugungen, Gewissheiten und Theorien, auf die sich die Kindererziehung zu allen Zeiten berufen konnte – und über die wir heute entweder schmunzeln oder aber den Kopf schütteln. Etwa die: Mit späterer »Absonderlichkeit« sei zu rechnen, wenn ein Säugling sich weigere, seinen Darm zu entleeren, wenn man ihn aufs Töpfchen setzt.[43] Herr Sigmund Freud, der das zu Papier brachte, war auch der Meinung, zu viel mütterliche Zärtlichkeit beschleunige die sexuelle Reifung des Kindes.

Natürlich ist dies von der modernen Psychologie längst als eine willkürliche Behauptung entlarvt worden. Die glaubte dafür bis vor Kurzem noch daran, dass Mozart-Sonaten dem wachsenden Gehirn eines Kindes ein paar zusätzliche IQ-Punkte abquetschen können. Und irgendwo zwischen Freud und Mozart-Hype waren Pädagogen ernsthaft der Meinung, Kinder entwickelten sich am besten, wenn sie in den Kindergärten das Kommando führen und auch mal ein Klavier zertrümmern dürften.

Kurz, die Geschichte der Erziehung ist eine Geschichte immer neuer, mit viel heißer Luft und der jeweils passenden Theorie aufgepumpter Spekulationsblasen. (Ob es allerdings überhaupt ein Maß gibt, an dem Behauptungen über Kinder gemessen werden können, ist eine spannende Frage. Ich habe mich mit ihr in meinem Buch »Menschenkinder« auseinandergesetzt.)

Die Begriffe Bildung und Erziehung haben also keinen festen Inhalt. Sie sind Teil unserer kulturellen Verhandlungsmasse – ein Schicksal, das sie mit anderen gesellschaftlich relevanten Begriffen teilen, von »Freiheit« über »Gerechtigkeit« bis hin zu »Gesundheit« und »Emanzipation«. Die gesellschaftliche Interessengruppe, der es gelingt, diese Konzepte in ihrem Sinne zu definieren, kann die Welt in ihrem Sinn gestalten.

Ein Kampf um »Marktmacht«

Dieser Kampf um die Deutungshoheit ist der Kern unseres kulturellen Dramas. Er läuft im Grunde nach dem gleichen Muster, nach dem heute das Image von Marken aufgebaut wird: mit Versprechungen, Behauptungen, mit Drohungen, wissenschaftlichen Begründungen, Gutachten und Gegengutachten. Und vor allem – mit Verpackungen. Glitzerndes Papier, Schleifchen drum herum. Das ist das Spiel auf allen Gebieten. Der industriellen Landwirtschaft etwa geht es dann angeblich darum, die Welt und ihre Armen zu ernähren (und nicht etwa, pro Fläche mehr Gewinn zu machen). Und die Pharmaindustrie forscht »für die Gesundheit der Menschen« (und widmet sich dennoch mehr den ausbleibenden Erektionen des reichen Mannes als der Tuberkulose in den Slums von Kalkutta).[44]

Alternativ zum Blick in eine goldene Zukunft lässt man den Zuschauer aber auch gerne in den Abgrund schauen. Kaum liegen die PISA-Ergebnisse vor, werden der Gesellschaft schon die Kosten der Schlappe in Form entgangenen Wirtschaftswachstums präsentiert. Die

Botschaft ist klar: ein neuer Kurs in der Bildungspolitik – oder Steinzeit.

Tatsächlich glichen die Reaktionen auf die PISA-Ergebnisse haargenau den Reaktionen auf den »Sputnik«-Schock der ausgehenden 1950er-Jahre. Auch damals hatte sofort das Wort von der »Bildungskatastrophe« im Raum gestanden, der wir den Rückstand im All angeblich zu verdanken hätten, und die Schüler wurden zu einer Art Spezialtruppe im Kampf der Systeme hochgerüstet (die Kindergartenkinder hat man damals vergessen, sonst wären wir heute vielleicht noch einen Schritt weiter).

Schauen wir uns einmal die Schleifchen an, die das neue Bildungs-Wundermittel verkaufen sollen, mit dem unsere Kinder angeblich in der globalisierten Welt besser fahren.

Das Bildungsversprechen

Da wäre zunächst einmal das ganz praktische Bildungsversprechen: Ein mehr auf den Bedarf der »Wissensgesellschaft« ausgerichtetes Bildungssystem bereitet unsere Kinder besser auf die sich abzeichnende Berufswelt vor – *die* Grundlage für ein unabhängiges Leben und gesellschaftliche Teilhabe!

Nur: Ist es denn gerechtfertigt, den Bildungsbedarf in einigen eng definierten »Zukunftsbranchen« zur Grundlage für unser Bildungssystem in seiner Gesamtheit zu machen? Nein, die Rechnung wird nicht aufgehen. Aus drei Gründen:

Erstens. Das für unsere Gesellschaft drängendste Problem besteht bis heute darin, dass etwa ein Fünftel der Kinder in der Schule eben *keine* Ausbildung bekommt – dass also Kinder das Bildungssystem durchlaufen, ohne dadurch auch nur die grundlegendsten Kompetenzen zu erringen, die sie für die berufliche und sonstige Integration in die Gesellschaft brauchen. Es ist nicht einfach, für dieses Manko einen Hebel zu finden (diese Kinder stammen ja fast durchweg aus sozial abgehängten Milieus, ihr Bildungsproblem ist in Wirklichkeit ein Gesellschaftsproblem). Aber in einer generellen Zuspitzung des Bildungssystems auf bestimmte kognitive Kompetenzen liegt die Lösung ganz gewiss *nicht*. Das Problem der unzureichenden Bildung gerade derjenigen, die am dringendsten darauf angewiesen wären, ließe sich nur lösen, wenn wir uns als Gesellschaft zu einer sozialkompensatorischen Rolle von Bildung bekennen würden. Will heißen: wenn wir das Bildungswesen bewusst darauf ausrichten würden, dass es mögliche Nachteile der sozialen Herkunft ausgleicht.[45] Ein an dieser Forderung orientiertes Bildungssystem trüge aber ein komplett anderes Gesicht (und ein komplett anderes Herz), als im derzeitigen Modell vorgesehen (ich habe versucht, dieses Gesicht in Kapitel 17 zu beschreiben).

Zweitens. Wenn von dem durch bessere Bildung zu kurierenden Fachkräftemangel der Zukunft die Rede ist, so wird stets die Fachkraft im Bereich der Informationsverarbeitung, Technik oder Naturwissenschaft bemüht. Das aber verzerrt die Wirklichkeit – der Fachkräftemangel im Bereich der Altenpflege, der Kinderbetreuung, der Geburtshilfe, der Krankenpflege etc. ist ja mindestens genauso relevant. Und während IT-Dienstleistungen ins Ausland outgesourct werden können, ist das mit der Kinderaufzucht und den Krankenhäusern schon schwieriger. Wir sollten also bei der »Bildungsplanung« schon realistisch sein und auch die anderen Aufgaben der Zukunft (wie etwa die Bewältigung des demografischen Übergangs) nicht vergessen.

Drittens. Die wichtigste Funktion eines effektiven Bildungssystems ist die möglichst gute Vorbereitung auf die Zukunft (die zukünftigen Arbeitsplätze eingeschlossen). Von dieser Zukunft ist zunächst einmal eines bekannt: Wir kennen sie nicht. Oder wissen wir, wie unsere Kinder in 20 oder 30 Jahren leben und arbeiten werden? Wissen wir, ob sich der Rahmen ihrer Welt bis dahin nicht verzogen haben wird? (Dass das durchaus möglich ist, zeigt ein Blick in die südeuropäischen Länder, in denen die Jugend heute vor Problemen steht, die wir uns vor noch einer Dekade nicht hätten vorstellen können.) Bildung bekommt nach meinem Dafürhalten ihren im wahrsten Sinn des Wortes grundlegenden Wert erst dadurch, dass sie eben nicht *nur* auf eine vorhersehbare, als Verlängerung des Status quo gedachte Zukunft vorbereitet. (Zumindest ist dies nicht die Aufgabe der Schule und der Elementarpädagogik erst recht nicht – über den Bildungsauftrag der Universitäten lässt sich dann durchaus streiten.) Kurz: Die primäre und sekundäre Bildung werden für den Einzelnen vor allem dadurch wertvoll, dass sie ihm *Optionen* bieten.

Von den zukünftigen Arbeitsplätzen ist nämlich anzunehmen, dass sie eher keine lebenslangen »Versorgungsplätze« sein werden, sondern Flexibilität, Kreativität und generell »unternehmerische« Qualitäten erfordern werden. Diese grundlegenden Qualitäten entstehen aber nicht durch das Abspulen eines auf MINT gepolten Lehrplans und auf dem Boden einer auf kognitive Hochleistung gepolten Frühpädagogik schon gar nicht. Gut also, wenn die Kinder – auch und insbesondere die »Begabten« unter ihnen – ihre Kindheit nicht in pädagogischen Mastbetrieben verplempert haben. Sie werden später umso besser dastehen, je sicherer sie als Persönlichkeiten dastehen – je selbstbewusster, kreativer, resilienter und sozial kompetenter sie sind. Für mich ist *dies* die unverhandelbare Grundlage eines jeden Bildungswesens. Hier muss es liefern, sonst ist alles andere ohne Wert.

Das Aufstiegsversprechen

Das zweite Versprechen der neuen Bildungswelt lautet: Wer sich in unserem auf die kognitiven Kompetenzen ausgerichteten Bildungssystem richtig reinhängt, wird durch beruflichen Erfolg belohnt.

Dieses Aufstiegsversprechen ist insofern alles andere als eine Luftnummer, als ein Schulabgänger mit einer Abiturnote von 1,0 tatsächlich mehr berufliche Möglichkeiten hat als einer mit 3,5 (nicht immer zum Vorteil seiner späteren Klienten, Patienten oder Mandanten). Allerdings: Ob ein Schüler zu den Besten gehört oder eher zu den Schlechteren, hat in Deutschland nicht nur mit seinen Talenten oder seinen Anstrengungen zu tun, sondern überraschend viel mit seiner sozialen Herkunft – das deutsche Bildungssystem kann vor allem diejenigen weiterbringen, deren Eltern es schon weit gebracht haben.

Und das gilt umso mehr, je höher man auf der gesellschaftlichen Leiter steht. Über die Hälfte der DAX-Vorstandsvorsitzenden stammt aus dem Großbürgertum – schon ihre Eltern gehörten zu den reichsten fünf Promille der Bevölkerung und hatten Zugang zu den dort gut gepflasterten »besonderen Bildungswegen«. Zu Eliteschulen also, an die man nicht durch Leistung kommt, sondern durch Zugehörigkeit zum Geldadel. Je weiter nach oben man blickt, desto eher wird Bildung damit zum Hase-und-Igel-Rennen: Nur 15 % des Führungspersonals der deutschen Spitzenunternehmen stammen aus den »unteren« 97 % der Bevölkerung, bei den Aufsichtsratsvorsitzenden sind es sogar nur 8 %. Schon seltsam, dass gerade an der Spitze der Pyramide das Loblied auf Anstrengung und Leistung besonders laut gesungen wird. Auch in Österreich kann die Geburt eine rechte Gnade sein – vier der fünf größten Konzerne werden dort von Söhnen aus dem Großbürgertum geführt.

Im Grunde ist das Bildungswesen also trotz aller Demokratisierung bei dem im Preußischen Reich angelegten Muster geblieben: Die Oberschicht tradiert ihren Status und ihre Privilegien nicht per Bildung, sondern per Kapital und sozialer Vernetzung. Die Mittelschicht dagegen wird in ein Rennen um Bildungstitel geschickt, in ihm werden dann die mittleren Positionen der Gesellschaft vergeben – und gleichzeitig die Qualifikationen vermittelt, durch die das Kapital dann auch produktiv eingesetzt werden kann. Ein recht effektives Prinzip (warum es bis heute unter dem Begriff der »Leistungsgesellschaft« firmiert, ist eine andere Frage).

Fazit: Das Aufstiegsversprechen ist ein nettes Schleifchen. Zieht man daran, ist für die meisten nur wenig dahinter.

Das Prosperitätsversprechen

Und dann wäre da das Prosperitätsversprechen an die Gesellschaft. Der neue Bildungsfokus auf die wirtschaftlich verwertbaren Kompetenzen sei in Wirklichkeit eine Win-win-Situation: gut für die Wirtschaft, aber auch gut für die Eltern und die Kinder. Schließlich hilft uns ein Reservoir an gut ausgebildeten Fachkräften, im globalisierten Wettbewerb die Nase vorn zu haben und die entsprechende Belohnung einzufahren: wirtschaftlichen Aufschwung. Und der kommt allen zugute.

Dazu ließe sich vieles sagen (etwa, dass der wirtschaftliche Aufschwung eben schon längst nicht mehr allen zugutekommt – das war ja Thema in Kapitel 4). Hier soll es aber um eine andere Frage gehen: Ist wirtschaftlicher Aufschwung wirklich das Heilmittel, als das er uns so selbstverständlich dargestellt wird?

Wo wir auch nur ein Stück über das mächtige Jetzt hinausdenken, kommt Skepsis auf. Ein auf die immer effektivere Extraktion von Ressourcen und schnelle materielle Rendite angelegtes Wirtschaftssystem ist in einem natürlichen, aber auch in einem menschlichen Sinn nicht nachhaltig. Es hat bis heute keine Antwort auf die entscheidenden Zukunftsfragen unserer Gesellschaft. Wie kann es dann ein Heilmittel für unsere Probleme sein? Wenn wir die aktuellen Wachstumsraten der deutschen Wirtschaft hochrechnen – Wachstumsraten, die allgemein als allzu schwächlich eingestuft werden –, werden wir am Ende des Jahrhunderts viermal so viel produziert, konsumiert und weggeworfen haben, wie wir das heute tun. *Darin* soll im Ernst das Prosperitätsversprechen an unsere Kinder liegen? Eine generelle Zubildung der Kinder auf dieses Modell kann nicht Sinn einer menschlichen Bildung sein. Oder, wie es Clara Steinkellner in ihrem flammenden, teilweise ergänzungsbedürftigen, aber trotzdem gescheiten Buch »Menschenbildung in einer globalisierten Welt« zusammenfasst: »Hier bleibt nur anzumerken, dass die sich globalisierende kapitalistische Konsumgesellschaft in ihrer jetzigen Form selbstzerstörerische Tendenzen zeigt und dass eine Erziehung für die vermeintlichen Erfordernisse *dieser* Gesellschaft kein Ziel mehr sein kann.«

Müsste Bildung, wenn sie an den *heutigen* Problemen ansetzen will, unsere Kinder nicht vielmehr darauf vorbereiten, ihren Weg in einer Welt zu finden, in der es eben *nicht* einfach Wohlstand qua Wachstum gibt? Müsste Bildung unsere Kinder nicht auch darauf vorbereiten, mit den Herausforderungen einer Welt klarzukommen, die sich dem Wachstumsdiktat eben *nicht* beugt? Einer Welt, in der wir mit *weniger* auskommen und in der wir uns an einer Selbstdefinition jenseits der Verwertbarkeit im Wirtschaftsprozess versuchen müssen?

Bildung = Job?

Damit man mich nicht falsch versteht: Ich habe nichts gegen die im globalisierten Wettkampf favorisierten Bildungsinhalte wie Mathematik, Informatik, Naturwissenschaft und Technik einzuwenden. Sie sind ein wichtiger Teil von Bildung, und sie schließen das Heranreifen starker Persönlichkeiten gewiss nicht aus.

Aber ich glaube, dass wir als Gesellschaft nicht gut beraten sind, die kindliche Sozialisation *generell* darauf zuzuschneiden und das Bildungswesen zu einem Ausbildungssystem für wirtschaftliche Spezialisten umzugestalten. Diese Bildungsangebote taugen als Angebote, als Glieder eines größeren Ganzen – aber sie taugen nicht als dessen Herz. Das Bildungssystem darauf zu trimmen, dass die Kinder später »nur noch Job« können, ist im gesellschaftlichen Sinne keine nachhaltige Bildung. Was wir brauchen, ist das genaue Gegenteil: Wir müssen »viel mehr als Job« ins Auge fassen!

Und das gilt für die frühen Bildungsabschnitte umso mehr. Die Kindheit ist in ihrem Kern darauf angelegt, dass sie den Kindern einen breiten Stand im Leben verschafft. *Ein Programm, das dafür sorgt, dass sich die Kindheit nur noch um den verwertbaren Ausschnitt des Lebens dreht, ist für mich ein tumbes, fantasieloses, im rechten Sinn des Wortes Sinn-loses Programm.*

Für dieses Programm scheint mir der Preis zu hoch. Nur damit die Kinder leistungsmäßig auf Touren kommen, schicken nicht wenige Eltern ihren Nachwuchs in Schulen, von denen sie im Grunde wissen, dass die Kinder dort weder ihre eigenen Interessen entdecken oder ausbauen können, noch dass sie in diesen Schulen Rückhalt in ihrer persönlichen Entwicklung erfahren. Viele der Kinder, die es mit den eng definierten schulischen Leistungsanforderungen schwer haben, verbringen ihre Bildungskarriere damit, ihre Schwächen aufgezeigt zu bekommen und in gewisser Weise auch ausgegrenzt zu werden. Um Funktionsträger für das wirtschaftliche Wachstum auszulesen, werden so manchem Kind eindeutig *Bürden* für sein persönliches Wachstum auferlegt.

Eltern *und* Kinder im Hamsterrad

Für unsere derzeitige Bildungsoffensive scheint dasselbe Prinzip zu gelten wie für unser »verwirtschaftlichtes« Leben generell. Wir rennen einem möglichen Gewinn hinterher – und vielleicht sogar einem Doppelgewinn, einem Tripelgewinn, einem Gewinn für alle.

Aber in Wirklichkeit geht es nicht um den Gewinn. Vielmehr rennen wir, weil wir rennen *müssen*. Auch in Sachen Bildung treten wir in einem Hamsterrad. Das Ziel der Bildung heißt: das Bildungssystem durchlaufen, und zwar so erfolgreich wie möglich. Der Unterricht mag sich einmal um diesen Lehrplan drehen, ein andermal um jenen. Die Leistung mag einmal mit einem »Zeugnis« bescheinigt werden, ein anderes Mal mit einem Performance-Score. Aber machen wir uns doch nichts vor: Was letzten Endes zählt, sind die Noten und nicht das, was gelernt wird. Und die Persönlichkeitsbildung erst recht nicht. 70 Prozent der Studierenden schließen heute ein Auslandssemester kategorisch aus, allen politischen Tönen von wegen »europäischem Wissenschaftsraum« zum Trotz – weil das in einem eng getakteten Bachelorstudium schlicht und einfach als »verlorene Zeit« gilt.

Es ist wie in unserer Wirtschafts- und Arbeitswelt: Wir müssen »wachsen«, wir müssen effizienter werden – ob das für uns persönlich taugt oder welche Kosten das verursacht, ist nicht Teil der an uns gestellten Frage.

Und wie das beim Hamsterrad eben so ist – wir sind Getriebene und Antreiber zugleich. Getriebene – weil das Muster, nach dem wir unsere Kinder bilden, vorgegeben ist. Antreiber, weil wir den Kindern ja tatsächlich eine Mohrrübe vor die Nase halten und von ihnen vollen Einsatz erwarten. Und das nicht, weil wir sie quälen wollen – sondern um das zu tun, was Eltern nun einmal im Blut liegt: um ihnen Vorteile zu sichern. Denn individuell belohnt – mit »Bildungserfolg« und beruflichen Chancen – wird ja tatsächlich nur der, der möglichst wacker durchhält.

Ja, wir wollen die Kindergartenkinder Kind sein lassen – aber wie schaffen sie dann den Übergang in die Grundschule? Ja, in der Schule soll es nicht nur um den Prüfungsstoff gehen – aber wie schneiden sie dann bei den Prüfungen ab? So wie wir uns selbst durch ein System jagen, das wir vielleicht nicht für richtig halten, so kollaborieren wir auch im Bildungssystem – bei und trotz aller Kritik übernehmen wir die Rolle der Antreiber, falls das Kind erlahmt. Bereiten Referate mit ihm vor, organisieren Nachhilfeunterricht – oder finden den richtigen Therapeuten, wenn alles nicht mehr hilft.

Wenn das Rad läuft, hilft nur treten. Da geht es längst nicht mehr darum, als welche Persönlichkeiten unsere Kinder einmal im Leben stehen werden, nein, es geht um die Früchte im Hier und Jetzt. Um die Einser, die Zweier und vielleicht noch die Dreier. Der gleiche Trend, der jetzt die Wirtschaft kennzeichnet, ist auch in die Pädagogik eingezogen: Wir brauchen den kurzfristigen Gewinn, und das so früh wie möglich. Und schon wimmelt es allerorten von kleinen Einsteins, Early Excellence, Little Giants, Schlaumäusen, Fast Track Kids und natürlich kleinen Forschern. Vielleicht werden wir uns einmal umschauen und uns fragen, wo denn eigentlich die *Kinder* geblieben sind.

SECHZEHN DIE ÄLTESTE FRAGE

—————— Ich kann mir vorstellen, dass manche Leserin oder manchen Leser einige Beklommenheit beschlichen hat (mir ist es bei der Erarbeitung des letzten Kapitels selbst so gegangen). Ja, wir sind Getriebene – und Antreiber zugleich. Wir bereiten unsere Kinder auf eine Welt vor – die uns selbst womöglich Kopfzerbrechen bereitet. Wir versuchen uns tagaus, tagein an Kompromissen: Ja, die Kleinen sollen eine Kindheit haben – aber sie müssen ja doch auch »funktionieren«. Kurz, wir lavieren uns in der Erziehung unserer Kinder so durch.

Das klingt nach einem typisch modernen Dilemma. Und doch verbirgt sich dahinter ein uralter Konflikt. Ein Konflikt, so alt wie die Menschheit. Auch unsere heutigen Optionen und Zwickmühlen in Sachen Bildung und Erziehung lassen sich letzten Endes nur verstehen, wenn wir zurück in die Menschheitsgeschichte blicken.

In Wirklichkeit wird nämlich mit den Erziehungsmoden und Bildungsplänen, die wir mit jeder Generation neu entwickeln, die elementarste aller Fragen verhandelt: Wie »frei« kann ein Individuum in seiner Sozialisation bleiben? Oder umgekehrt: Wie stark soll es auf gesellschaftliche Belange zugerichtet werden? Ich bezeichne diese Frage als das menschliche *Sozialisationsdilemma*.

Das Sozialisationsdilemma

Lassen wir einmal den Zeitraffer laufen. *Homo sapiens* hat sich in seiner Evolutionsgeschichte als eine »hypersoziale« Art erwiesen, deren Leben und Überleben an relativ kleinen, kulturschaffenden Einheiten hing: den Stammes- oder Clangruppen, in denen der Einzelne beheimatet war. Jedes Clanmitglied hatte nur eine Hoffnung: dass diese Gruppen *funktionierten*. Dass sie sich also immer wieder erfolgreich an die (unter

anderem von den Menschen selber) veränderten Lebens- und Umwelt-
bedingungen anpassen konnten.

Auf dem Programm stand da nichts weniger als die alltägliche Pflege des kostbaren – und unersetzlichen – Sozialraumes: Das »Ich« und
das »Wir« mussten effektiv aufeinander abgestimmt werden. Da mussten Interessen ausgeglichen, Konflikte gelöst, Macht und Einfluss verhandelt werden. Da mussten das gemeinsame Wissen fortentwickelt,
äußere Gefahren abgewehrt, Traditionen weitergegeben, der »sakrale
Besitz« gesichert werden. Und, und, und.

Diese sozialen Aufgaben hatten eines gemeinsam – sie wurden von
Gesicht zu Gesicht erfüllt und verhandelt, auf der Basis persönlicher
Beziehungen oder persönlich erbrachter Leistungen. Da begegneten
sich die Menschen mit einer von jeder und jedem einsehbaren Lebens-
geschichte. Sie war es, die den Ruf und die Stellung des Einzelnen in
der Gruppe begründete.

Das war die soziale Realität über die 99 % der menschlichen Geschichte, in der wir Menschen als jagende und sammelnde Kleingrup-
pen gelebt haben (wie diese Realität zu bewerten ist, welche Qualität
darin enthalten oder nicht enthalten ist, ist hier nicht die Frage – und
bestimmt auch nicht die Frage der in dieser Hinsicht »blinden« Evolution).

Seit dem agrarischen Übergang (der sich in Mitteleuropa vor etwa
5.000–7.000 Jahren vollzog) geschieht die Gestaltung des menschlichen
Sozialraumes auf tief greifend andere Art. Der jetzt sesshafte Mensch
ist durch neue Technologien zur Vorratshaltung und zum Aufbau von
persönlichem Besitztum fähig – und baut sich bald schon die ersten
Großgesellschaften auf.

In diesen Gesellschaften begegnen sich Menschen auf eine andere Art.
Macht und Einfluss werden immer weniger über persönliche Bezie-
hungen verhandelt – vielmehr wird die Position des Einzelnen in der
Gesellschaft jetzt durch Besitz (und später auch durch Geld) *vermittelt*.
Und weil Hab und Gut immer auch eine Erweiterung der eigenen Mög-
lichkeiten und damit auch größeren Einfluss bedeuten, tendieren die
Gesellschaften seit der agrarischen Wende zu einem »Akkumulations-

modell«: Die Macht und der Besitz zentrieren sich in den Händen weniger.

Mehr noch: Die Interessen der Mächtigen stimmen jetzt nicht mehr unbedingt mit denen der Allgemeinheit überein. Es bilden sich anonyme Zentren *partikularer* Interessen. Dem »Ich« steht nicht mehr nur ein »Wir« mit persönlichem Angesicht gegenüber (dessen Teil es gleichzeitig und automatisch ist). Vielmehr hat das Ich es jetzt auch noch mit mehr oder weniger anonymen Fremdinteressen zu tun.

In der Jäger-und-Sammler-Gruppe konnte sich kein Individuum auf lange Sicht auf Kosten der Gruppe behaupten – das Problem des »Trittbrettfahrens« musste effektiv unterbunden werden (ein guter Teil unserer emotionalen Grundausstattung, wie etwa Neid und Gerechtigkeitsempfinden, zielt darauf ab). In den nun entstehenden »Organisationsgesellschaften« (Uwe Schimank) ist das anders. Sie richten sich rasch entlang einem Machtgefälle aus, das dann auch bald schon durch soziale und sakrale Regelwerke und Institutionen zementiert und »erblich« wird. Das Individuum findet sich also zunehmend in klar definierten, unverhandelbaren Machtstrukturen wieder – und das sowohl äußerlich als auch innerlich (wie sehr unser inneres Empfinden die äußeren Machtverhältnisse aufgreift, haben wir in Kapitel 3 gesehen).

Prototypisch dafür ist der in unserem Kulturraum seit der Völkerwanderung bis in die jüngste Zeit herrschende Feudalstaat. Er bot dem Einzelnen einen lebenslänglich gültigen, stabilen Rahmen, in dem er per Geburt (also nicht durch Anstrengung, Talent oder Arbeit) materiell und sozial eingebunden war. Der Preis für das geordnete Leben war allerdings die soziale Unfreiheit: Kein Mitglied der Gesellschaft konnte aus seinem Stand ausbrechen und sein Schicksal geradewegs selbst in die Hände nehmen.

Das wurde erst im Zeitalter der Aufklärung durch den Bedeutungsgewinn des Produktivfaktors Arbeit (und später auch des Kapitals) möglich, ja unabwendbar. Jetzt wird der feste, durch die Geburt erworbene Rahmen infrage gestellt und ein neues gesellschaftliches Organisationsprinzip eingeführt: das der eigenen Leistung (wir haben diesen Prozess in Kapitel 10 in einem eigenen Ausflug verfolgt). Der Platz des Einzelnen in der Gesellschaft ist jetzt nicht mehr vorherbestimmt, sondern muss *selbst* geschaffen werden. Damit ist der Mensch zwar freier und »individualistischer« geworden. An diesem Vorteil hängt aber auch eine Last: Der Mensch muss seither »aus sich heraus« für seine materielle und psychische Absicherung sorgen. Er ist also nicht mehr als Teil eines Standes versorgt und eingebunden. Er ist zwar nicht mehr durch Geburt Diener, muss sich dafür aber in anderer Form sein Leben ver-»dienen«

Zwischen Freiheit und Gleichheit

Dieser Ausbruch aus der fest gefügten sozialen Ordnung wurde in unserem Kulturraum mit den bürgerlichen Revolutionen in den USA und Frankreich zum ersten Mal gewagt: Der Feudalismus wurde aus den Angeln gehoben, die Könige und Oligarchen in die Wüste (oder unter die Guillotine) geschickt. Jetzt ging sozusagen die Tür auf in ein glitzernd neues gesellschaftliches Laboratorium: Wie sollte der mitten in einer modernen, anonymen Organisationsgesellschaft »frei« gewordene Mensch jetzt den Spagat zwischen Individuum und Gesellschaft bewältigen?

... Er könnte versuchen, die Karte der Freiheit auszureizen. Sich also einen gesellschaftlichen Rahmen schaffen, in dem sich der Einzelne möglichst frei entfalten kann, seine Produktivkräfte eingeschlossen. Das unausweichliche Resultat dieser Strategie: eine galoppierende Ungleichheit. Denn die sehr unterschiedlichen Talente und Gestaltungskräfte der einzelnen Menschen werden sozusagen unter das Vergrößerungsglas von Konkurrenz und Wettkampf gelegt. Das »Vermögen« der Menschen driftet dadurch immer schneller auseinander (je höher das technologische Niveau und je ungleicher verteilt das Kapital in einer Gesellschaft, umso rascher). Diese aufgehende Schere begründet, ob gewollt oder nicht, eine neue Abhängigkeit des Menschen vom Menschen – und eine immer deutlichere Schichtung der Gesellschaft nach Besitz und Geld (das erklärt, weshalb sich die »freiesten« Gesellschaften durch die höchste Ungleichheit auszeichnen). Die Gefahr bei diesem Modell ist offensichtlich: Die Gesellschaft landet nur allzu leicht wieder bei zementierten Machtstrukturen – das feudale Ursprungsmodell, von dem man sich einmal befreien konnte, ersteht sozusagen in neuer Form wieder auf.

… Oder der befreite Mensch setzt auf die Karte der Gleichheit. Er versucht also, die Gesellschaft so einzurichten, dass sie die auseinanderstrebenden Vermögens- und Machtverhältnisse der Menschen durch Regeln und Gesetze bändigt. Das heißt aber auch: dass sie dem Einzelnen Vorgaben macht, ihn unter Regeln zwingt – kurz: ihn in seiner Freiheit beschneidet. Auch diese Variante kann rasch bei einer Schichtung der Gesellschaft nach Vermögen und Einfluss landen. Schließlich muss ja eine mit Macht ausgestattete Instanz dafür sorgen, dass die Regeln eingehalten werden. Und wer solche organisatorische Macht hat, dem kommen leicht einmal die eigenen Interessen in den Sinn – und das schöne Experiment endet dann wieder in einer fest gefügten, unfreien Gesellschaft. Auch hier scheint das feudale Urmodell dann nicht weit …

Im Laboratorium

Beide Modelle werden im 18. Jahrhundert von den damaligen Revolutionären auf beiden Seiten des Atlantiks ausprobiert. Die französischen Revolutionäre setzen auf die Karte der Gleichheit, die amerikanischen auf die Karte der Freiheit …

Und beide haben für ihre Wahl gute Argumente. Die Jakobiner in Paris stehen vor einer nicht zu unterschätzenden Erblast. Natürlich wollen sie die Freiheit (warum sonst hätte sich das Volk von der feudalen Herrschaft befreien sollen?). Aber: Diese Freiheit ist ja vor dem Hintergrund einer extremen Ungleichheit erkämpft worden – das Vermögen und das Land sind weiterhin extrem ungleich verteilt, die Chancen der Menschen völlig unterschiedlich … Wie soll da die Revolution verteidigt werden? Die Antwort der Jakobiner: Gleichheit muss aufs Programm!

Der zum Vorsitzenden des Wohlfahrtsausschusses gewählte Jakobiner Maximilien de Robespierre setzt auf die Kraft der Bildung. Er lässt jetzt den »Plan zur Nationalerziehung« ausarbeiten, in dem es um nicht weniger geht als um die Umerziehung des befreiten französischen Volkes. »Lasst uns eingedenk sein«, heißt es in dem Plan, »dass wir Menschen erziehen, welche bestimmt sind, die Freiheit zu genießen, und dass es keine Freiheit gibt ohne Gehorsam gegen die Gesetze. Alle Tage und jeden Augenblick gebeugt unter das Joch einer bestimmten Regel, werden alle Zöglinge des Vaterlandes sich ausgebildet finden zur heiligen Abhängigkeit von den Gesetzen und den legitimen Gewalten.«

Da soll also nicht weniger als die Quadratur des Kreises gelingen: Das vom Absolutismus befreite Individuum soll sich wieder in eine neue absolute Ordnung fügen – in die Ordnung der »legitimen Gewalten« ... Für Robespierre und die Seinen ist das heiliger Ernst. Ihr Ziel ist es ja, durch die richtige Erziehung die Kinder zu den Menschen zu machen, welche die neue Gesellschaft in die Zukunft tragen würden: »Bildet solche Menschen«, so die Hoffnung, »und ihr werdet beinahe alle Verbrecher verschwinden sehen. Bildet solche Menschen, und der abscheuliche Anblick des Elends wird eure Blicke nicht mehr treffen.«

Konnte dieser eigenwillige Versuch denn glücken? Natürlich nicht. Das sollte sich auch bald schon zeigen: Die Gesellschaft der Gleichen und Freien mündete in ein Terrorregime. Die gesellschaftliche Macht war bald in den Händen von »Komitees« – und schließlich sogar wieder in den Händen eines Kaisers, Napoleon Bonaparte.

Das Gegenmodell

Die Revolutionsbrüder auf der anderen Seite des Atlantiks hatten es da vergleichsweise leichter. Die »alte Ordnung« war ja schon mit der Überfahrt aus Europa ein Stück weit abgestreift worden – Landbesitz konnte schließlich nicht mitgenommen werden, zudem handelte es sich bei den Auswanderern sowieso häufig um gesellschaftliche, oft religiös motivierte »Aussteiger«. Die Revolutionäre der Neuen Welt brauchten ihrer neuen Gesellschaft deshalb zunächst keine Zügel anzulegen oder das Joch neuer Regeln zu predigen ...

Und eine ganze Weile verlief das Tauziehen zwischen Freiheit und Gleichheit in der neuen Heimat ja auch ganz zufriedenstellend – unter anderem, weil ein riesiges Land zu besiedeln war und man die Freiheit, die man predigte, denen vorenthielt, die auf diesem Land schon vorher gelebt hatten. (Das Verteilen von Gütern, die einem nicht gehören oder die man sich von zukünftigen Generationen leiht, kann durchaus eine Zeit lang beim Ausgleich von Interessen helfen.) Spätestens ab der Mitte des 19. Jahrhunderts, das jetzt von Namen wie Rockefeller und Vanderbilt geprägt war, zeigten sich dann aber auch hier die unlösbaren Widersprüche des Modells – es driftete in eine immer größere Ungleichheit ab. Dieser Prozess hat sich – von kriegsbedingten Unterbrechungen abgesehen – mit der Fortentwicklung des Technologieniveaus und des Kapitalbedarfs weiter beschleunigt.

Kompromisse zwischen zwei Polen

Damit sind wir mitten in der modernen Welt. Denn die Grundmodelle, die dieses Laboratorium hervorgebracht hat, sind bis heute im Umlauf. Das jakobinische Modell wurde zur Matrix des Kommunismus, das angelsächsische Siedlermodell zur Matrix des »angelsächsischen«, also wenig regulierten Kapitalismus (auf dem heute das Globalisierungsmodell beruht). Zwischen diesen Polen sucht jede Gesellschaft bis heute einen Kompromiss – das Laboratorium ist weiter in Betrieb.

Vielleicht ist dieser von Anfang an angelegte Widerspruch zwischen Gleichheit und Freiheit auch der Grund, weshalb man den Ausgang des größten Bildungsprojekts aller Zeiten, des »Projekts der Aufklärung«, so unterschiedlich bewerten kann: Ja, die Emanzipation des Menschen durch die Entfaltung seiner Produktivkräfte, durch Selbsterkenntnis und Bildung hat ihm neue Möglichkeiten verschafft – innerlich und äußerlich, und in manchen Gesellschaften können diese wunderbaren Früchte geerntet werden.

Aus einer anderen Perspektive betrachtet, sind aber die Fesseln geblieben. Da bemüht sich der Mensch um Aufklärung, versucht, sich an seiner Vernunft emporzuschwingen und von Fremdherrschaft – ob durch Gott oder durch Menschen – zu befreien … und landet dann doch wieder in der Abhängigkeit. In der Herrschaft von Menschen über Menschen also, sei es im Kommunismus, sei es im Kapitalismus. Immer sind es nur Minderheiten, die sich dann auch frei verwirklichen können … Insgesamt betrachtet aber herrscht überall ein Manko: Wohin man schaut, entweder fehlt dem »Freigelassenen der Schöpfung« (wie Herder den Menschen einmal nannte), die richtige Gesellschaft – oder der Gesellschaft fehlt der richtige Mensch (auch wenn durch Bildung und Erziehung hart an ihm gearbeitet wird).

Das menschliche Sozialisationsdilemma, also die Frage, wie stark der Einzelne sich in seiner Entwicklung den Interessen anderer fügen muss, bleibt nun einmal das, was ein Dilemma kennzeichnet – es bleibt unauflösbar. Möglich sind allenfalls Kompromisse; diese laufen in der einen Gesellschaft gut, in der anderen schief.[46]

Die Rolle von Erziehung und Bildung

Diese Experimente im sozialen Laboratorium haben mehr mit unserer Erziehungs- und Bildungsdebatte zu tun, als es vielleicht auf Anhieb erscheint.

Denn tatsächlich wird auch in der heutigen Erziehungsdebatte letzten Endes das Grundmuster der geschilderten Experimente verhandelt – nämlich die Rolle des Einzelnen in seinem Bezug auf die Gesellschaft: Wie stark kann der Einzelne seinen »eigenen Sinn« in das Bildungsprojekt einbringen, das heißt seine persönlichen Fähigkeiten, Ideen und Neigungen umsetzen? Wie stark wird er auf die Belange der Gesellschaft ausgerichtet – auf deren Sachzwänge, deren »Markt«, auf die dort geforderten *Funktionen* – in welchem Maß verläuft seine Sozialisation also in einem »fremden Sinn«? (Der Widerstreit zwischen einer Bildung »im eigenen Sinn« und einer Bildung »im fremden Sinn« ist uns ja schon beim Humboldt'schen Bildungsstreit in Kapitel 10 begegnet).

Bei dieser Grundfrage geht es immer auch um ein zweites, auch heute hochaktuelles Thema, nämlich um die *Kosten* von Erziehung und Bildung – gemeint sind hier nicht die materiellen, sondern die sozialen bzw. psychischen Kosten. Denn bei dieser Begegnung zwischen Individuum und Gesellschaft fallen auf die eine oder andere Art ja immer auch Belastungen für die Kinder an. Dabei geht es letzten Endes um die Frage: Wie stark muss der Einzelne sich verbiegen und sich sozusagen mit »Entwicklungskosten« verschulden, um die Erwartungen der Gesellschaft zu erfüllen?[47]

Licht und Schatten auf dem Kinderbild

Ja, man kann diese Gratwanderung zwischen einer Erziehung im »eigenen Sinn« und einer solchen im »fremden Sinn« sogar auf ein Thema beziehen, das uns nun schon mehrmals begegnet ist: auf das jeweils herrschende Kinderbild (vgl. Kapitel 8). Denn tatsächlich sind mit der in der Erziehung jeweils favorisierten Zielrichtung immer auch unterschiedliche Annahmen über die kindliche Natur verbunden – bestimmte Menschen- und Kinderbilder also. Immer wenn Eltern (bis hin zur ganzen Gesellschaft) meinen, die Sozialisation der Kinder stärker auf Regeln, Konventionen und vorgegebene Machtstrukturen ausrichten zu müssen[48] – wenn sie die Kinder also im »fremden Sinn« erziehen wollen –, dominiert wie von Zauberhand in ihrer Pädagogik ein »dunkles« Kinderbild: das Kind mit seiner »Eigen-Sinnigkeit« erscheint als irrational und böse. Es wird als potenzieller Tyrann oder Widersacher beschrieben, als ein zur Sünde geborenes Wesen, das nur durch eine harte Erziehung zivilisiert werden könne. Erziehung soll, bitte schön, das Kind »zur Vernunft« bringen – zur Vernunft des »fremden Sinns«.

Umgekehrt: Wo das Entwicklungsziel eines Kindes im Individuellen gesehen wird, in seiner persönlichen Entfaltung, scheint ein »helles« Kinderbild vorzuherrschen – das Kind wird als gutartig und vertrauenswürdig angesehen. Der Eigenwille des Kindes gilt nicht als bedrohlich, sondern als kindgerecht, ja sogar als Bereicherung …

Dieser Widerstreit der Kinderbilder lässt sich – wen würde es wundern – schon an den ersten Vordenkern der Pädagogik in der Aufklärung nachzeichnen. Wilhelm von Humboldt etwa, der uns in Kapitel 10 begegnet ist, hatte ein extrem positives Menschen- und Kinderbild: »Die

Entwicklung aller Keime, die in der individuellen Anlage eines Menschen liegen, halte ich für den wahren Zweck des irdischen Daseins«, schreibt er in einem Brief. Georg Friedrich Wilhelm Hegel dagegen war überzeugt, dass die Gesellschaft nur durch Entindividualisierung funktionieren könne, und entsprechend empfiehlt er für die Erziehung das: »Der Eigenwille [des Kindes] muss durch die Zucht gebrochen – dieser Keim des Bösen durch dieselbe vernichtet werden.«

Bis heute schwingt das Pendel zwischen diesen Polen hin und her. Und es wird nicht aufhören zu schwingen. Weil das Sozialisationsdilemma nämlich unlösbar bleibt – Erziehung ist und bleibt eine Suche nach einem Kompromiss zwischen Zielen im »eigenen« und solchen im »fremden« Sinn.

SIEBZEHN WEM GEBÜHRT DIE BILDUNGSHOHEIT?

Und zu diesem Schwingen des Pendels gehört auch, dass wir uns immer wieder neu fragen, wer denn das Bildungswesen »besitzen« soll. Wer soll das Bildungskarussell am Laufen halten, das heute ja die Kitas umfasst, die Schulen, Universitäten, beschützte Werkstätten, Volkshochschulen, Berufsschulen, ja sogar Qualifizierungsinstitute für die außerbetriebliche Qualifizierung für den Arbeitsmarkt? Wer soll diese Einrichtungen verwalten und vor allem: die dort zu unterrichtenden Inhalte bestimmen? Wer soll Lehrer ausbilden und Schulpläne entwickeln dürfen? Kurz: Wem gebührt die Bildungshoheit?

Grundsätzlich kämen hier ja mehrere Kräfte infrage: die Bürgergesellschaft mit ihren vielen Einrichtungen – von Vereinen über die diversen Verbände bis hin zu Elterninitiativen. Und natürlich der Staat. Vielleicht auch die Wirtschaft? Oder alle irgendwie gemeinsam? Mit dem üblichen Gerangel eben, wer denn nun für die Inhalte und wer für die Kosten zuständig ist?

In Deutschland kümmert sich der Staat vor allem um die Schulen und Universitäten. Die Kindertagesstätten dagegen werden mehrheitlich »frei« getragen – etwa von Kirchen, Elterninitiativen, der Diakonie, der Caritas, der Arbeiterwohlfahrt und so weiter. Aber auch bei den »öffentlichen« Kita-Trägern dominieren zivilgesellschaftliche Einrichtungen, etwa Verbände und gemeinnützige Vereine.

Nur ein kleiner Teil des deutschen Bildungswesens ist in privatwirtschaftlicher Hand (vor allem die Privatuniversitäten haben dabei in den letzten Jahren ihren Anteil erhöhen können).

Deutschland sucht den Super-Bildungsträger

Wie praktisch wäre es, wenn wir von vornherein einen der Kandidaten disqualifizieren könnten! Aber das scheint nicht ganz so einfach zu sein. Im Gegenteil. Bei der Frage nach dem »richtigen« Bildungsträger herrscht ein heilloses Durcheinander. Weltanschauliche oder religiöse Gruppen wollen ihre eigenen Schulen betreiben (von den fundamentalistischen 12 Stämmen bis zu den Anthroposophen), viele »alternative« Milieus ebenso. Für das neoliberale Spitzenpersonal wird der richtige Bildungsträger per Wettkampf bestimmt – nur so entsteht die gewünschte Effizienz: »Die Wettbewerbsfähigkeit und die Wachstumschancen einer Gesellschaft bemessen sich danach, wie effektiv das Humankapital einer Gesellschaft bereitgestellt wird, d. h. passgenau und schnell«, meint z. B. Otto Graf Lambsdorff. Warum sollte diese Aufgabe nicht auch ein privater Bildungskonzern übernehmen können? Konservative Politiker dagegen verteidigen eher einmal das staatliche Bildungsmonopol (inklusive Sanktionen gegen Schulschwänzer) – und sind da in guter Gesellschaft etwa mit den Jusos, die ihren Standpunkt zur Berliner »Volksinitiative Schule in Freiheit« so begründen: »Die Möglichkeit privater TrägerInnen, die Vermittlung des eigenen Weltbildes in den Mittelpunkt einer Bildungseinrichtung zu stellen, würde uns zutiefst besorgen. (...) Die Kombination aus frei gewähltem Lehrstoff und eigenen Schulabschlüssen wäre der sichere Weg in ein eigenes Bildungssystem und widerspricht deutlich unserer Idee von gemeinsamer gesellschaftlicher Teilhabe.« Wieder andere halten die Suche nach einem Bildungsträger für überflüssig – sie wollen die Gesellschaft entschulen und mit den Kindern auf eigene Faust lernen – ein solches Freilernen braucht gewiss nicht den Staat als Kapo.[49]

Als sei das nicht genug, scheinen auch die praktischen Erfahrungen recht unterschiedlich zu sein. Der Vergleich der Bildungssysteme rund um die Erde zeigt jedenfalls, dass ein vom Staat organisiertes Bildungssystem durchaus ein pädagogisch pluralistisches System mit vielfältigen Bildungswegen ermöglichen kann – nehmen wir etwa Schweden oder Finnland als Beispiele. Was der Staat dagegen in Großbritannien zusammenschustert, ist das krasse Gegenstück. Der Blick nach draußen oder gar zurück in die Geschichte zeigt zudem, wie leichtfertig sich staatliche Bildungssysteme für Ideologien missbrauchen lassen – und wie rasch sie von Partikularinteressen vereinnahmt werden können (insbesondere dann, wenn sie ihre Aufgabe nicht nur in der *Organisation* des Bildungswesens sehen, sondern in dessen Monopolisierung).

Gleichzeitig beweist die Elementarpädagogik hierzulande, wie bunt und breit gefächert eine Bildungslandschaft sein kann, wenn sie von den unterschiedlichsten Teilen der Gesellschaft getragen wird – und wie gut das zu der vielgestaltigen Gesellschaft passt, die wir gerade in Deutschland pflegen. Eltern finden hier Ansätze und Möglichkeiten für ihre Kinder, die weit über das schulische Einheitsmenü hinausgehen. Wie lange hätten wir etwa auf Waldkindergärten warten müssen, wenn sie von einer Ministerialbehörde geplant worden wären?

Aber bei aller Differenzierung und Fortentwicklung in den Randbereichen und Höhenlagen liefert gerade die deutsche Elementarpädagogik auch gleich die Einwände mit: Kein Bildungsbereich hat sich schneller auf die utilitaristischen Bildungskonzepte des neoliberalen Wandels festlegen lassen. Keine Provinz der Bildungslandschaft wurde schneller für den globalisierten Wettkampf mobil gemacht als gerade der in nicht staatlicher Trägerschaft befindliche Bereich der Kleinkindpädagogik.

Grundproblem Segregation

Noch schwieriger aber wird der Vergleich, wenn wir uns das Grundproblem unseres Bildungswesens anschauen – das der Segregation.

Wie bitte? Verbinden wir dieses Wort nicht mit so grausamen Einrichtungen wie der Apartheid? Und ist heute nicht vielmehr die Inklusion das Thema?

Und doch ist das Phänomen der Segregation – unbestreitbar – Realität in unserem Bildungssystem.[50] Wer das nicht glaubt, soll einmal eine Berliner Stadtteilschule besuchen. Oder die Kindergärten in den Münchner Vorstädten. Wer die Wahl hat, schickt sein Kind da in die »bessere« Einrichtung. Und wer hat die Wahl? Genau – die, die in den

»richtigen« Wohnvierteln wohnen oder an der vielleicht etwas teureren Kita angenommen werden.

Zur Segregation nach sozialer Herkunft trägt auch bei, dass gerade die Schulen in Deutschland großteils kulturelle Einbahnstraßen sind. Sie funktionieren gut für einen bestimmten Typ von Kind: im deutschen Mainstream sozialisiert, möglichst aus der Mittelschicht, vom ersten Schultag an fleißig, ordentlich und mit Sitzfleisch gesegnet (alles Eigenschaften, die im statistischen Durchschnitt eher bei Mädchen als bei Jungs zu finden sind, was so manches Schulproblem der Letzteren erklärt). Gut auch, wenn zu Hause die Eltern das erklären können, was man bei der Lehrerin nicht auf Anhieb versteht. Und ein zusätzliches Plus, wenn die Eltern die Hausaufgaben kontrollieren oder sogar selber daran mitarbeiten. Oder zumindest die Nachhilfe bezahlen können (keine Kleinigkeit, immerhin kostet das kommerzielle Nebenschulsystem seine Nutzer jeden Monat im Schnitt 108 Euro). Ach ja, ein bestimmter Vorname hilft auch, ein attraktives Äußeres ebenso. Und natürlich sind die im Vorteil, die ihre Pubertätskrisen mit Leistungsbereitschaft und zusammengebissenen Zähnen meistern und nicht in drogen- und partyreiche Nebenwelten abdriften. Kurz: Das deutsche Schulsystem belohnt den Typ der idealen Schwiegertochter und des idealen Schwiegersohnes – die anderen haben rasch den einen oder anderen Klotz am Bein.

Die Suche nach den Schuldigen

Dafür braucht man niemandem die Schuld zuzuweisen. Weder den Eltern noch den Kindern noch den Lehrern. Im Gegenteil – alle in dem System verhalten sich (in der Regel) so, wie man das von ihnen erwartet: Die Lehrer vermitteln den »Stoff« und prüfen danach ab, in welchem Verdünnungsverhältnis er ein paar Wochen später noch zwischen den Synapsen nachweisbar ist. Auch die Kinder tun in aller Regel das, was ihnen zunächst von Natur aus Spaß macht (und nach den ersten Rückschlägen dann idealerweise zur Pflicht wird): sich anstrengen und sich nach den guten Noten strecken.

Und die Eltern? Verhalten sich ebenfalls rational. Und dazu gehört für viele eben auch das: Wenn sie die Wahl haben, suchen sie für ihre Kleinen Einrichtungen mit Kindern aus, die ihren eigenen Kindern möglichst ähnlich sind. Kitas oder Schulen mit den anstrengenderen oder sprachlich oder sozial nicht so gut integrierten Kindern werden lieber gemieden. Warum auch nicht? Sie sind schließlich Eltern und keine Sozialmärtyrer.

Und genau das ist der Grund, weshalb gerade die Kitas in den Ballungsräumen längst in »sozial starke« und »sozial schwache« Kitas aufgeteilt sind. Ein sich selbst verstärkender Trend: Denn je geringer die soziale Durchmischung, desto schwieriger bis unmöglich wird auf den unteren Tabellenplätzen in der Einrichtung die sprachliche und soziale Integration – Kinder lernen die Landessprache nun einmal nicht durch Belehrung (und von der Logopädin leider auch nicht), sondern im regelmäßigen Austausch mit Menschen, »mit denen sie sich verständigen wollen und nicht sollen«, wie die Entwicklungspsychologin Gabriele Pohl es ausdrückt.

Und weil die Arbeit in einem sozialen Brennpunkt anstrengend ist (und trotzdem nicht besser entlohnt wird), ist gerade an den »Problemeinrichtungen« oft auch die Fluktuation des Personals größer.

Zunehmend ist das auch bei den Schulen so. Die meisten Eltern bevorzugen für ihre Kinder die Schulen, auf denen ihre Kinder am schnellsten lernen, denn sie »wissen sehr wohl, was eine gute Schule ist«. Und das ist für die wenigsten die Schule, in denen Kinder soziale Kompetenz lernen, sondern Mathematik und Deutsch. Die Schule also, die dem Nachwuchs möglichst gute Bildungsabschlüsse und damit Zutritt zu gesellschaftlich attraktiven Positionen ermöglicht.

Diese Tendenz der Eltern, ihre Kinder lieber in Schulen zu schicken, die einen schnelleren Weg durch den Lehrplan versprechen, hat inzwischen sogar das früher viel bewunderte Schulsystem Schwedens in die Segregation gezwungen. Dieses ehemals sehr egalitäre Bildungssystem hat sich seit den 1990er-Jahren mit der Einrichtung von »freien Schulen« stärker auf die Interessen des Einzelnen eingestellt und mehr Gestaltungsrechte auf die Kommunen, die Lehrer und die Eltern übertragen – und damit (aus nachvollziehbaren Gründen) die Aufsplitterung seines Schulsystems in Prekariats- und Eliteschulen eingeleitet.

Bildungspolitik als Gegenmittel?

Warum ich das Problem der Segregation so ausführlich schildere? Weil es das Grundproblem eines jeden Bildungswesens ist. Auch in dieser Abteilung der Gesellschaft wird nämlich auf Schritt und Tritt die im letzten Kapitel angesprochene »älteste Frage« verhandelt: wie viel Gleichheit, wie viel Freiheit? Soll das Bildungswesen die Gleichheit in der Gesellschaft fördern? Oder dem Einzelnen möglichst viel Freiheit bieten? Diese Fragen sind nicht trivial: Sollen Eltern die freie Schulwahl für ihre Kinder haben? Oder sollen Kinder zwangsweise auf bestimmte Schulen gehen, um soziale Chancen auszubalancieren (man erinnere sich an das »desegregation busing« in den USA, mit dem in den 1970er-Jahren versucht wurde, mithilfe eines ausgeklügelten Schulbussystems eine gerechtere Rassenmischung an Schulen zu erzielen).

Fakt ist: Ein auf möglichst große Bildungsfreiheit gepoltes Bildungswesen benachteiligt nur allzu leicht die Kinder, die keine so guten Startchancen haben und Rückenwind von zu Hause auch nicht. Fakt ist aber auch: Ein Bildungssystem, das die Gleichheit hochhält, verliert rasch die bunte Vielfalt, die im Namen der kindlichen Individualität zu fordern ist (und im Namen der elterlichen Freiheit vielleicht auch).

Ich sehe da nur einen Ausweg: Die an die Bildungseinrichtungen vergebenen Mittel müssten nach der Größe der dort herrschenden Herausforderungen vergeben werden – und zwar unabhängig von deren Trägerstruktur. Schulen und Kitas in sozialen Brennpunkten müssten *mehr* Ressourcen bekommen als die anderen. Je mehr Kinder in einer Einrichtung unter Lernschwierigkeiten oder Sprachproblemen leiden – desto mehr Erzieherinnen oder Lehrerinnen sollte die Einrichtung haben, desto kleinere Klassen, desto bessere Begleitung und Supervision der Schüler und der Lehrer und desto mehr zusätzliches Fachpersonal (vom Sozialarbeiter bis zum Judotrainer). Das wäre sozusagen das »unternehmerische Modell der Bildungspolitik« (ein Unternehmen verteilt die Ressourcen an seine Zweigstellen ja auch nicht mit der Gießkanne, sondern abhängig von den Herausforderungen, die sich jeweils stellen). Ich halte dieses Modell für eine der wenigen Chancen, die uns bleiben, um die soziale Durchlässigkeit des Bildungssystems – und damit unserer Gesellschaft – zu erhöhen, ohne gleichzeitig die Freiheit der Schüler und Eltern zu sehr zu strapazieren.[51]

Gleichzeitig wären die am Modell »bestes Schwiegerkind« orientierten Leistungsanreize zu hinterfragen. Sie passen weder zum Ziel der Gleichheit (das Rennen nach den guten Noten ist doch im Grunde ein Hase-und-Igel-Rennen: Die mit den besseren Startchancen sind schon da), noch passen sie zum Ziel der Freiheit – dafür müsste es ein breit gefächertes Bildungsangebot geben, das möglichst vielen Kindern mit ihren unterschiedlichen Begabungen, kulturellen Prägungen und familiären Hintergründen gerecht wird. Einige Schulen haben eine solche Verbreiterung und Flexibilisierung des Lehrplans in Angriff genommen, und sie sind damit gut gefahren. (Dass diese Schulen auch regelmäßig Preise gewinnen, ist schön, wirft aber die Frage auf, warum so wenige Schulen dann den Beispielen folgen.)

Inklusion?

Und wie halten wir es mit der Inklusion, also der Beteiligung behinderter Kinder am allgemeinen Bildungsprozess? Wer auf diese Frage eine schlüssige Antwort erwartet, sollte den Abschnitt überspringen. Denn die gibt es meiner Meinung nach nicht. Wenn eine wettbewerbs- und leistungsorientierte Gesellschaft, die selbst nicht gerade »inklusiv« ist, in ihrem Bildungswesen auf einmal das Thema Inklusion auf die Tagesordnung setzt (und das auch noch, weil sie von einer UN-Konvention mehr oder weniger dazu gezwungen wird), sind einige Missverständnisse wohl vorprogrammiert. Wie am Sandkasten, wo von den Kleinen erwartet wird, dass sie bitte brav ihre Schäufelchen teilen – während die Erwachsenen, die da am Rand sitzen, ganz gewiss niemals ihre Handys, Autoschlüssel oder sonstige Spielsachen miteinander teilen würden.

Und wie am Sandkasten sind die Perspektiven der Erwachsenen und der Kinder auch bei der Inklusion vielleicht unterschiedlich. Auch die Inklusion läuft bei Kindern nicht über den moralischen Überbau (seid bitte lieb zueinander), sondern über das Spiel, das gemeinsame Lernen,

oder eben die Erfahrungen bei der gemeinsamen Gestaltung des Alltags. Vom Kind aus ist die Integration eines behinderten Kindes zum
Beispiel in einem gemischtaltrigen Kontext deutlich leichter – für ein
3-jähriges Kind ist ein 6-jähriges Kind auch dann ein spannender Spiel-
partner, wenn dieses vielleicht taubstumm oder schwer von Begriff ist.
Bei gleichaltrigen Kindern ist das deutlich schwieriger. Dieser Blick auf
die *Kinder* wird bei der Inklusion manchmal vergessen, ist aber wichtig,
weil es letzten Endes die Kinder sind, die die Brücken zueinander bauen
(oder auch nicht).

Und dann hängt das integrative Potenzial einer Kindergruppe auch
davon ab, *was* die Kinder da miteinander machen oder machen sollen. Beim gemeinsamen Singen, Tanzen oder Trommeln kann auch so
manches behinderte Kind mit Freude und Gewinn dabei sein – bei der
Erweiterung des Zahlenraums oder beim Forschen auf der »Bildungsinsel« ist das je nach Art der Behinderung schon schwieriger.

Inklusion jedenfalls erfordert ein entsprechendes Umfeld, sie erfordert eine entsprechende Organisationsentwicklung, und, weil sie im
Grunde ein *Beziehungsprozess* ist, erfordert sie auch die entsprechenden
Beziehungsressourcen. Es braucht eben nicht nur gute Absichten, sondern auch mehr Personal, und vor allem Personal mit innerem Einblick
in die Entwicklungswelt auch von Kindern mit Handicaps. Sonst endet
das Projekt Inklusion damit, dass die in bester Absicht in die »normale«
Gruppe gebrachten Kinder dort vor allem mitbekommen, was sie alles
nicht können. (Viele Kitas scheitern nach meinem Dafürhalten ja schon
an recht häufigen und eher simplen Inklusionsaufgaben, wie etwa am
Umgang mit beißenden oder hauenden Kleinkindern. Wer aber schon
in solchen Fällen ein Kind auf seinem Weg in die Gruppe nicht wirklich
unterstützen kann – wie soll der dann die Inklusion von Kindern mit
echten Verhaltensproblemen zustande bringen?).

Und das gilt auch für die Schule. Wenn die Gesellschaft entscheidet, dass auch Kinder mit eher rudimentärem Zahlenverständnis aufs
Gymnasium gehen sollen, dann ist das die eine Sache – aber sie muss
sich dann auch grundsätzlich über die Aufgabe des Gymnasiums und
der anderen Schulformen verständigen und für ein entsprechendes
Lernumfeld und die entsprechende personelle Ausstattung sorgen. Ein-

fach den Lehrern zu sagen: Nun macht mal Inklusion!, reicht jedenfalls nicht aus.

Wir sind uns einig!

Ich vermute einmal, dass die meisten Leser jetzt zu dem einen oder anderen in diesem Kapitel gemachten Vorschlag sagen: Ja, das macht eigentlich Sinn (vielleicht abgesehen vom Thema Inklusion, da sitzt immer irgendwie der Spaltpilz drin). Und manche oder mancher wird sich auch Gedanken machen, wie die entsprechenden gesellschaftlichen Priorisierungen umgesetzt – und durchgesetzt werden könnten. Beispielsweise indem die durch den kontinuierlichen Rückgang der Schülerzahlen frei werdenden Mittel umgewidmet werden (das deutsche Schulsystem verliert pro Jahr immerhin fast 20.000 bildungspflichtige Kinder). Oder indem Ernst gemacht wird mit einem »New Deal« für Kinder – warum sollen hierzulande Jahr für Jahr die Vermögen immer weiter anwachsen und sich in den Händen einiger weniger ein allmählich kaum mehr vorstellbarer Reichtum bilden, ohne dass davon etwas in die allgemeine soziale Infrastruktur fließt? Die zukünftige Generation steht wahrlich vor genügend Aufgaben.

Aber genau das ist das Problem. Wir sind uns *theoretisch* einig, so wie bei vielen Fragen – fragen Sie einmal auf der Straße, wer denn die industrielle Landwirtschaft für gut hält.

Aber das bedeutet nichts. Wer wissen will, was Bildungspolitiker zu erwarten haben, die im Bildungsbereich den sozialen Ausgleich obenan stellen, kann sich einmal den Hamburger Schulstreit der Jahre 2009/2010 anschauen, in dem die Mehrheit der Eltern der Mittelschicht für klare Prioritäten gesorgt hat: Schule ist, was *meinem Kind* die weitesten Sprünge ermöglicht. Und ist das überraschend? Wenn das alles überragende Leitmotiv der Gesellschaft die möglichst weiten Sprünge des Einzelnen sind – warum sollte es ausgerechnet im Bildungswesen dann um sozialen Ausgleich gehen? Wenn es in der Welt dort draußen um möglichst effektive Konkurrenz geht – warum sollte im Bildungssystem eine andere Mentalität herrschen?

Gemischtes Doppel?

Das klingt vielleicht recht pessimistisch und ist vielleicht auch hier und da etwas hart gezeichnet. Aber ich finde schon, dass die oben angeschnittenen Fragen nur vor diesem Hintergrund wenn nicht zu lösen, so doch zu klären sind.

Denn vielleicht gibt es den »richtigen« Bildungsträger ja gar nicht? Vielleicht kommt es auch darauf an, *welche* Bildung es da zu tragen gilt?

Und weil ich genau diese Frage für die entscheidende halte, will ich noch einmal auf eine Hoffnung eingehen, die seit der neoliberalen Wende der späten 1980er Jahre als *die* Antwort auf die deutschen *Bildungsprobleme* gehandelt wird: dass das Bildungswesen durch die Kräfte des freien Marktes auf Trab zu bringen sei. Wir bräuchten ja nur das »Produkt Bildung« genau zu definieren, den »Output« der Schulen zu messen, die Anbieter in Wettbewerb zu zwingen – und könnten bald schon die Früchte eines leistungsstärkeren Bildungssystems ernten (und das umso rascher, je konsequenter das Bildungssystem von privater Hand bewirtschaftet wäre).

Da ist nur ein Problem: das Bildungswesen ist kein freier Markt – weder auf der Angebots- noch auf der Nachfrageseite. Weder kann der Kunde auf seine »Kaufoption« verzichten (als Schulpflichtiger kann er sie ja nicht einmal ein paar Tage aufschieben), noch steht dem zumeist streng ortsgebundenen »Kunden« ein wirklich breites Angebot gegenüber (in vielen Gegenden besteht das Angebot aus einer einzigen Schule). Ja, die »Kunden« des Bildungssystems fragen nicht einmal das gleiche Produkt nach – wir sind uns doch keineswegs einig, was denn nun die richtige Bildung für unsere Kinder ist (ich hätte dieses Buch sonst nicht geschrieben). Und die freie Preisfindung als Teil des marktwirtschaftlichen Prinzips? Die gibt es bei einem Grundrecht wie dem auf Bildung gar nicht (oder sollte es zumindest nicht geben).

Es ist also ein wohlfeiles Argument, wenn etwa beklagt wird, eine Schule, die ihre Lehrer nicht frei anstellen könne, könne genauso wenig funktionieren wie ein Handwerksbetrieb, dem »die Mitarbeiter ohne größere Mitsprachemöglichkeiten zugeteilt werden« (Jürgen Kluge). Im Falle des Handwerksbetriebs kann ein unzufriedener Kunde auf ein anderes Angebot ausweichen. Der Wettbewerb führt da tatsächlich zu einem Qualitätsanreiz. Aber eine Problemschule – soll sie ihr Angebot billiger machen, um im Wettbewerb zu bestehen? Oder doch versuchen, die »besten Lehrkräfte« zu rekrutieren – die dann einer anderen Schule fehlen (ohne dass deren »Kunden« daran schuldig wären oder irgendetwas daran ändern können)? Tatsächlich hat der Versuch, Bildung als Ware zu konfektionieren, zu immer neuen Systemproblemen geführt (sie können derzeit in Großbritannien besichtigt werden).

Nein, der »freie Markt« kann uns den Weg zu einem besseren Bildungssystem nicht ebnen. Dieser Weg führt immer über die Gesellschaft. Das schließt Leistungsanreize und eine Bewirtschaftung durch private Anbieter keineswegs aus, und eine Verbesserung der Lehreraus- und -fortbildung schon gar nicht (und damit auch nicht die Frage, ob Lehrer denn wirklich Staatsdiener mit vorgespurten Aufstiegspfaden sein sollten). Aber letzten Endes muss die Gesellschaft das Angebot definieren, sie muss zum Beispiel ein Alternativangebot entwickeln, wenn sich eine Einigung über das Wesen von Bildung nicht erzielen lässt. Sie muss entscheiden, wie viel Hoheit in Bildungsfragen dem Staat zusteht, und wie viel den bürgerschaftlichen Initiativen und Institutionen. *Sie* muss für eine Steuerung sorgen, nicht der »freie Markt«.

Denn das grundlegende Dilemma, in dem wir mit dem Bildungssystem stecken – seine Tendenz zur sozialen Segregation – erfordert eine den freien Kräften des Marktes entgegengesetzte Strategie. Gerät eine Schule in Not (wir hatten in Deutschland das erschütternde Beispiel der Rütli-Schule in Berlin), so liegt das in aller Regel nicht an einem Versagen des »Managements« oder des Lehrkörpers – es liegt vielmehr daran, dass diese Institution den gegebenen sozialen Herausforderungen nicht gewachsen ist. Sie kann deshalb nicht durch mehr Effizienzdruck »geheilt« werden – vielmehr brauchen Bildungseinrichtungen mit den größten Herausforderungen mehr Unterstützung, mehr Ressourcen, mehr Zuspruch.

Und deshalb kann es aus meiner Sicht auch weder ein wirklich selbst verwaltetes Bildungswesen in der Hand der Zivilgesellschaft noch ein solches in Staatshand geben. Es braucht beides – die Zivilgesellschaft *und* den Staat. Die Rollenverteilung und der Rahmen, in dem sie jeweils arbeiten, setzen eine tief greifende gesellschaftliche Diskussion über die Ziele von Bildung voraus, und die ist vielleicht noch entscheidender als die Strukturen, die wir schaffen: Inwieweit ist Schule ein sozialer Lernraum, inwieweit soziale Sortiermaschine? Wer entscheidet über die Bildungsinhalte? Und dann wären da noch die vielen delikaten Einzelfragen zu klären – wie etwa die nach der Rolle von Noten, Schulabschlüssen, Schulvergleichen, der Regelung des Hochschulzugangs, der Lehrerqualifikation und, und, und. So oder so, um diese Diskussionen kommen wir nicht herum. Wir sollten das nicht den Bildungspolitikern und auch nicht dem »freien Markt« überlassen. Bildungsfragen sind Gesellschaftsfragen.

TEIL 6   DER MAGISCHE
KERN DER KINDHEIT

ACHTZEHN ERZIEHUNG FÜR DEN ERTRAG?

━━━━━━━━━━ Was uns als die beste Erziehung für unsere Kinder erscheint, hat nur wenig mit den Kindern zu tun, *wie sie sind.* Es hat viel mehr damit zu tun, *für was sie einmal gebraucht werden.* So habe ich es im Vorwort geschrieben, das war mein gedanklicher Ausgangspunkt für dieses Buch. Vor diesem Hintergrund haben wir uns auf die Suche nach den Bestimmern gemacht. Wer gibt in der Erziehungsdebatte den Ton an?

Dass die Eltern hier nicht die Einzigen sind, ja, gar nicht sein *können,* wird nach allem, was ich auf diesen Seiten geschrieben habe, niemanden mehr überraschen.

Erziehung bildet nun einmal die Brücke vom Ich zum Wir – vom Individuum zur Gesellschaft. Nur in Bezug auf die anderen können wir Menschen schließlich überleben und uns verwirklichen. Wen würde wundern, dass diese »anderen« in der Erziehungsformel vorkommen? Dass sie den Einfluss, den sie haben, nutzen, um ihre eigenen Vorstellungen von Bildung und Erziehung auch in der Praxis umgesetzt zu sehen …?

Das widersprüchliche Dreieck der Erziehung

Versuchen wir einmal, die verworrene Interessenlage in einem Bild zu sortieren. Man könnte die unterschiedlichen Perspektiven auf das Kind als ein Dreieck darstellen – ich nenne es das *widersprüchliche Dreieck der Erziehung.* Da stoßen aufeinander (mit entsprechend scharfen Ecken):

… die individuelle Perspektive des Kindes: Welche Erziehung passt zu seinen individuellen Anlagen und Neigungen?

... die wirtschaftliche Perspektive: Welche Fertigkeiten werden momentan gebraucht, etwa in der Wirtschaft?

... und die gesellschaftliche Perspektive: Wie sollen Kinder beschaffen sein, damit sie sich ins Gemeinwesen einpassen?

Warum ich diese drei Perspektiven (bei denen ich mich an ein Modell Herbert Gudjons' anlehne) als »widersprüchliches« Dreieck darstelle? Weil alle drei Seiten, die Perspektive des Kindes, die wirtschaftlichen Interessen und die Forderungen der Gesellschaft, auf eine seltsame Art miteinander verbunden sind. Einerseits gehören sie untrennbar zusammen – die Gesellschaft, ihre Institutionen und ihre Wirtschaft versorgen das Kind ja mit wichtigen Lebensressourcen. Sie geben ihm Schutz, Erwerbsmöglichkeiten und Identität. Sie stellen ihm die »kulturellen Schultern« bereit, auf denen sich unendlich viel weiter blicken lässt, als wenn man alleine dasteht.[52]

Und doch stehen die jeweiligen Ausgangspositionen und die Ziele, die sich daraus ergeben, in einem wechselseitigen Spannungsverhältnis. Sosehr jede Perspektive ihre Berechtigung hat – das eine Ziel kann immer nur auf Kosten der anderen Ziele erreicht werden. Gewinnt eine Perspektive die Oberhand, so verliert das Dreieck an Stabilität.

Eltern kennen dieses Spannungsverhältnis nur zu gut, und es setzt ihnen zu: Ja, die Kinder sollen irgendwie auf ihre spätere Rolle in Wirtschaft und Gesellschaft zugerichtet werden – und sollen doch auch »bei sich selbst« bleiben dürfen ... Eindeutig, das widersprüchliche Dreieck bedeutet Schweiß, Grübelei – und ein schlechtes Gewissen.

Und es bedeutet ein letztlich für *jede* Erziehung geltendes Schuldbekenntnis. Weil die Erziehungsziele für ein Menschenkind *immer* einen Kompromiss zwischen unterschiedlichen Forderungen darstellen, kann es eine ideale Erziehung gar nicht geben.

Ächzen im Gebälk

Das Seilziehen zwischen den unterschiedlichen Zielen spiegelt, natürlich, die Machtverhältnisse in dem Dreieck wider: Wer ist stärker, wer kann sich mit welchen Interessen durchsetzen? Wer kann *sein* Ziel in den Vordergrund rücken? Kein Wunder, dass sich das widersprüchliche Dreieck der Erziehung umso mehr verzieht, je ungleicher die Macht in einer Gesellschaft verteilt ist.[53] Wenn sich Partikularinteressen durchsetzen können, wenn Minderheiten die Ansagen machen, wenn das Rückgrat einer stabilen, »eigenwilligen« Zivilgesellschaft fehlt, wenn Ideologien die Gesellschaft beherrschen – dann fließt der Schweiß nicht nur bei den Eltern, dann steigt auch der Druck auf die Kinder.

Man könnte es auch so sagen: Immer wenn die Gesellschaft unter Druck oder in Not gerät, geraten auch die Kinder in Not. Dann droht ihr Missbrauch als *Ressource,* ob für politische, wirtschaftliche oder auch, und dies bis heute, religiöse Ziele. Überspannte Erziehungs- und Bildungsziele wirken *immer* zerstörerisch auf die menschlichen Beziehungen – und damit auch auf die, deren Entwicklung auf Gedeih und Verderb auf funktionierenden Beziehungen beruht: die Kinder.

Und ein weiteres Motiv ist uns begegnet – eines, das uns zu denken geben sollte: Immer wenn der Plan aufging, die Kinder zu gut geölten Funktionsgliedern der Gesellschaft zu machen, folgte die Beschädigung der Gesellschaft auf dem Fuß. Die große Verheißung, Kinder nach der Pfeife einer Doktrin, eines Systems oder einer Ideologie tanzen zu lassen, endete in einem jähen Erwachen. Ja, die Eltern im Kaiserreich waren an gehorsamen, unterwürfigen Kindern interessiert, warum auch nicht, sie sollten ja einmal am Zahltag in der Fabrik mit dabei sein. Dafür waren die Eltern auch bereit, ihren Kindern Kosten (an Zufriedenheit oder auch an Glücksfähigkeit) aufzubürden. Die dann folgende Entwürdigung und Verrohung der Gesellschaft waren da gewiss nicht einkalkuliert. Aber sie waren doch Teil des Gesamtpakets.

Pädagogik der Rechtfertigung

Ist dieses Bild vom widersprüchlichen Dreieck heute noch aktuell? »Vergessen wir doch nicht, was für Anforderungen unsere Zeit schon an die Jugend stellt, welche hohe Erwartungen der (…) Staat an sie knüpft. Vorüber sind die Zeiten, wo es erstes und oberstes Ziel aller

Erziehung (...) war, nur die Eigenpersönlichkeit im Kind und Menschen zu vervollkommnen und zu fördern.« Man hört in diesem Satz regelrecht das Ächzen und Knirschen der unterschiedlichen Perspektiven auf das Kind! Dass dieses Ächzen durchaus ein heutiges Phänomen ist, mag sich daran zeigen, dass derselbe Satz (er stammt von Johanna Haarer, einer Ideologin des »Dritten Reiches«) mit einer nur kleinen Veränderung bestimmt keinen Aufschrei provozieren würde, stünde er in einem heutigen Positionspapier, Blog oder einer Pressemitteilung: »Vergessen wir doch nicht, was für Anforderungen unsere Zeit schon an die Jugend stellt, welche hohen Erwartungen der globalisierte Wettbewerb an sie knüpft. Vorüber sind die Zeiten ...« Mir persönlich jedenfalls kommt genau dieser Satz in den Sinn, wenn ich etwa lese, es sei ja wohl ein Missverständnis, dass Kinder »aus sich selbst heraus wertvoll« seien und dass wir die Kindheit viel zu lange als »Schonraum« betrachtet hätten (siehe Seite 70).

Nein, am widersprüchlichen Aufbau des Dreiecks hat sich nichts geändert. Da werden weiterhin Nutzen und Kosten verhandelt – als Gesamtpaket. Und zwar aus den gleichen, zwar legitimen, aber doch widersprüchlichen und letztlich unvereinbaren Perspektiven. Auch heute geht es dabei um handfeste Interessen.

Das Eck des Dreiecks, von dem die momentan angesagten Fertigkeiten angefordert werden, hat sich zunehmend in den transnationalen Raum verlagert, hin zu einer hochvernetzten, hochmobilen Wirtschaftselite. Deren Gestaltungsmacht hat stark zugenommen – auch deshalb, weil sie ihren Einfluss auf die Institutionen der Zivilgesellschaft und die Politik ausbauen konnte und damit auch das gesellschaftliche Eck des Dreiecks mit prägt.

Tatsächlich ist keines der Großprojekte der derzeitigen Bildungspolitik aus pädagogischen Analysen oder Konzeptionen heraus entstanden – führend waren und sind *ökonomische Ziele*:

... »Frühe Bildung« durch Krippenbetreuung? Dieses Angebot entstand *nicht*, weil etwa Pädagogen eine Bildungslücke bei den Kleinkindern diagnostiziert hätten, sondern weil immer mehr Mütter einer Erwerbsarbeit nachgingen. Erst *jetzt*, wo sich immer mehr Kinder in

Einrichtungen wiederfanden, wurden die Krippen als »Bildungsorte« definiert – und die »frühe Bildung« als hochwertigere Alternative zur bloßen Betreuung zu Hause präsentiert.

… Frühe MINT-Projekte in den Kitas? Auch dieses Angebot, mit dem Flaggschiff »Haus der kleinen Forscher« voderneg, ging primär nicht von Pädagogen oder Pädagoginnen aus, sondern entstand auf Initiative wirtschaftsnaher Stiftungen (Kapitel 2). Die pädagogischen Begründungen – Metakognition, ko-konstruktives Lernen, etc. – wurden dann nachgeliefert.

… Ganztagsschulen? Auch ihre jetzt geforderte sprunghafte Vermehrung entspringt keiner pädagogischen Initiative, sondern war von Anfang an darauf angelegt, den durch die vermehrte Erwerbstätigkeit von Müttern entstehenden Betreuungsbedarf bei den älteren Kindern abzudecken. Wenn heute behauptet wird, die Ganztagsbetreuung sei die pädagogisch bessere Alternative, so mag das stimmen – *ursächlich* für das Ganztagsprogramm war diese Erkenntnis aber nicht (was man auch daran erkennt, dass der Ausbau von Schulen zu Ganztagsschulen in den meisten Fällen den Schülern keine zusätzlichen *pädagogischen* Angebote beschert).

… Auch die neuen Modelle an den Schulen – von G8 bis zur verstärkten Ausrichtung auf MINT-Kompetenzen – kamen nicht aus der Pädagogik, sondern resultieren aus wirtschaftlichen Erwägungen.

Kurz: Der Umbau des Bildungssystems spiegelt die geänderten Machtverhältnisse im »widersprüchlichen Dreieck« wider, in dem es jetzt um die möglichst weitgehende Ausrichtung auf die Wachstumsziele eines immer effizienter werdenden Kapitalismus geht. Die neuen Bildungsziele sind Teil der allgemeinen Mobilmachung für das Lebens- und Wirtschaftsmodell, dessen Ausbreitung ich am Anfang dieses Buches beschrieben habe.

NEUNZEHN DAS PÄDAGOGISCHE PARADOX

━━━━━━━━━━━━━━━━━━━━━━━━ Diese Mobilmachung passt am wenigsten zu den kleinen Kindern. Sie haben am meisten zu verlieren, wenn ihre Lebenswelten zu pädagogischen Mastbetrieben umgebaut werden.

Tatsächlich liegt für mich der am dringendsten zu klärende Widerspruch des neuen Bildungsparadigmas in dem, was ich als *pädagogisches Paradox* bezeichne: *Die Entwicklung der Kinder beruht im Grunde auf Fähigkeiten, die einem Kind gar nicht pädagogisch vermittelt werden können.*

Um das zu verstehen, müssen wir uns einmal vor Augen halten, welch gewaltige, grundlegende Herausforderungen Kinder auf ihrem Entwicklungsweg zu bewältigen haben:

… Sie müssen nach und nach lernen, mit sich selbst klarzukommen – also ihre Gefühlswelt, ihre Impulse und Emotionen in den Griff bekommen. Sie müssen sozusagen die Steuerung ihres Ichs erlernen (Entwicklungspsychologen bezeichnen diese Entwicklungsaufgabe als *Aufbau exekutiver Kontrolle*).

… Sie müssen aber auch lernen, mit anderen Menschen klarzukommen und als Gruppe nach Regeln zu funktionieren (sie müssen ihre *soziale Kompetenz* aufbauen). Als Voraussetzung hierzu müssen sie lernen, sich in die Gedanken, Gefühle und Werte der anderen hineinzuversetzen und die Welt auch aus deren Perspektive zu sehen, zu begreifen und zu bewerten (und das nach und nach auch in moralischer Hinsicht).

… Und sie müssen so etwas wie innere Stärke aufbauen – also eine Art Rückgrat, das ihnen hilft, bei Widerständen nicht gleich aufzugeben (sie müssen *Resilienz* entwickeln, wie Entwicklungspsychologen es nennen).

... Und noch etwas steht auf dem Plan, etwas spezifisch Menschliches: Sie müssen das Wunder der *Kreativität* vollbringen – also nicht nur kopieren, was schon da ist und was die anderen machen, sondern immer auch das Bestehende verändern und zu Neuem formen.

Diese Kompetenzen sind allesamt für die menschliche Entwicklung unverhandelbar. Kein Wunder, dass sie auch als *Fundamentalkompetenzen* des Kindes bezeichnet werden.[54] Alle diese Entwicklungsschritte sind nämlich nicht nur die Grundlage einer starken, selbstständigen Persönlichkeit. Sie sind gleichzeitig unabdingbare Voraussetzungen eines »unternehmerischen« Zugangs zur Welt. Ja, letzten Endes ist auch das lebenslange Lernen nur auf der Basis gut ausgebildeter Fundamentalkompetenzen möglich.

Die Fundamentalkompetenzen sind didaktisch nicht vermittelbar

Diese Fundamentalkompetenzen haben eines gemeinsam: Sie können dem Kind nicht von Erwachsenen in didaktischer Absicht *vermittelt* werden. Man kann ein Kind nicht darüber *belehren*, wie es innerlich stark wird. Auch Mitgefühl kann man einem Kind nicht *beibringen*. Und soziale Kompetenz lässt sich erst recht nicht *anerziehen* – hier versagt selbst das pädagogisch wertvollste Programm. Genauso wenig kann man sich Kreativität erarbeiten – ja, man kann sie nicht einmal *üben*.

Mehr noch, beim Aufbau der Fundamentalkompetenzen stößt selbst die Vorbildpädagogik an ihre Grenzen: Nicht wenige Kinder leben mit innerlich starken Eltern oder Erzieherinnen, finden aber selbst keinen Ansatz, um mit ihren eigenen Ängsten umzugehen – man kann sich, so scheint es, sein Fundament nicht borgen oder von anderen übernehmen.

Diese Schätze, von denen hier die Rede ist, sind allesamt Erfahrungsschätze. Sie können von niemand anderem als dem Kind selbst gehoben werden – das Fundament der kindlichen Entwicklung beruht nicht auf geleitetem Lernen, sondern auf *Eigenerfahrung*.

Um dieses Fundament des Lebens aufzubauen, braucht es also mehr als pädagogische Angebote, es braucht mehr als kluge Vorbilder, es braucht mehr als Experten. Es braucht den Mut des Kindes, sich mit *eigenen Erfahrungen* zu versorgen und sich der Welt auszusetzen – im eigenen Tempo, auf eigene Art und aus eigener Motivation. Dieses Sich-Aussetzen ist eigentlich der magische Kern der Kindheit. Im Grunde dient die Kindheit nämlich eben dieser Anlage des Lebensfundaments. Diese Agenda der Kinderjahre kann – anders als die Erweiterung des Zahlenraums – in keinem späteren Lebensabschnitt nachgeholt werden.

Kinder lernen indirekt

Ein solcher Aufbau des Fundaments ist im Kind angelegt – und kommt doch nicht von ungefähr. Vielmehr beruht er auf einem Prozess der *durch Beziehungen geleiteten Selbstorganisation.*

Was darunter zu verstehen ist, erschließt sich, wenn man die kindliche Entwicklung in ihren Grundzügen nachzeichnet. Da begegnet uns nämlich ein von den ersten Lebenstagen an auf *Selbstwirksamkeit* angelegtes Kind. Ein Kind also, das die Welt kennenlernen und erforschen will und das seine sozialen Bezüge mitgestalten will. Bei diesem »Gestalten im Neuland« lernt das Kind sich selbst, die anderen Menschen und seine Umwelt kennen – diese Entdeckungsreisen sind der *Kern des frühkindlichen Lernens.*

Allerdings wird diese Gestaltungslust nur unter bestimmten Bedingungen aktiviert – die Kleinen brauchen für ihre Entdeckungsreisen Geleitschutz. Sie wechseln nämlich erst dann in den Entdeckermodus, wenn sie sich *emotional sicher* fühlen. Dies setzt funktionierende, also verlässliche und feinfühlige Beziehungen zu ihren Bezugspersonen voraus (ob das die Eltern sind oder die pädagogischen Fachkräfte). Diese nach der klassischen Bindungstheorie auch als »sichere Bindung« bezeichnete Grunderfahrung bildet sozusagen den Rahmen für das kindliche Erfahrungslernen.

Was umgekehrt bedeutet, dass Kinder in einer von unsicheren Beziehungen geprägten Umwelt ihre Neulust beim besten Willen nicht abrufen können – sie sind dazu viel zu gestresst und mit der eigenen Notversorgung beschäftigt. Statt Segel setzen zu können, versuchen sie krampfhaft, Anker zu werfen. Sie »klammern« oder resignieren.

Tatsächlich kann in Vergleichsstudien gezeigt werden, dass von funktionierenden Beziehungen getragene Säuglinge und Kleinkinder in allen Domänen ihrer Entwicklung Vorteile haben, insbesondere bei der Entwicklung sozialer Kompetenz und beim Aufbau von Selbstkontrolle. In sicheren Beziehungen aufwachsende Säuglinge können sich beispielsweise mit vier Jahren im Schnitt doppelt so lang konzentrieren wie in unsicheren Beziehungen aufgewachsene Kinder.

Das kindliche Entwicklungsmuster scheint also einem »indirekten« Pfad zu folgen: Das Kind macht seine Schritte von sich aus – wenn es sich in einem ermutigenden Rahmen bewegen kann. Ist dieser Rahmen gegeben, so *füllt das Kind ihn selbst*. Und macht dabei fundamentale Entwicklungserfahrungen.

Diesem Entwicklungsmuster folgt das Kind weiter, wenn es ab dem dritten Lebensjahr seine Beziehungs- und Erfahrungswelt immer stärker erweitert und sich insbesondere auf andere Kinder einlässt. Das Leben auf Augenhöhe mit anderen Kindern ermöglicht ihm jetzt, sich als wirksam, gestaltmächtig, kreativ und kompetent zu erfahren – und sich damit in körperlicher, emotionaler und sozialer Hinsicht regelrecht zu strecken. Wichtige Anregungen kommen dabei vor allem von Kindern auf unterschiedlichen Entwicklungsniveaus, also beim Spielen und Entdecken in *gemischtaltrigen* Gruppen.

Auf diese Erfahrungen hin ist insbesondere das frei gestaltete kindliche Spiel ausgerichtet, in dem Kinder in einem selbst organisierten Prozess all die Elemente »konstruieren«, die sie jetzt für den weiteren Aufbau ihrer Fundamentalkompetenzen brauchen: an ihren Entwicklungsstand angepasste Widerstände, an ihre Entwicklungsängste angepasste »Abenteuer«, an ihre sozialen Bedürfnisse angepasste Begegnungen in »Kinderbanden«.

Tatsächlich zeigt die Entwicklungspsychologie, dass Kinder einen Gutteil ihrer Kompetenzen in Spielsituationen mit anderen Kindern (er)lernen können – etwa den Umgang mit den eigenen Emotionen, aber auch den Umgang mit sozialen Normen und Regeln. Es wird ja manchmal vergessen, dass sich das Spiel unter Kindern zwischen zwei didaktisch wertvollen Polen ausspannt: Die Kinder wollen einerseits ihren Spaß haben – aber sie müssen da durchaus auch nach bestimmten Regeln »funktionieren« … Es ist also bestimmt kein Zufall, warum die von Kindern am meisten geliebten Bücher eigentlich von der Selbstorganisation in ungestümen Kindergruppen handeln, von Pippi Langstrumpf bis zu den Fünf Freunden.

Dass das Spielen in der Kindheit heute in den Ruch der Geschäftsschädigung gekommen ist (was könnten die Kleinen in dieser Zeit nicht alles für den globalen Wettkampf lernen!), ist vom Kind aus betrachtet jedenfalls alles andere als lustig (und für die armen Tröpfe, die so denken, ist es bestimmt auch nicht lustig).

Beziehungskonzepte statt Bildungskonzepte

Ich glaube, dass dieser Rekurs auf die kindliche Entwicklung unbedingt nötig ist, um die Diskussion um die Frühpädagogik von der Beliebigkeit wegzubringen, mit der sie auf immer wieder »neue« Ziele und Konzepte einschwenkt. Die Grundlagen der Entwicklung haben sich auch im Zeitalter der Globalisierung nicht geändert. Kein bisschen. Auch in der modernsten aller Welten kann man das Haus der Entwicklung nicht auf den Kopf stellen: Es braucht zunächst ein Fundament. Ja, es ist verlockend, schon gleich die schönen Erkerchen oder gar die Innenausstattung in Angriff zu nehmen – aber das passt nun einmal überhaupt nicht zum Wesen der kindlichen Entwicklung.

Und genau deshalb frage ich mich: Warum hat sich das Konzept der kognitiven Beschleunigung so rasch durchsetzen können? Obwohl wir von Kindern doch ganz sicher wissen, dass ein Rückstand bei der Entwicklung der emotionalen Grundeinstellungen später nicht einfach aufgeholt werden kann, der »Rückstand« bei der Erweiterung des Zahlenraums aber sehr wohl? Warum lassen sich in der Kleinkindbetreuung »Bildungskonzepte« trefflich verkaufen, während *Beziehungskonzepte* schon an den grundlegendsten Voraussetzungen scheitern – der Verfügbarkeit von zugewandtem Personal nämlich? Ja, warum sagen die Kita-Träger dieses Landes nicht klar und deutlich, dass frühe Bildung beim derzeitigen Personalschlüssel nichts anderes ist als Augenwischerei? Warum wird immer noch so getan, als gälte es in der Frühpädagogik einfach die »kindliche Neugier« zu nutzen und auf beliebige Bildungsziele zu richten – als sei die kindliche Neugier eine gegebene, unerschöpfliche Ressource?

Die Wirklichkeit des Kindes ist doch viel komplizierter: Das Kind stellt uns Erwachsenen Bedingungen. Sie sind beschrieben, sie sind bekannt – nur: Sie stehen nicht im Fokus der heutigen Frühpädagogik. Da steht jetzt das spekulative Projekt einer auf die kognitive Förderung verkürzten »frühen Bildung«.

Meine Frage ist damit in der Tat die folgende – und sie ist mir wichtiger als alle anderen Fragen, Aussagen oder Kritiken in diesem Buch: Wie verhält sich eine an der kognitiven Hypothese ausgerichtete Frühpädagogik zu dem beschriebenen »pädagogischen Paradox«, nach dem die wichtigsten Grundlagen der Entwicklung eben *nicht* durch noch so glanzvolle pädagogische Konzepte zu *vermitteln* sind?

Selbstvertrauen wächst durch Selbstbewährung, durch Angstbewältigung und Leistungsstolz. Dazu braucht es ein gerütteltes Maß an Abenteuern, da braucht es so manchen Widerstand, so manches gemeinsame Ritual, so manche Aufgabe, die das Kind *sich selber stellt*. Müssten sich die Erzieherinnen also nicht einer Pädagogik öffnen, in der sie vielleicht weniger die Impulsgeber sind als vielmehr präsente, achtsame Begleiterinnen in einem abenteuerlichen Entdeckungsraum? Müssten wir, anstatt weiter nach den richtigen »Programmen« zu suchen, nicht – dringend – die verlorenen kindlichen Erfahrungsräume zum Thema machen?

Ich will es sogar noch weiter zuspitzen. Geht die heutige Mission der »Förderung« nicht in Wirklichkeit zulasten dessen, was eigentlich der Geschäftszweck der Kindheit ist: des Aufbaus eines tragenden Lebens- und Persönlichkeitsfundaments? Erreicht die neue Frühpädagogik, ohne es zu wollen, vielleicht das Gegenteil dessen, was sie erreichen will? Vielleicht ist das ja der Grund, weshalb es trotz aller »Förderung« und immer früherer Bildung gerade dort nicht zu klappen scheint, wo die größten Anstrengungen unternommen werden, nämlich bei der Sprachentwicklung – weil dort, unverhandelbar, die *Beziehungen* im Mittelpunkt stehen und ohne reichhaltige menschliche Interaktionen im wahrsten Sinn des Wortes nichts läuft?[55] Scheitern die hochprozentigen Bildungshoffnungen vielleicht daran, dass wir das meist doch eher niedrigprozentige Beziehungsangebot eben *nicht* zum Thema machen? Ja, ist die »frühe Bildung« vielleicht längst nur noch ein Deckmantel für unser Versagen, den Kindern auch in den Institutionen einen Erfahrungsraum zu bieten, der wirklich zum kindlichen *Eigenlernen* passt?

Eine Kopfgeburt

Ich bin nicht gegen Schreibenlernen, Rechnenlernen, und ich bin auch nicht gegen die Schule. Oder gar gegen naturwissenschaftliche Experimente. Ich bin auch nicht gegen Krippen. Oder gegen Kindergärten. Im Gegenteil: was für eine Chance für die Kinder, gerade in unserer heutigen Welt!

Aber aus meinem Verständnis der kindlichen Entwicklung heraus hat sich die Frühpädagogik in wichtigen Bereichen auf Nebenschauplätze ziehen lassen. Die mögen ganz gut ausstaffiert sein, und die Kinder selbst sind ja von Herzen kooperativ und spielen so ziemlich jedes Spiel mit.

Aber der Tag hat auch für Kinder nur 24 Stunden. Und der Flaschenhals der kindlichen Entwicklung liegt heute – in meinen Augen – woanders. *Gerade heute,* möchte ich sagen, wo die Kinder eben nicht mehr automatisch in wildwüchsigen Kindergruppen landen, wo das Beziehungsnetz zu Hause oft ausgedünnt ist, wo sie nicht automatisch mit Geschwistern leben, wo sie wenig unstrukturierte Entdeckungsräume zur Verfügung haben.

Denn der Entwicklungsweg der Kinder ist im wahrsten Sinn des Wortes »eigen-sinnig«. Er nimmt Umwege. Und die führen in ihrem Kern nicht zu Sonderschichten und Sonderprogrammen zur Synapsenbildung, sondern, noch einmal, zu *Beziehungen* – mit den Eltern, den Erzieherinnen, mit anderen Kindern. Zu widerständigen, frei gestaltbaren Entdeckungsräumen. Zur Bewährung bei der gemeinschaftlichen, ritualisierten Gestaltung des Alltags.

All diese Erfahrungen sind kein Luxus, und sie sind auch für unser Leben als Gesellschaft relevant. Denn auch wenn es immer wieder heißt, unsere Kultur werde durch die PISA-Misere oder einen Mangel an technischen Qualifikationen beschädigt – viel plausibler ist doch das: dass sie durch einen Mangel an Beziehungsfähigkeit, Einfühlungsvermögen und innerer Stärke Schaden nimmt. Ein Kind, das in seiner Kindheit nicht lernt, Beziehungen kompetent zu gestalten, das also keine »Beziehungssprache« lernt, wird schließlich später das Leben mit anderen Menschen auf seine (eingeschränkte) Art gestalten – über Macht, Manipulation und Berechnung.

Aber gerade bei diesen Grundlagen geraten wir mit der jetzigen Pädagogik auf dünnes Eis. Die *menschliche Begegnung* lässt sich auch in der Pädagogik nicht durch noch so ausgefeilte Programme, technische Lösungen, Apps oder auch die klügsten didaktischen Methoden ersetzen.

Wo bleibt die »Pädagogik des Alltags«?

Nehmen wir zum Beispiel das Essen – für kleine Kinder bestimmt keine Nebensächlichkeit. Was erfahren kleine Kinder in der Kita rund um dieses Thema? Mehr als zwei Drittel der Kitas bekommen ihr Essen von Fachbetrieben angeliefert. Immer öfter ist das wichtigste Utensil dann die Mikrowelle – mit ihr wird entweder reine Tiefkühlkost in Essen verwandelt oder werden in der Großküche portionierte und rasch abgekühlte Speisen wieder erhitzt. (Die Aufträge an die Caterer werden heute europaweit ausgeschrieben.)

Nun mag dieses Essen ausgewogen sein oder nicht (Kinder halten in dieser Hinsicht einiges aus). Für mich stellt sich eine andere Frage: Rund um die Zubereitung des Essens ranken sich so viele Rituale, so viele Aufgaben, so viele Herausforderungen, vom Gurkenschnippeln bis zu den Reimen beim Lirum-Larum-Löffelstiel. Und das soll keine pädagogische Dimension haben? (Es ist zumindest ziemlich genau das, was später dann in der Ergotherapie geübt wird.) 70 % der Kita-Kinder bleiben heute zum Mittagessen in der Kita, nicht wenige kommen aus Häusern, in denen die gemeinsame Zubereitung eines frischen Essens keine Selbstverständlichkeit ist. Von diesen »Familien mit Förderbedarf« wird viel geredet – und gerne auch beklagt, dass die Familienmahlzeiten dort durch das rasche Aufwärmen in der Mikrowelle ersetzt werden. Durch das also, was die Kinder gerade auch in der Kita mitbekommen.

Was aber passiert in den Kitas? Da laufen veritable Forschungsreihen rund um das Thema Wasser, Wärme und Temperatur. In der Pädagogikbroschüre des »Hauses der kleinen Forscher« nehmen die Beschreibungen dazu immerhin 10 Seiten ein. Da geht es darum, dass die Kinder die Grundlagen erfahren: »Wasser ist nass. Wasser ist mal warm, mal kalt. Erhitzt man Wasser über 100 °C, so wird daraus Wasserdampf«, usw. Und es geht um Experimente – vom Erfühlen von Temperatur (»Testen Sie mit den Mädchen und Jungen das eigene Temperaturempfinden. Geben Sie in drei oder vier Wasserschüsseln unterschiedlich temperiertes Wasser. Die Kinder können ihre Hände nacheinander in die Schüsseln halten ….«) bis zur Messung von Abkühlungsprozessen mit echten Thermometern (»Betrachten Sie gemeinsam mit den Mädchen und Jungen verschiedene Thermometer und probieren Sie diese aus«).

Dass man das alles auch erfahren kann, wenn man gemeinsam ein Essen zubereitet, und zudem noch mannigfache soziale Beziehungen zueinander eingeht, kommt in der Broschüre mit keinem einzigen Wort zur Sprache.

Von Murmeln und Kapitänen

Halt, ein einziges Mal kommt das Wort »Beziehung« in der 23-seitigen Broschüre doch vor. Und in diesem Zusammenhang sind Beziehungen sogar »entscheidend«: »Entscheidend im Kita-Alter sind erste grundlegende Erfahrungen mit naturwissenschaftlichen Phänomenen und mathematischen oder technischen Fragestellungen sowie das Aufstellen einfacher Wenn-dann- oder Je-desto-Beziehungen, also das Erkennen von Zusammenhängen und Bedingungen. In der Kita können Kinder beispielsweise untersuchen, welche Gegenstände im Wasser schwimmen und welche untergehen.«

Das ist für mich, mit Verlaub, Bildungskitsch. Man muss schon viel tun, um für die Kinder eine Kindheit zu gestalten, in der sie *nicht* mitbekommen, welche Gegenstände im Wasser schwimmen und welche untergehen – und das nicht am Experimentiertisch, sondern im echten Leben. Und man muss viel tun, um zu verhindern, dass Kinder den Unterschied von warm und kalt kennenlernen und mit welchen Methoden man ein Getränk abkühlen kann.

Was man dazu tun muss? Den Alltag der Kinder so gestalten, dass die Essenszubereitung zum Beispiel an eine Großküche outgesourct ist – und sich nicht in riech- und greifbarer Nähe des Kindes abspielt.

Oder: Forderungen stellen, die am Erwachsenen ansetzen, aber nicht am Kind. »In jeder Kindertageseinrichtung müssen der erste Umgang mit Zahlen, Größen, Formen, Mengen und Relationen und das erste forschende Experimentieren gegeben sein.« Dafür macht sich die Bundesvereinigung der deutschen Unternehmerverbände stark. Aber führt der kindliche Weg ins Forscherleben denn wirklich über den von den Unternehmerverbänden imaginierten Pfad? Ich meine diese Frage ernst. Sie ist bis heute nicht geklärt.

»Ich beobachte ein dreijähriges Kind, wie es mit Wasser spielt. Es wirft ein Blatt ins Waschbecken, belädt es mit einem Stein, das Blatt geht unter, eine Plastikschüssel kommt dazu, eine Murmel kommt hinein, die Schüssel schwimmt, die Murmel wird direkt ins Wasser geworfen und beim Sinken beobachtet. Die Plastikschüssel wird umgedreht und unters Wasser gedrückt, flutscht hinaus, wird wieder umgedreht und mit Wasser gefüllt, sie sinkt auch nach unten, ein Stein wird in die Schüssel gelegt: ›Der Kabeteen‹, erklärt das Kind, die Schüssel wird mit der Murmel durchs Wasser gezogen, immer schneller und schneller, der Kapitän fällt ins Wasser, bleibt eine Weile am Grund liegen, wird wieder herausgezogen und liebevoll abgetrocknet. ›Sons kriegda Snupfn!‹ Was macht das Kind da? Es spielt versunken und ernst, es scheint sich einer schwierigen Aufgabe zu widmen, das kann ich sehen, aber was bezweckt es? Natürlich wird es mir nicht antworten: Ich stelle Versuche an zu den Themen: Masse, Wasserverdrängung, Volumen

221

und Schwerkraft, außerdem ist mein soziales Thema Macht und Ohnmacht, ich habe meine Sozialfähigkeit geübt und den Zusammenhang zwischen Unterkühlung und Erkältung hergestellt. Ich habe meinen Tastsinn benutzt und meinen Wärmesinn geschult. Aber das ist es.«

Das kreativ suchende Kind, hier beschrieben in dem wunderbaren Sachbuch »Vom Wert des Spielens für die kindliche Entwicklung« von Gabriele Pohl, begegnet uns tatsächlich auf Schritt und Tritt. Wir müssen Kinder nur bei ihrer spielerischen Exploration der Umwelt beobachten – sie sortieren nach Größen, nach Mustern, nach Farben, sie verschaffen sich im Umgang mit Erde, Sand und Wasser ein intuitives Verständnis von Physik und Technik. Müssten wir also nicht, bevor wir die Kleinen zu Experimenten animieren, dafür sorgen, dass sie mit ihren *eigenen* Programmen zum Zug kommen können? Müssten »Häuser der kleinen Forscher«, wenn sie ihren Anspruch ernst nehmen, also nicht gerade das freie, explorative Spiel der Kinder in natürlichen Umwelten fordern, draußen im Garten also oder im Wald oder im Park? Müssten sie sich nicht stark machen für Außengelände mit elementaren Entdeckungs- und Erforschungsmöglichkeiten?

Für eine Pädagogik der Selbstbewährung des Kindes

Und wenn wir noch so gerne die Sonne gleich am Zenit aufgehen lassen würden – die entscheidende »Förderung« für das kleine Kind liegt auch heute noch darin, dass es einen reichhaltigen, abenteuerlichen, kreativen Alltag mit Menschen gestalten kann, die ihm etwas bedeuten – ob groß oder klein. Das, was die Erwachsenen in der Pädagogik gerade so brennend interessiert – hier eine neue pädagogische Zutat, dort ein neues Programm, dort ein neues Endgerät –, ist für das Kind zweitrangig. Das Kind fragt nach einer *Pädagogik des Alltags*, es fragt nach einer Pädagogik der Selbstbewährung.

Und auch wenn dabei das freie kindliche Spiel seine angestammte Rolle spielen wird, so beinhaltet – das ist mir wichtig – eine Pädagogik der Selbstbewährung weder eine Absage an eine didaktische Vor- und

Aufbereitung noch an eine »leitende« Rolle der pädagogischen Fachkräfte. Kinder lernen und gedeihen bei der gemeinsamen Gestaltung des Alltags. Sie lernen und gedeihen bei ritualisierten Begegnungen mit anderen Menschen, Denkweisen und Kulturformen, ob beim Musizieren, Singen, Tanzen oder Theaterspielen. Sie lernen und gedeihen dort, wo sie ihren Fragen nachgehen können, und seien sie noch so abstrakt. »Wird man erst tiefgekühlt, dann vollgebetet und dann begraben, oder ist es umgekehrt?«, fragt das Kind – und ob daraus in der Kita ein gemeinsames Projekt zum Thema Tod und Sterben werden kann! Und wenn in der Gruppe das Thema »Chef« akut wird, weil sich manche Kinder partout als »Bestimmer« profilieren wollen – *natürlich* wird man jetzt gemeinsam einmal echte Chefs besuchen und sich damit beschäftigen, ob deren Job denn wirklich im Rumkommandieren besteht. Nein, die Fachkräfte in der Kita *sind* entscheidende Begleiterinnen der Kinder, und sie sind von mir aus auch entscheidende Bildungsbegleiterinnen. Aber sie sind keine pädagogischen Animierdamen, die den Kleinen Lernprozesse aus der Nase ziehen sollen, die *anderen* wichtig sind (etwa, weil gerade die Angst vor einem Fachkräftemangel in sie gefahren ist). Insofern wäre den Fachkräften schon zu wünschen, dass sie ihre »alten«, kind- und situationsbezogenen Ansätze nach den Zeiten des metakognitiven Zierrats wieder kennen- und schätzen lernen. Die pädagogische Rundumversorgung mit der tagesaktuell prämierten Didaktik jedenfalls kann ganz gewiss nicht die Antwort sein auf eine Welt, die sich die Kinder letzten Endes selbst aneignen müssen.

Gesunde, neugierige Kinder, die mit sich und den anderen klarkommen, *werden* einmal verstehen, woher der Wind kommt. Wenn er für sie eine Zeit lang »aus den Bäumen« kommt, werden sie daran keinen Schaden nehmen, und der Wirtschaftsstandort auch nicht. Und sie werden sich irgendwann einmal dem Wasser und seinen wechselnden Temperaturen zuwenden, ja, sie werden das Wasser bis ins Innere des letzten Moleküls hinein untersuchen – wenn sie das denn wollen. Aber das ist nicht die Agenda der frühen Kindheit. So zu tun, als sei das so, stellt für mich die Entwicklung des Kindes auf den Kopf.

WAS WOLLEN WIR EIGENTLICH?

▰▰▰▰▰▰▰▰ »Warum Eltern ihr Recht auf Erziehung zurückfordern müssen«, so heißt der Untertitel dieses Buches. Warum ich mich ausgerechnet an die Eltern wende – und nicht etwa an die Politik, die Gesellschaft, die Wirtschaft?

Weil ich niemand anderen benennen könnte, der in diesem fundamentalen Widerstreit der Interessen mit einem eigenen, ausgleichenden Gewicht auftreten könnte. Wer, außer den Eltern, könnte für eine bessere Balance in dem widersprüchlichen Dreieck sorgen? Wer könnte die Rolle eines Anwalts für die Kinder übernehmen, wenn nicht die Eltern?

Auf die Frage gibt es natürlich auch andere Antworten. Eltern haben in dem widersprüchlichen Dreieck oft genug *nicht* für mehr Balance sorgen können. Sie haben oft genug *nicht* die Rolle als Fürsprecher ihrer Kinder einnehmen können. Sie sind oft genug eben *nicht* durch ein besonderes Verständnis ihrer Kinder aufgefallen – dieses Buch ist voller Beispiele dafür.

Ganz gewiss also werden Eltern ihre ordnende Kraft im Erziehungsdrama nicht einfach aus ihrer Rolle als Eltern oder aus ihrem verfassungsrechtlichen Rang als Erziehungsberechtigte schöpfen können. Sie werden sich vielmehr selbst auf den Weg machen müssen. Sie werden selbst hinterfragen müssen, wo denn das Gleichgewicht in diesem Dreieck liegen soll. Und sie werden sich selbst als Spiegel der Lebenswelt ihrer Kinder begreifen müssen. Denn wir vergessen das ja manchmal: Die Welt, in der wir uns tagtäglich einrichten – sie wird genau die Welt sein, in der die Kinder einmal leben werden.

Mir ist bewusst, dass dieser Weg für jeden andere Schritte beinhaltet. Und doch will ich fünf Schritte ansprechen, weil sie die Leitmotive dieses Buches aufgreifen und bündeln.

Erstens: Nicht schaden!

Eltern malen sich manchmal aus, sie seien für das Ergebnis der Entwicklung ihrer Kinder verantwortlich, mit Haut und Haar – für deren zukünftige berufliche Position, deren Persönlichkeit, deren Lebensglück. Wer kann sich bei einer solchen Perspektive wundern, wenn die Parole der Erziehung dann heißt: Alles tun! Angebote nutzen! Nichts unversucht lassen! In dem spannungs- und interessengeladenen Raum des widersprüchlichen Dreiecks aber entsteht dabei nur allzu schnell eine »Optimierung am Kind vorbei« – eine oft genug mit Folgekosten verbundene Optimierung.

Vielleicht wird diese Gefahr geringer, wenn Eltern eine andere Perspektive einnehmen. Sie ist uns aus der Medizin bekannt. Für einen Mediziner kann der unbedingte Wunsch, für die Heilung seiner Patienten zu sorgen, nämlich durchaus zum Bumerang werden – und er trifft sowohl Arzt als auch Patienten: Nur allzu leicht wird nämlich das *Ziel* (in diesem Fall die Heilung) zur alles entscheidenden Mission des Arztes. Jedes Scheitern, und das gehört beim Umgang mit Krankheiten immer mit dazu, wird bei einer solch ehrgeizigen Haltung rasch als persönliches Versagen empfunden. Die Erschöpfung des Arztes ist da vorprogrammiert. Aber auch die Belastung des Patienten. Denn in dem unbedingten Wunsch, zu heilen, gerät nur zu leicht aus dem Blick, dass jede Therapie auch Risiken enthält. Ja, dass sie den Patienten durch unbeabsichtigte Wirkungen *schädigen* kann. Die Ärzte der Antike stellten das ärztliche Handeln deshalb unter den Leitspruch: Primum non nocere – zuerst einmal nicht schaden! An die erste Stelle des ärztlichen Handelns wird also die *Verhinderung von Schädigung* gerückt, *nicht* die Heilung.

Nun sind Eltern keine Ärztinnen oder Ärzte – aber richtet man sich nach den Aussagen der Entwicklungspsychologie, so lässt sich auch für die Erziehung der Grundsatz des *Primum non nocere* herleiten. Denn wie oft vergessen wir auch in der Erziehung, dass es bei so manchem pädagogischen Angebot für die Kinder »wenig zu gewinnen, aber viel zu verlieren« gibt, wie es die bekannte Entwicklungsexpertin Gabriele Haug-Schnabel einmal in Bezug auf die Krippenbetreuung von Kleinkindern gesagt hat. Gut also, wenn unser Blick weniger den tollen Angeboten als unserem alltäglichen Miteinander gilt. Denn dass sich Kinder zu möglichst vollständigen Persönlichkeiten entwickeln, hängt nicht vom größtmöglichen Einsatz oder den wohlmeinenden Direktiven ihrer Eltern ab. Vielmehr bildet sich die kindliche Persönlichkeit in der Matrix der *Beziehungen*, in denen die Kinder aufwachsen. Sind diese insgesamt tragfähig, so ist das ein guter Rahmen für die Entwicklung. Sind die Beziehungen aber nicht verlässlich, nicht von einem »guten Geist« geprägt, sind sie gewaltsam und entwertend, so kann das eindeutig schädigend wirken. Gleiches gilt für Beziehungen, die dem Kind durch enge Zielvorgaben den Raum für Selbsttätigkeit und Eigeninitiative nehmen.

Kurz, der Fluchtpunkt unserer erzieherischen Perspektive sollte auf dem dahinterstehenden »Geist« liegen, den *Beziehungsmustern* also, die den Umgang mit unseren Kindern prägen. Forderungen an die Kinder gehen in Ordnung – solange sie die grundsätzliche Qualität der Beziehungen nicht infrage stellen.

Zweitens: Was ist Erfolg?

Beziehungen, na schön. Halten wir dem ein hunderttausendfach vorgebrachtes Argument – ein keineswegs lächerliches, sogar quintessenziell »elterliches« Argument – entgegen: Was wird bei solchen Prioritäten aus meinen Kindern? Was wird aus ihnen, wenn ich mich dem Bildungsdruck verweigere? Wenn ich die Forderungen an die Kinder nicht auch mal *über* die Beziehungen stelle?

Heißt das nicht auch, dass die Kinder in der Welt, wie sie nun einmal ist, dann eben *nicht* mithalten werden? Dass die anderen die guten Stellen bekommen – und mein Kind nehmen muss, was übrig bleibt? *Ich allein* kann doch die Welt nicht ändern, und solange sie so ist, wie sie ist, sind die guten Noten, der Besuch des Gymnasiums und ein gutes Abitur nun einmal auch mit Chancen verbunden. Da zählt die Leistung – auch bei den Kindern. *Ich persönlich* finde es ja an sich schon richtig, wenn die Kinder in ihrer Kindheit auf Bäume klettern und ihre

Nachmittage auf dem Bolzplatz verbringen dürfen – aber wie sieht dann ihre Zukunft aus?

Vielleicht sind das die entscheidenden Ängste – weil wir sie alle haben, der eine mehr, der andere weniger. Und ich habe darauf auch keine Antwort. Mit Blick auf die kindliche Entwicklung kann ich nur das sagen: Kinder, die in einer an Beziehungen und »Selbsterfahrung« reichen Kindheit aufwachsen, haben eine gute Grundlage, um mit *allen* Herausforderungen umzugehen, die sich ihnen im Leben stellen. Sie sind begeisterungsfähig, und sie sind lernfähig. Dieses Fundament zählt, bei allem, was kommt. Ja, sie werden auch Diplome brauchen, aber ich sehe in unserer heutigen Bildungswelt Wege auch abseits der ausgetretenen Pfade, sie zu erreichen. Andere Kinder wiederum werden vielleicht schlechter abschneiden als ihre »gedrillten« Freunde – haben dafür aber möglicherweise weniger Nebenwirkungen zu schultern. Alles hat seine Vor- und Nachteile.

Und manche Positionen, die gesellschaftlich vielleicht als erstrebenswert gelten, werden vielleicht aus anderen Gründen nicht erreicht. Manche Kinder zum Beispiel werden später in diesen Positionen gar nicht leben *wollen*. Ein Kind, das von einem reichhaltigen, beziehungsvollen Grund startet und das auf seinem Entwicklungsweg Verlässlichkeit und Achtsamkeit erfahren hat, wird sein Leben vielleicht gar nicht als Nomade auf der Jagd nach Boni und Rendite verbringen *wollen*. Einem Kind, das sich als frei erfahren hat, wird so manche Mohrrübe, die ihm da vor die Nase gehalten wird, vielleicht gar nicht schmecken. Der Bonus eines so entwickelten Kindes ist das Leben. Es wird nicht freiwillig darauf verzichten.

Natürlich stimmt, dass unsere Kinder einmal einem knallharten Wettbewerb ausgesetzt sein werden, der ihnen »alles« abverlangt. Aber was folgt daraus? Dass wir ihnen ihre Kindheit nehmen müssen? Oder die Kindheit als ein peinliches Vorstadium des Lebens behandeln sollen, das es möglichst schnell zu durchlaufen gilt? Dass wir ihnen diesen gnadenlosen Wettbewerb als erstrebenswertes Leben verkaufen, als *ihr Leben*? Ob wir *das* wollen, hängt letzten Endes davon ab, was wir selbst als ein »erfolgreiches« Leben ansehen. Und das muss – und darf – jeder selber entscheiden.

Drittens: Bildungsfragen sind Gesellschaftsfragen!

Ich habe in diesem Buch versucht, im Detail nachzuzeichnen, wie sich die Ziele der Frühpädagogik in Deutschland in den letzten Jahren verändert haben. Und welche Rolle dabei die Stiftungen der globalen Wirtschaftselite gespielt haben, die sich zwar den Gemeinnutz auf ihre Fahne geschrieben haben, aber durchaus im Sinne ihrer Erfinder operieren (Erfinder übrigens, die diese Stiftungen auch deshalb unterhalten, weil sie damit ihr Vermögen vor der Besteuerung zu schützen wissen).

Dass dieser Zugriff auf die Einrichtungen so leicht gelingen konnte, steht auch für eine Krise der Politik. Wo beteiligt sie sich denn überhaupt noch aktiv an der Diskussion um Bildungsstrukturen und Bildungsziele? Wo immer sie dazu ansetzt, laufen die Initiativen der Stiftungen doch schon auf Hochtouren – die Politik darf dann entweder die Schirmherrschaft übernehmen (wie im Fall der »Schlaumäuse« von Microsoft) oder gleich die ganze Finanzierung (wie beim »Haus der kleinen Forscher«).

Kein Wunder, dass wir in der Pädagogik längst mit zwei Geschwindigkeiten unterwegs sind. Die Themen derer, die eher die »Nützlichkeit« der Kinder im Auge haben, werden in einem Ruck umgesetzt – die »frühe Bildung« etwa, die den Kindern angeblich fehlt. Bei den für die Kinder und Familien entscheidenden Entwicklungen aber rennen wir abgeschlagen hinterher. Bei der Qualität der Krippenbetreuung zum Beispiel hat sich in ganzen zwei Jahrzehnten rein gar nichts getan – es scheint auszureichen, dass die Mütter endlich ihren Weg in die Betriebe gefunden haben. Ein geplantes Bundesgesetz zur Verbesserung der Qualität in Kindertagesstätten wurde zuletzt wieder verschoben – auf die nächste Legislaturperiode. Begründung: Das sei für die Länder zu teuer.

Ja, womöglich ist das tatsächlich zu teuer. Aber dann sagen wir es doch auch klar und deutlich: Wir können unseren Kindern keine artgerechte Kindheit mehr zugestehen. Weil das zu teuer ist. Oder weil wir nicht mehr daran glauben, dass Eigentum verpflichtet (es ist jedenfalls

schwer zu verstehen, warum man sich durch den Besitz von Vermögen diesem Gebot des Grundgesetzes heute entziehen kann). Oder weil
die Prioritäten unserer Gesellschaft sich klammheimlich verschoben
haben: Eltern werden jetzt bei der Arbeit gebraucht, auf dass unsere
Wirtschaft weiter wächst und blüht und gedeiht.

Aber hören wir dann doch wenigstens auf, uns weiter hinter dem
Banner der »frühen Bildung« zu verstecken.

Viertens: Wer macht die Ansagen?

Der eine oder andere mag sich daran stören, dass in diesem Buch oft die
Kritik im Vordergrund gestanden hat. Angesichts der Entwicklungen in
der Pädagogik in den letzten Jahren und Jahrzehnten stand mir die Kritik in der Tat näher als das Hohelied. Und doch wäre es unverzeihlich,
wenn dabei vergessen würde, wie viele Möglichkeiten Eltern im Alltag
haben, ganz konkret ihrem Herzen zu folgen – auch in Sachen Bildung
und Erziehung.

Ob wir bei der Besichtigung einer Kita als Erstes nach den Fremd-
sprachenkursen fragen oder nach dem Lager im Wald (oder Park), ist
unsere Entscheidung. *Unsere* Entscheidung ist es auch, ob wir uns wirklich der Angst hingeben wollen, unser Kind bliebe ohne Gymnasialemp-
fehlung auf der Strecke – mit gutem Willen und etwas Arbeit an uns
selbst lässt sich gegen derartige Angststörungen durchaus etwas unternehmen. Wir haben als Eltern unzweifelhaft Freiheitsgrade hinzu-
gewonnen. Die pädagogischen Angebote dort draußen – das ist meine
Erfahrung – sind vielfältiger, als wir oft denken (unter anderem, weil
Eltern nicht nur Angebote annehmen, sondern solche selber schaffen,
von Krabbelgruppen über Elternbüros bis Kitas – und auch weil sich
manche Eltern erinnern, dass Kinder auch ohne institutionelle Angebote ganz gut gedeihen können, solange sie in einem reichhaltigen, beziehungsvollen Umfeld leben dürfen). Ja, es *gibt* die Kitas, in deren Garten
im Sommer ein Lagerfeuer brennt. An dem sogar das Mittagessen ge-
kocht wird. Es gibt die Kitas, in denen sich Eltern und Erzieherinnen in
ihrer Kritik an der beständigen Dokumentation der Kinder einig sind.

Und es gibt viele wunderbare Angebote, Schulgründungen inklusive, die nicht am Engagement der Fachkräfte scheitern – sondern an zu wenigen Anmeldungen. Noch einmal: Der Flaschenhals liegt manchmal eher in der Ängstlichkeit, zu der Eltern irgendwie zu neigen scheinen. Dabei könnten wir etwas Stärke, Mut und Selbstvertrauen gut gebrauchen.

Denn in dem Entscheidungsprozess, welche Pädagogik wir eigentlich für die Kinder wollen, fehlt bisher ganz offensichtlich ein entscheidendes Glied. Die Politiker meinen es gut mit den Kindern, ohne Zweifel. Aber wenn man dann sieht, wie leicht sie sich auf Nebenschauplätze ziehen lassen und welche Glasperlen sie da wie echte Edelsteine bestaunen, dann zeigt sich auch das: Die meisten Politiker verstehen von Kindern nicht viel. Und die Wirtschaft? Auch die meint es gut mit den Kindern, ganz gewiss. Aber auch den Managern ist die kindliche Entwicklung doch eher fremd. Aus ihren Glasfassaden blicken sie viel zu selten ins echte Leben.

Es hilft alles nichts: Diejenigen, die den Kindern nahestehen, müssen ihr Gewicht einbringen, ihre Argumente, Ideen und Überzeugungen.

Nur: Wohin soll der Weg gehen? Welche Unterstützung brauchen die Kinder? Welche Bildung? Wie sollen die Kitas aussehen, die Krippen, die Schulen, auf die wir unsere Kinder schicken? Ich bin mir sicher: Die Debatte wird umso fruchtbarer sein, je offener, freier und ehrlicher wir sie führen können.

Dazu aber müssen wir eine Frage stellen, und sie ist in der Erziehungs- und Bildungsdebatte viel zu lange unter den Teppich gekehrt worden: Wer verfolgt da welche Interessen?

In der Tat: Wenn wir uns als Eltern in der Erziehung schon oft genug wie Blätter im Wind vorkommen – dann sollte genau das unser Thema sein: Wer macht den Wind?

Fünftens: Der Blick auf das Fundament

Betrachten wir zum Schluss aber die Zukunft unserer Kinder. Sie werden sich da in vielen Rollen befinden – manche davon können wir uns als Eltern ausmalen, andere können wir uns nicht einmal in Ansätzen vorstellen. Sie werden als Erwerbstätige fungieren (nicht immer in ihrem Leben), als Eltern (möglicherweise), als Nachbarn, als Bürger, als Liebes- oder Ehepartner (beides vielleicht sogar gleichzeitig), als Freunde, produktiv Arbeitende (ob im Rahmen einer Erwerbstätigkeit oder unbezahlt) oder als Bedürftige (also von Pflege oder Fürsorge Abhängige – insgesamt macht diese Strecke für die meisten von uns etwa ein Viertel bis ein Drittel des Lebens aus). Sie werden auf dieser Reise eine Zeit lang Kinder sein, eine Zeit lang Erwachsene und eine Zeit lang ältere Menschen.

Es mag sich eingebürgert haben, Bildung und Erziehung ganz und ausschließlich auf die Erwerbstätigkeit und das mittlere Lebensalter zu richten – und die anderen Lebensabschnitte eher als Wartesäle zu verstehen (auf die Arbeit oder auf den Tod). Aber genau betrachtet, ist das Leben doch eher ein Gesamtpaket.

Das passt zu dem Ansatz, den ich in Kapitel 19 beschrieben habe: Wir sollten den Blick in der Pädagogik stärker auf das *Fundament* der Persönlichkeit richten. Den Teil also, der alles tragen wird und tragen muss – die Widerständigkeit und Unwägbarkeit des Lebens eingerechnet. Jedes »Haus«, das ein Kind sich baut, wird anders aussehen, es wird eine andere Fassade haben, andere Erkerchen und gewiss völlig andere Innenräume (von den geheimen Winkeln ganz zu schweigen). Aber alle diese Häuser werden nur bewohnbar bleiben, wenn sie auf einem festen Fundament stehen. Die Vermittlung der in Wirtschaft und Gesellschaft benötigten oder geforderten Kompetenzen geht in Ordnung – aber sie darf nicht zulasten der menschlichen Kräftebildung gehen.

Ja, ich will hier bewusst den Spieß einmal umdrehen: Ich glaube, dass unsere Gesellschaft bis heute davon lebt, dass es einmal Eltern gegeben hat, die *nichts* von »früher Bildung« wussten. Die die Kindheit *nicht* als Vorstadium des Arbeitslebens gesehen haben, das es mit Trainingseinheiten sinnvoll zu nutzen gilt, sondern als *Kind*heit.

Ja, vielleicht sollten wir noch weiter gehen. Die Kindheit ist ein Persönlichkeitsrecht. Sie ist ein Schatz, der jedem von uns gehört. Er ist unveräußerlich, er ist – im eigentlichen, vom Grundgesetz verwendeten Sinne – unantastbar. Denn wir sind alle nur einen Teil unseres

Lebens Kinder. In unserem Inneren aber leben wir ein ganzes Leben davon, dass wir Kinder waren – wirkliche, echte *Kinder*. Wenn wir jetzt dadurch unsere ökonomischen Wachstumsziele in Gefahr sehen und schon die Kinder für die Wertschöpfungskette fit machen wollen – dann ist es vielleicht an der Zeit, dass wir uns *eine* Frage stellen: Was genau suchen wir eigentlich im Leben?

DANKSAGUNG

Unser Leben ist von Grund auf auf BEZIEHUNGEN angewiesen. Sie halten uns Menschen zusammen und sie geben unserem Leben Farbe und Wert. Sie kommen nicht von ungefähr. Wir müssen sie als verlässliche Grundlage erfahren, und wir müssen sie von klein auf einüben. Dafür danke ich denen, die bis heute die meiste Arbeit in dieser Hinsicht leisten – den Frauen, ob sie Mütter oder Erzieherinnen, Lehrerinnen, Nachbarinnen oder Patentanten sind (so altmodisch das klingt). Für unsere kleinen Wanderer, die Kinder nun einmal sind, gibt es nichts Tolleres, als diesen Beziehungsschatz im Rucksack zu haben.

Und noch so ein Schatz auf dem Weg: die Partner. Hinter jedem erfolgreichen Mann steht eine starke Frau, heißt es dann zum Beispiel. Auch wenn der Satz kitschig klingt – schön, wenn man das von sich sagen kann. Und ich kann es aus vollem Herzen. Danke, Doro, meine wundervolle Wegbegleiterin!

Aber wenn dann auch noch ein starker *Mann* hinter einem steht, dann ist das aller Grund, um eine regelrechte Jubelarie zu starten. Einer, mit dem ich schon vor der Geburt sozusagen in Zwangsgemeinschaft gelebt habe. Ulrich (seinen ursprünglichen Nachnamen Renz hat er im Gegensatz zu mir nicht modernisiert) – Dir von Herzen ein Riesenlob, nein, eine Huldigung für die Durchsicht und manches Massaker an meinen ersten Versionen dieses Buches. Ohne Dich wäre ich so manches Mal auf halbem Weg stehen geblieben.

Inhaltlich steht man als Autor eines solch breit angelegten Buchs immer auf den Schultern anderer. Wichtige inhaltliche Anregungen verdanke ich (ohne andere, nicht Genannte, dabei schmälern zu wollen):

… zur kindlichen Entwicklung: Remo Largo, dem ich auch für die Durchsicht des Manuskripts und für wichtige inhaltliche Anregungen danke;

… zur kulturvergleichenden Perspektive: Heidi Keller und ihrer Arbeitsgruppe an der Universität Osnabrück;

… zur Geschichte der Erziehung: Friedrich Manz (»Wenn Babys reden könnten«) und Miriam Gebhardt (»Die Angst vor dem kindlichen Tyrannen«);

… zur Geschichte der Pädagogik, insbesondere des »pädagogischen Jahrhunderts«: Werner Sesink (u. a.: »Das pädagogische Jahrhundert«);

… zur Entwicklungs- und Sozialpsychologie: Mechthild Papoušek, Klaus und Karin Grossmann, Judith Harris, Steven Pinker;

… zur evolutionären Verhaltensforschung: Melvin Konner (»The Tangled Wing«, »Evolution of Childhood«), Sarah Blaffer Hrdy (»Mothers and Others«);

… zum Verständnis der Globalisierung: Ulrike Herrmann (»Der Sieg des Kapitals«);

… zum Einfluss der Globalisierung auf das Bildungswesen: Jochen Krautz (»Ware Bildung«);

… zur Frühpädagogik: Armin Krenz, Gerd Schäfer, Gabriele Pohl, Gabriele Haug-Schnabel und vielen anderen.

Ja, und dann muss so ein Buch ja auch lesbar sein, und das ist seit alters ja die Aufgabe – der Lektoren. Claus Koch vom Beltz-Verlag hat mehr als nur seine Aufgabe erfüllt, er hat durch mutige Schnitte für Ordnung gesorgt.

Wir schliefen

Zwischen gestern und heute lag nicht nur eine Nacht.
Vielhundert Nächte breiteten ihre dumpfe Nässe
und sattelten leise graue Pferde.

Wir schliefen, als die kamen und ins Nebelhorn bliesen
und die Tulpenzwiebeln ausgruben aus dem Frühlingsbeet.

Wir schliefen, als die alte Weide versank
im überfluteten Strom.

Wir schliefen vielhundert Nächte.
Kalkrieselndes Steingemäuer efeuumschattet
Moosgeruch breitend und hoffnungsvolles Raunen
in Tiefen und Höhen.

Und wir schliefen, als unsere Kinder
träumten im allerletzten Traum:
ein Lächeln von uns und ein mutiger Schritt
würde die Welt verändern.

HEDWIG SAUTTER

LITERATURNACH- UND HINWEISE

Teil 1: Wer erzieht unsere Kinder?

EINS: Von Elternliebe und Machtinteressen

S. 13: Einfluss von Gesellschaft und Kultur auf Erziehung: Heidi Keller: *Kinderalltag – Kulturen der Kindheit und ihre Bedeutung für Bindung, Bildung und Erziehung.* Springer 2011

S. 14: Mangelnde Liebe oder mangelndes Verständnis als Ursache der unterschiedlichen Erziehungspraktiken: Heidi Keller: »Socialization for competence: Cultural models of infancy«, *Human Development*, 46, Nr. 5, 2003, S. 288–311; sowie Miriam Gebhardt: *Die Angst vor dem kindlichen Tyrannen: Eine Geschichte der Erziehung im 20. Jahrhundert.* Deutsche Verlags Anstalt 2009

S. 14: Zitat »Trudelchen wird erzogen«: Gebhardt, a.a.O., S. 103

S. 14: Zitat »Du jammerst nun mit Grund«: Gebhardt, a.a.O., S. 64

S. 15: unbedingte Einhaltung der Zeitordnung: Irene Moro-Drasch: *Babys Tagebuch: Merkblätter und die Grundzüge der Säuglingspflege.* 1917, S. 13

S. 15: Zitat »War in der Schule«: Leo Tolstoi: *Gesammelte Werke in 20 Bänden*, Bd. 18/19/20, Berlin, 1978, S. 273

S. 16: Zitat von Johanna Haarer: BR2, Notizbuch vom 30.9.2011: Ein NS-Bestseller mit langem Schatten, von Justina Schreiber, online: www.br.de/radio/bayern2/sendungen/notizbuch/deutsche-mutter-johanna-haarer100.html

S. 17: Ende der Spaß- und Kuschelpädagogik: z. B. Albert Wunsch: *Abschied von der Spaßpädagogik.* Kösel 2003; Josef Kraus: *Spaßpädagogik. Sackgassen deutscher Schulpolitik.* Universitas 1998

S. 17: Droge Verwöhnung: z. B. Albert Wunsch: *Die Verwöhnungsfalle: Für eine Erziehung zu mehr Eigenverantwortlichkeit.* Kösel 2000; Jürg Frick: *Die Droge Verwöhnung.* Verlag Hans Huber 2010

S. 17: Zitate Bernhard Bueb: Bernhard Bueb: *Lob der Disziplin.* Ullstein 2006

S. 19: Zitat aus dem Plan der Nationalerziehung nach: Brigitte van den Daehle: *Bildungsfragen sind Gesellschaftsfragen: Antworten auf eine veränderte Kindheit von Grundschülern.* Utz Verlag 2000, S. 27

S. 20: Gutachten des Instituts der Deutschen Wirtschaft Köln: Christina Anger, Axel Plünnecke, Susanne Seyd: *Bildungsarmut und Humankapitalschwäche in Deutschland*, Institut der deutschen Wirtschaft, Köln, 2006, S. 108

S. 21: Zitat United States Children´s Bureau: U.S. Department of Labor, Children's Bureau: *Infant care.* Bureau Publication No. 8, Rev. ed. 1926. Washington, DC: United States Government Printing Office. S. 44

S. 21: Zitat »Die führenden Fachleute«: Gebhardt, a.a.O, S. 82

S. 21: Zitat »Ein vernünftig gehaltenes Kind«: Gebhardt, a. a. O., S. 82

S. 23: Zitat »Der Haltegurt«: Johanna Haarer: *Die Mutter und ihr erstes Kind*, Carl Gerber 1961

S. 23: Zitat »Das Kernziel aller Erziehung«: Johanna Haarer: *Unsere Schulkinder*, Carl Gerber 1950

ZWEI: Standortsicherung

S. 26: Zitat »Was der Mann an Opfern«: Adolf Hitler vor der NS-Frauenschaft am 8. September 1934 in Nürnberg. *Frankfurter Zeitung*, 9.IX.1934

S. 26: Zitat Adalbert Czerny: Adalbert Czerny: *Der Arzt als Erzieher des Kindes.* Deuticke 1922, S. 26

S. 26: Kampfbeziehung zum Baby: eine gute Übersicht bei: Friedrich Manz: *Wenn Babys reden könnten.* Fördergesellschaft Kinderernährung 2006

S. 26: Zitat »nie länger als 5 bis 10 Minuten«: Hildegard Hetzer: *Seelische Hygiene, lebenstüchtige Kinder.* Verlag Kleine Kinder 1947, S. 18

S. 27: Zitat »Der völkische Staat«: Adolf Hitler: *Mein Kampf*, 1940, S. 452

S. 29: Zitat »Das Wettbewerbsverhalten von Frauen«: Matthias Sutter, Daniela Rützler: *Gender Differences in Competition Emerge Early in Life*, IZA Discussion Paper No. 5015, ftp.iza.org/dp5015.pdf

S. 30: Schlüsselkompetenzen nach OECD: Definition und Auswahl von Schlüsselkompetenzen, OECD 2005, online: www.oecd.org/pisa/35693281.pdf

S. 30: Ende der Geschichte: Francis Fukuyama: »The end of history?«, *The National Interest*, Summer 1989. www.wesjones.com/eoh.htm

S. 31: Fachvortrag Die kindliche Bildungsbiografie optimieren: www.youtube.com/watch?v=hWnnGQjJDpM. Kritischer Kommentar dazu: www.erzieherin.de/die-kindliche-bildungsbiografie-optimieren.php

S. 32: Zitat »Bildung und damit Humankapital«: *Kita aktuell NRW*, Nr. 01/2006, S. 13–16, online: www.kindergartenpaedagogik.de/1132.html

S. 32: Angebot Haus der kleinen Forscher: www.haus-der-kleinen-forscher.de/de/ueberuns/die-stiftung/

S. 32: pädagogisches Konzept des Hauses der kleinen Forscher: www.natur-wissen-schaffen.de/startseite/index.php

DREI: Von dem, was uns richtig erscheint

S. 33: Zitat »gerüst, willig und bereyt«: psycho.sowi.uni-mainz.de/abteil/soz/thanatologie/Literatur/heft06.pdf

S. 33: Zitat »aus Schwachheit des Hauptes«: psycho.sowi.uni-mainz.de/abteil/soz/thanatologie/Literatur/heft06.pdf

S. 34: emotionales Arbeitsmodell: Karin Grossmann: *Bindungen – das Gefüge psychischer Sicherheit.* Klett-Cotta 2012

S. 34: Umgang mit Kindern und emotionale Sozialisation: Heidi Keller: *Kinderalltag: Kulturen der Kindheit und ihre Bedeutung für Bindung, Bildung und Erziehung.* Springer 2011

S. 35: Aufwind in unseren sozialen Rollen: Selbstbestimmungstheorie von Deci und Ryan: Deci, E. & Ryan, R.: »Die Selbstbestimmungstheorie der Motivation und ihre Bedeutung für die Pädagogik«, *Zeitschrift für Pädagogik, 39,* 1993, S. 223–238. Ähnliches, auf die Gesundheit bezogenes Konzept: Aaron Antonovsky: *Salutogenese. Zur Entmystifizierung der Gesundheit,* dgvt-Verlag 1997

S. 37: Zitat »Hausfrau klingt«: Ulrich Renz in einem Vortrag auf dem SPD-Zukunftskongress 2013

S. 37: gesellschaftliche Beschleunigung: Hartmut Rosa: *Beschleunigung. Die Veränderung der Zeitstrukturen in der Moderne.* Suhrkamp Verlag 2005

S. 38: Zitat »Es ist endlich an der Zeit«: Ungleiche Bezahlung von Männern und Frauen: Frankreich droht mit Strafen, *Spiegel Online,* 08.03.2013, www.spiegel.de/wirtschaft/soziales/frankreich-droht-mit-strafen-bei-bezahlung-von-frauen-und-maennern-a-887751.html

VIER: Der globalisierte Wettbewerb

S. 41: Boom geht an der breiten Bevölkerung vorbei: Ulrike Herrmann: *Der Sieg des Kapitals.* Westend 2013, S. 77

S. 41–42: Relativer Verdienst von Vorstandsmitgliedern: Susanne Amann: »Bitte unten bleiben«, *Der Spiegel* 19/2014, online: www.spiegel.de/spiegel/print/d-126830901.html

S. 42: Studie Oxfam: Graeme Wearden in: *The Guardian* 10.1.2014, online: www.theguardian.com/business/2014/jan/20/oxfam-85-richest-people-half-of-the-world

S. 43: Ungleichverteilung von Reichtum: Thomas Piketty: *Capital in the Twenty-First Century.* Harvard University Press 2014

S. 43: Zitat »Handwerker, Friseure«: Ulrike Herrmann: *Der Sieg des Kapitals.* a.a.O., S. 70

S. 43: Zitat »weitgehend geschlossen«: Ulrike Herrmann: a.a.O., S. 68

S. 44: Studie ETH Zürich: Vitali, S., Glattfelder, J.B., Battiston, S. *The Network of Global Corporate Control.* PLoS ONE 6(10), 2011: e25995, online: www.plosone.org/article/info%3Adoi%2F10.1371%2Fjournal.pone.0025995

S. 44: Zitat »Machtwechsel von den Staaten«: Heribert Prantl, »Vom Widerstand in der Demokratie«, *Süddeutsche Zeitung* vom 19./20.7.2014, S. 13

S. 44: Steuermodell Amazon: *Der Tagesspiegel* 13.7.2013, online: www.tagesspiegel.de/wirtschaft/die-gewinne-fliessen-nach-luxemburg-amazon-zahlt-in-deutschland-kaum-steuern/8493212.html

S. 45: Steuermodell Apple: www.spiegel.de/wirtschaft/unternehmen/apples-steuertricks-in-der-uebersicht-a-901015.html

S. 46: Zahlen zum derzeitigen Steueraufkommen nach: Susanne Amann: »Bitte unten bleiben«, *Der Spiegel* 19/2014, online: www.spiegel.de/spiegel/print/d-126830901.html

S. 47: Zahlen zu den Steueroasen nach: www.welt.de/wirtschaft/article115003725/Superreiche-verstecken-weltweit-21-Billionen-Dollar.html. Ebenso: Gabriel Zucman: *Steueroasen: Wo der Wohlstand der Nationen versteckt wird*, edition suhrkamp, 2014

S. 47: Zitat »Vorstände sind Aufsichtsräte«: Hagen Krämer vom Deutschen Institut für Wirtschaftsforschung, zitiert in: Thomas Öchsner: »Vom Preis der Arbeit«, *Süddeutsche Zeitung* 22./23.3.2014, S. 22

S. 47: interlocks in den USA: www2.ucsc.edu/whorulesamerica/power/corporate_community.html

S. 48: Zitat »von demokratisch legitimierten«: Sighard Neckel in: Till Briegleb »Klassenkampf fällt erst mal aus«, *Süddeutsche Zeitung*, 25.3.2014

S. 48: Wolfgang Lieb zur Rolle der Bertelsmann-Stiftung in der Bildungspolitik: www.nachdenkseiten.de/?p=15208#more-15208 sowie www.nachdenkseiten.de/?p=14270

S. 49: Zitat »Berlusconi kann man abwählen«: so der Hamburger Politik-Professor Hans J. Kleinsteuber auf einer Podiumsdiskussion, zitiert nach Jochen Krautz: *Ware Bildung: Schule und Universität unter dem Diktat der Ökonomie.* Diederichs 2007

S. 49: Kritik an Ökonomisierung der Universitäten: Wolfgang Kemp: »Akademischer Kapitalismus«, *Süddeutsche Zeitung*, 4./5./6. Januar 2014, S. 11

S. 49: Antwort von Peter Gruss: Peter Gruss: »Akademischer Sozialismus«, *Süddeutsche Zeitung*, 15.02.2014, S. 11

S. 50: Zitat »Der Stifterverband«: Jochen Krautz: a.a.O, S. 166

Teil 2: Die pädagogische Mobilmachung

FÜNF: Pädagogik im Interesse der Globalisierung?

S. 55: Zitat »Es handelt sich beim deutschen Bildungssystem«: www.bildungsserver.de/innovationsportal/bildungplus.html?artid=408

S. 55: Voraussagen des Bundesministeriums für Bildung und Forschung: www.daad-magazin.de/16048/

S. 56: Zitate Prof Kluge: Prof. Jürgen Kluge auf einer Rede vor der EU-Bildungsministerkonferenz 2.3.2007 in Heidelberg, online: https://www.bmbf.de/pub/Bildungsministerrat_RedeKluge.pdf

S. 56: Zitat »Viele von ihnen«: Jürgen Kluge: *Schluss mit der Bildungsmisere*, Campus 2003, S. 132

S. 56: Rendite von etwa 12 %: Prof. Jürgen Kluge auf einer Rede vor der EU-Bildungsministerkonferenz 2.3.2007 in Heidelberg, online: https://www.bmbf.de/pub/Bildungsministerrat_RedeKluge.pdf

S. 56: Zitat »Aus Wissen entstehen Innovationen«: www.bildungsserver.de/innovationsportal/bildungplus.html?artid=408

S. 57: Bericht der Presse über den McKinsey Bildungskongress: www.e-fellows.net/KARRIEREWISSEN/Im-Fokus/node_58608

S. 57–58: Zitate Prof. Jürgen Kluge: aus einer Rede vor der EU-Bildungsministerkonferenz 2.3.2007 in Heidelberg, online: https://www.bmbf.de/pub/Bildungsministerrat_RedeKluge.pdf

S. 58: Deutschlands größter Kita-Wettbewerb: www.forschergeist-wettbewerb.de/de/presse/pressemitteilungen/140519-preisverleihung/

S. 60: Zitat »Rund die Hälfte«: Grußwort anlässlich des Fachkongresses »Die MINT-Karriere ist weiblich – Frauen in Führung« im Rahmen des Nationalen Pakts für Frauen in MINT-Berufen am 13.12.2011 in Berlin

SECHS: Kindheit und Effizienz

S. 62: unerbittliche Beschleunigung: Hartmut Rosa: *Beschleunigung. Die Veränderung der Zeitstrukturen in der Moderne.* a. a. O. S. 63: Zitat »Merkwürdig. Wir haben alles«: Ulrich Renz: *Die Tyrannei der Arbeit: Wie wir die Herrschaft über unser Leben zurückgewinnen.* Ludwig 2013, S. 117

S. 64: Zitat »die, die es sich leisten können«: Regine Hauch: »Mein Haus, mein Auto, mein Kind – die Ökonomie des Kinderkriegens«, *Kinder- und Jugendarzt, 12/01* 2012/2013, S. 752

S. 64: Paradox im Arbeitsleben, nach Till Briegleb: »Klassenkampf fällt erstmal aus«, *Süddeutsche Zeitung* 25.3.2014, S. 13

S. 66: Studie zu den Lebenszielen: Richard Weissbourd: The children we mean to raise: sites.gse.harvard.edu/sites/default/files/making-caring-common/files/mcc_report_7.2.14.pdf

S. 67: Programm der kommunistischen Partei Russlands: N. Bucharin und E. Preobraschensky: *Das ABC des Kommunismus: Populäre Erläuterung des Programms der Kommunistischen Partei Russlands (Bolschewiki).* 1920, § 79 Die Vorschulerziehung

S. 70: Zitate Prof. Kluge: Prof. Jürgen Kluge auf dem Kongress »McKinsey bildet«, am 27.10.2005, online: www.volksbegehren-kita.de/downloads/anlageef09a.pdf

S. 70: Zitat »Eine behütete Kindheit«: Jürgen Kluge: a. a. O., S. 57

S. 70: Stiftungsmission Haus der kleinen Forscher: www.haus-der-kleinen-forscher.de/fileadmin/Redaktion/4_Ueber_Uns/Stiftung/Stiftungsmission_2011.pdf

S. 70: Zitat »Humankapital«: Hans-Peter Klös: *Bildungsarmut und Humankapitalschwäche in Deutschland.* Institut der deutschen Wirtschaft Köln (IW), 2006

SIEBEN: Das Projekt und seine Leitung

S. 72: das kompetente Kind, Übersicht: Heidi Keller: *Handbuch der Kleinkindforschung.* Hans Huber 2011

S. 76: kognitive Bildungsoffensive des Bundes der Deutschen Industrie: www.dradio.de/dlf/sendungen/campus/1508005/

S. 76: Zitat »nicht erschlossene Bildungspotenziale«: Christina Anger, Axel Plünnecke, Susanne Seyd: *Bildungsarmut und Humankapitalschwäche in Deutschland.* Institut der deutschen Wirtschaft, Köln, 2006

S. 76: Zitat »priorities in education«: World Bank: Priorities and Strategies for Education, online: siteresources.worldbank.org/EDUCATION/Resources/278200-1099079877269/547664-1099080118171/Priorities_and_Strategies_for_Ed_WB_Review.pdf

S. 76: Definition Schlüsselkompetenzen: Definition und Auswahl von Schlüsselkompetenzen, OECD 2005, online: www.oecd.org/pisa/35693281.pdf, S. 14

S. 77: Zitat »die Qualifizierung und Mobilisierung des vorhandenen Humankapitals«: www.blk-bonn.de/papers/forum-bildung/ergebnisse-fb-band03.pdf

S. 77: Zitat »Nutzen der Investitionen«: www.fthenakis.de/c2/data/106/20120215_Didacta-DasKindMussImMittelpunktStehen.pdf

S. 77–78: Zitat »Fachkräfte, die ein Kind von der Geburt«: www.youtube.com/watch?v=hWnnGQjJDpM

S. 78: Forderung nach früherer Einschulung: www.spiegel.de/schulspiegel/vorstoss-der-wirtschaft-schon-vierjaehrige-sollen-in-die-schule-a-273627.html

S. 78: Zitat »verkappte Berufsausbildung«: zitiert in: Johann Osel: »Baustelle Bachelor«, *Süddeutsche Zeitung*, 18/19.6.2014, S. 6

S. 80: Zitat »normativen Empirie«: Jochen Krautz: a. a. O., S. 85

S. 80: Folgenlosigkeit der Vergleichstests: www.spiegel.de/schulspiegel/vergleichsarbeiten-vera-an-schulen-lehrer-wettern-gegen-tests-a-967642.html

S. 81: Ansturm auf die Mathematik: Johann Osel: »Kokettieren mit der Mathe-Unlust«, *Süddeutsche Zeitung*, 6.5.2014

S. 81: formale Spezialisierung und deren Nutzbarkeit in der Arbeitswelt: www.spiegel.de/schulspiegel/wissen/pisa-studie-2013-mathematik-erfolgsgeheimnis-asiatischer-schueler-a-935718.html

S. 82: Zitat »Anpassung und Kommerzialisierung«: Die Weltbank formuliert es so: Education systems must accord high priority to building up a nation´s capacity to produce, select, adapt, commercialize and use knowledge. Nach: EDUCATION SECTOR STRATEGY UPDATE – Achieving Education For All, Broadening our Perspective, Maximizing our Effectiveness. World Bank, 22.12.22,

2005 Final Draft, online: siteresources.worldbank.org/EDUCATION/Resources/ ESSU/Education_Sector_Strategy_Update.pdf

S. 82: GATS und Öffnung der Bildungsmärkte: Andrée Sursock: Hochschulbildung, Globalisierung und GATS, in: Aus Politik und Zeitgeschichte, (2004) Band 25, S. 41–46, online: www.bpb.de/apuz/28281/hochschulbildung-globalisierung-und-gats?p=all

S. 83: Zitat »Einfluss auf das Verhalten«: in: OECD: *Die Globalisierung in den Griff bekommen. Die Rolle der OECD in einer sich wandelnden Welt*, 2004, S. 23, online: www.oecd.org/general/33808614.pdf

S. 83: Zitat »Dienstleistungsorganisation im Bereich Bildung«: *Selbstständige Schule 2015 – Leitbild, Ziele und Fundamente*. Positionspapier der Vereinigung der hessischen Unternehmerverbände (VhU) zur hessischen Qualitätsschule, 2004, S. 14, online: vhu.de/vhu/file/marh-8ktm49.de.0/broschuere2015.pdf

S. 84: Zitat »Lehrer mit Defiziten«: Ministerin Babara Sommer in der *Westdeutschen Allgemeinen Zeitung*, 6.10.2006

S. 85: zur Geschichte des »Hochschulfreiheitsgesetzes« Nordrhein-Westfalen: www.nachdenkseiten.de/?p=1870

S. 86: Werbebroschüre des Schlaumäuse-Programms: www.clw.tu-berlin.de/ uploads/media/Projektbegleitungfinal.pdf

S. 86: Schlaumäuse an rund 10.000 Kitas: Microsoft AG: START 07 – gesellschaftliches Engagement für Deutschland, online: download.microsoft.com/download/5/4/0/5405a57e-f632-40a4-8723-93ab6ec4ab2f/START07.pdf

S. 86: Finanzvolumen des internationalen Bildungsmarktes: Merrill Lynch: *The Knowledge Web*, online: www.nyu.edu/classes/jepsen/KnowledgeWeb.pdf

S. 87: Hintergrund des PISA Testbetriebs: Elisabeth Flitner: *Pädagogische Wertschöpfung. Zur Rationalisierung von Schulsystemen durch public-private-partnerships am Beispiel von PISA*, online: www.phil-fak.uni-duesseldorf.de/fileadmin/ Redaktion/Institute/Sozialwissenschaften/BF/Lehre/Materialien/Pisa/El%20 Flitner_Paedagogische%20Wertschoepfung.pdf

S. 87: Zitat »Pflichtprogramm für Kindergärten«: Microsoft AG: *START 07 – gesellschaftliches Engagement für Deutschland*, online: download.microsoft.com/ download/5/4/0/5405a57e-f632-40a4-8723-93ab6ec4ab2f/START07.pdf

S. 87: Zitat »Ein dreifacher Gewinn«: Jochen Krautz, a. a. O., S. 186

S. 88: Delfin 4 aussortiert: Rainer Kellers: *Sprachtest DELFIN 4 wird abgeschafft*, wdr.de, online unter www1.wdr.de/themen/politik/delfinvier100.html

S. 88: Zitat Elisabeth Flitner: Elisabeth Flitner,: a. a. O. Teil 3: Unterschiedliche Akteure – unterschiedliche Interessen?

Teil 3: Unterschiedliche Akteure – unterschiedliche Interessen?

ACHT: Wo stehen die Eltern?

S. 93: Einstein Kitas, ein nettes Beispiel: www.stuttgart.de/einstein

S. 94: Kinderbild bei Widerstandskämpfern: Sigrid Chamberlain, mündliche Mitteilung auf dem Kongress »Dem Leben auf der Spur« in Gießen am 21.5.2010

S. 94: Zitat Schopenhauer: Schopenhauer 1851, aboq.org/schopenhauer/parerga2/weiber.htm

S. 95: Auswirkungen von Beziehungserfahrungen in der Kindheit: Übersicht bei: Shaver, P. R., & Mikulincer, M.: Adult attachment strategies and the regulation of emotion. In: J. J. Gross (Ed.) (2007): *Handbook of emotion regulation* (S. 446–465). New York: Guilford Press, online ist-socrates.berkeley.edu/~boblev/images/affective%20science%20readings/Shaver/20100309110651377. pdf. Eine Literaturliste zum Thema Bindungssicherheit und Verhalten unterhält die UC Davis, University of California: psychology.ucdavis.edu/labs/ Shaver/PWT/index.cfm?Section=3

S. 96: Zitat Timo Heimerdinger aus: Timo Heimerdinger: »Verwickelt aber tragfähig. Europäisch-ethnologische Perspektiven auf ein Stück Stoff: das Babytragetuch«, *Österreichische Zeitschrift für Volkskunde*, Neue Serie Band LXV, 114 (2011), Heft 3, S. 311–345, online: www.uibk.ac.at/geschichte-ethnologie/ mitarbeiterinnen/univ-prof/heimerdinger-timo/heimerdinger_2011_babytragetuch.pdf. S. 327

S. 97: Timo Heimerdinger: a. a. O.

NEUN: Wissenschaft – Auftritt der Experten

S. 99: Zitat »Rückenmarksindividuen ohne psychische Funktionen«: Bernhard Bendix: *Lehrbuch der Kinderheilkunde*, Urban & Schwarzenberg, 7. Aufl. 1916, S. 8. S. 99: Zitat Johanna Haarer: Haarer, J.: *Die deutsche Mutter und ihr erstes Kind*. Lehmanns Verlag 1939, S. 165

S. 100: Zitat Frank Kirchhoff: »Rostocker Experte rät: Kinder nicht bis in den Schlaf singen«, *Ostseezeitung*, 6.1.2014

S. 100: Trennungssituation beim Einschlafen: zusammenfassende Darstellung in: Sibylle Lüpold: *Unsere Kinder brauchen uns auch nachts*, 2010, online: www. ferbern.de/fileadmin/documents/pdf/broschuere_babyschlaf.pdf

S. 100: evolutionsbiologische Perspektive auf den Babyschlaf: zusammenfassende Darstellung in: Herbert Renz-Polster: *Schlafprobleme aus Sicht der Evolution*, online: kinderverstehen.de/images/Schlaf_Renz-Polster_290909.pdf

S. 105: aus meinem Blog, zur Ferber-Methode: blog.kinder-verstehen.de/?p=78

S. 105: methodische Problematik wissenschaftlicher Studien, Übersicht bei: Ioannidis, J. P. A.: »Why Most Published Research Findings Are False«. *PLoS Medicine* 2 (8), 2005, e124, online: www.plosmedicine.org/article/info%3Adoi%2F10.1371%2Fjournal.pmed.0020124

S. 105: Roche fälscht Studienergebnisse: Werner Bartens: »Forscher beklagen Kontrollversagen«, *Süddeutsche Zeitung*, 11.4.2014, online: www.sueddeutsche.de/gesundheit/tamiflu-skandal-forscher-beklagen-kontrollversagen-1.1935372

S. 107: Zitat zu den bedingten Reflexen: Miriam Gebhardt: a. a. O., S. 144

S. 108: Vorherrschaft der neoklassischen Markttheorie, z.B.: Charlotte Theile: »Zeitenwende«, *Süddeutsche Zeitung*, 5.5.2014. Siehe auch: Netzwerk Plurale Ökonomik, https://www.plurale-oekonomik.de

ZEHN: Der Staat als Erziehungshelfer?

S. 113: eine gute Übersicht zu den Sozialisationswegen im späten Feudalzeitalter Deutschlands in: *Kinderstuben – Wie Kinder zu Bauern, Bürgern, Aristokraten wurden 1700–1850*, dtv dokumente 1983

S. 114: Zitat aus dem General-Landschulreglement: General-Landschulreglement von 1763, online: digital.bib-bvb.de/R/?func=dbin-jump-full&object_id=2592313&local_base=UBA&pds_handle=GUEST&bvb=suma

S. 114: Zitat den Staatsbürger Sitten lehren: Engelbrecht, Helmut: *Geschichte des österreichischen Bildungswesens, Erziehung und Unterricht auf dem Boden Österreichs. Bd 3. Von der frühen Aufklärung bis zum Vormärz.* Wien 1984, S. 483

S. 115: Zitat »Es gibt nun einmal«: Werner Sesink: Das Pädagogische Jahrhundert, Skript zur Vorlesung im Sommersemester 2007, Technische Universität Darmstadt, S. 135, online: www.abpaed.tu-darmstadt.de/media/arbeitsbereich_bildung_und_technik/gesammelteskripte/pjh_2007.pdf

S. 116: Zitat »zur Anzeige gekommen«, nach: Werner Sesink: a. a. O., S. 59

S. 117: Zitat »aus dem Plan der Nationalerziehung«: Louis Michel Lepeletier, zitiert nach: Werner Sesink: a. a. O., S. 86

S. 118: Zitat »Das moderne Schulwesen«: Werner Sesink: a. a. O., S. 86

S. 118: Zitat »Die deutsche Schule«: Wilhelm Frick: *Kampfziel der deutschen Schule.* Langensalza 1933 (Ansprache des Reichsministers des Innern Dr. Frick auf der Ministerkonferenz am 9. Mai 1933)

S. 120: Zitat Marianne Gronemeyer, in: *Veranstaltete Kindheit: Bildung im Schatten der Ökonomie*, online unter kindergruppen.at/boe/veranstaltete-kindheit-bildung-im-schatten-der-oekonomie

S. 121: Zitat »pädagogische Mastpläne«: Josef Kraus: *Helikopter-Eltern: Schluss mit Förderwahn und Verwöhnung*, Rowohlt 2013, S. 27

S. 122: Zitat »In der feudalen Gesellschaft« nach: Werner Sesink: a. a. O., S. 8

ELF: Wirtschaft – der große Pate der Bildung?

S. 129: Zahlen zu den deutschen Familienbetrieben nach: Elisabeth Dostert: »Erfolgreicher Mittelstand – Ein deutsches Phänomen«. *Süddeutsche Zeitung* 28.2.14, S. 21, online: www.sueddeutsche.de/wirtschaft/erfolgreicher-mittelstand-ein-deutsches-phaenomen-1.1900145

S. 130: Drogenhandel als Wirtschaftsleistung: www.spiegel.de/wirtschaft/soziales/bruttoinlandsprodukt-bip-kuenftig-mit-drogenhandel-und-tabakschmuggel-a-960620.html

S. 132: Zitat »Legitim als Forderung«: Jochen Krautz, a. a. O., S. 103

S. 134: das Argument von Jörg Dräger in: www.bertelsmann-stiftung.de/cps/rde/xchg/bst/hs.xsl/nachrichten_118527.htm

S. 134: politische Front zur Akademisierung wackelt: » Wirtschaftsboss wettert gegen die Akademisierung«, *Spiegel online* vom 3.2.2014:. www.spiegel.de/wirtschaft/dihk-praesident-schweitzer-akademisierung-schadet-wirtschaftsstandort-a-950708.html

S. 136: schichtspezifische Geburtenraten: Regine Hauch: »Mein Haus, mein Auto, mein Kind – die Ökonomie des Kinderkriegens«, *Kinder- und Jugendarzt, Heft 12/01* 2012/2013, S. 752 ff. S. 136: Betriebssystem des Bildungswesens nach: Thomas Steinfeld: »Das Einmaleins der Konkurrenz«, Süddeutsche Zeitung 2.12.2013

S. 138: zum Einfluss der Wirtschaft auf die Lehre an Universitäten siehe z.B.: Christine Demmer: »Wer zahlt, will mitreden«, *Süddeutsche Zeitung,* 13.3.2014; sowie Bernd Kramer: »Millionen gesucht, Glaubwürdigkeit abzugeben«, *Spiegel online* 3.6.2014. Gute Übersicht auch bei: Jochen Krautz: *Ware Bildung*, Diederichs, 2007

S. 138–139: Zitat Wilhelm II nach: Willi Winkler »Die alte Lüge vom süßen, ehrenvollen Tod«, *Süddeutsche Zeitung,* 28.3.14, S. 12

ZWÖLF: Spuren, die sich kreuzen, oder: Miterzieher allerorten!

S. 141: Zitat »Mutter führt die ersten«: Miriam Gebhardt: Die Angst vor dem kindlichen Tyrannen, a. a. O., S. 113

S. 142: Zitat »Als wir damals aus dem Krankenhaus kamen«: www.gewuenschtestes-wunschkind.de/2013/06/die-erziehung-unserer-groeltern-und.html

S. 142: Zitat »Natürlich tut es weh«: Annette Kast-Zahn: *Eltern-Zeitschrift 02/14,* S. 36

S. 144: Verhältnis zum eigenen Körper, nach: Katja Bauer: »Pink fürs Leben«, *Stuttgarter Zeitung,* 24.11.2013, online: m.stuttgarter-zeitung.de/inhalt.maedchenrollen-vs-maedchenklischees-pink-fuers-leben.889663f2-6dcf-42df-aa4 9-86986faded85.html

Teil 4: Der pädagogische Belagerungsring rund um das Kleinkind

DREIZEHN: Protektorat Kita

S. 151: Zitat »Vor allem die kognitiven Fähigkeiten«: www.arbeitgeber.de/www/ arbeitgeber.nsf/res/38127F55FC1E982EC12574EF0053FB49/$file/BsZ_12_Bildungschancen.pdf

S. 152: Starting Points: carnegie.org/fileadmin/Media/Publications/PDF/Starting%20Points%20Meeting%20the%20Needs%20of%20Our%20Youngest%20Children.pdf

S. 152: »knowledge gap« und »meta-kognitive Kompetenzen«: Gisbert, K.: Wie Kinder lernen: Vermittlung lernmethodischer Kompetenzen. In: Fthenakis, W. (Hrsg.): *Elementarpädagogik nach* PISA. *Wie aus Kindertagesstätten Bildungseinrichtungen werden können.* Herder 2003, S. 78–105

S. 153: Forscherideen des Hauses der kleinen Forscher: www.haus-der-kleinenforscher.de/de/forschen/experimente-praxisideen/

S. 153: Zitat Zum Bildungsplan gehören: www.arbeitgeber.de/www/arbeitgeber. nsf/res/38127F55FC1E982EC12574EF0053FB49/$file/BsZ_12_Bildungschancen. pdf

S. 153: Dokumentationsbeispiel aus: www.gabip.de/skin/frontend/default/xdot/ demos/entwbericht.pdf

S. 154: Zitat »Die bildungsfernen Schichten«: Martin Spiewak: »Schmalspur«, *Die Zeit*, 25.11.2004, online: www.zeit.de/2004/49/B-Kindergarten-Ausbildung

S. 154: Verlautbarung des Aktionsrates Bildung: nach 3sat nano: Nicht mehr als Mittelmaß, online: www.3sat.de/page/?source=/nano/gesellschaft/153552/ index.html

S. 155: Schuldbekenntnis des Bundesministeriums: BMFSFJ 2004: Perspektiven zur Weiterentwicklung des Systems der Tageseinrichtungen für Kinder in Deutschland, online: www.bmfsfj.de/RedaktionBMFSFJ/Internetredaktion Pdf-Anlagen/gutachten-perspektiven-zur-weiterentwicklung,property=pdf.pdf

S. 155–156: Zitat Erkenntnisse der Lernpsychologie: www.arbeitgeber.de/www/ arbeitgeber.nsf/res/38127F55FC1E982EC12574EF0053FB49/$file/BsZ_12_Bildungschancen.pdf

S. 156: fehlender Einfluss des frühen Lesens auf die spätere Lesekompetenz: dies zeigen sowohl die Vergleiche von in unterschiedlichem Alter eingeschulten Kindern (z. B. Patrick A. Puhani, Andrea M. Weber: *Does the Early Bird Catch the Worm? Instrumental Variable Estimates of Educational Effects of Age of School Entry in Germany.* IZA Discussion Paper No. 1827, October 2005, online: ftp:// ftp.iza.org/dps/dp1827.pdf) als auch die Analyse der Frühinterventionen (z. B. Sebastian Paul Suggate: *Trägt früher Leseerwerb langfristig zur Lesekompe-*

tenz bei? Eine kritische Betrachtung empirischer Forschungsbefunde, 2013, online: www.rosejourn.com/index.php/rose/article/viewFile/144/163). Dass auch die Schreib- und Rechenkompetenz letzten Endes auf einer gut ausgebildeten exekutiven Kontrolle beruht, zeigt eindrucksvoll diese Studie: Megan M. Mc-Clelland, Alan C. Acock, Andrea Piccinin, Sally Ann Rhea, Michael C. Stallings: »Relations between preschool attention span-persistence and age 25 educational outcomes«. *Early Childhood Research Quarterly*, 2012, online: ir.library.oregonstate.edu/xmlui/bitstream/handle/1957/31860/Preschool%20attention%20%20later%20outcomes_7-17-12%20FINAL%5B1%5D.pdf?sequence (eine Zusammenfassung auf Deutsch hier: www.fuerkinder.org/kinder-brauchen-bindung/die-forschung-sagt/135-aufmerksamkeit-konzentration-ausdauer-wichtiger-als-lesen-mathematik

S. 156: Bedeutung der Natur als Entwicklungsraum in: H. Renz-Polster: *Wie Kinder heute wachsen*, Beltz, 2013

S. 157: Stellungnahme der Leopoldina-Akademie der Wissenschaften: Leopoldina – Nationale Akademie der Wissenschaften: Frühkindliche Sozialisation – biologische, psychologische, linguistische, soziologische und ökonomische Perspektiven, 2014, online: www.leopoldina.org/uploads/tx_leopublication/2014_Stellungnahme_Sozialisation_web.pdf

S. 157: neuer Ansatz in der frühkindlichen Bildung: so der Titel einer Präsentation von Wassilios Fthenakis, online: www.akademie-fruehe-bildung.de/fileadmin/pdf/berlin-westermann_20_10_2011.pdf

S. 157: Zitat »sozialer Prozess«: Fthenakis, W. E.: »Bildung und Erziehung für Kinder unter sechs Jahren: Der bayerische Bildungs- und Erziehungsplan«. In: *Bildung, Erziehung, Betreuung 7*, 2002, H 1, S. 4–6

S. 158: Zitat »die Ko-Konstruktion hat sich«: online: www.natur-wissen-schaffen.de/backstage/natur_wissen_schaffen/documentpool/Sammelmappe_8_13_Artikel_Prof_Fhtenakis.pdf

S. 158: Zitat Gerd Schäfer in: Schäfer, Gerd E.: *Lernen im Lebenslauf. Formale, non-formale und informelle Bildung in früher und mittlerer Kindheit*. Expertise für die Enquetekommission »Chancen für Kinder – Rahmenbedingungen und Steuerungsmöglichkeiten für ein optimales Betreuungs- und Bildungsangebot in Nordrhein-Westfalen« des Landtags von Nordrhein-Westfalen. Köln 2008, online: https://www.hf.uni-koeln.de/data/eso/File/Schaefer/LernenImLebenslauf2008.pdf

S. 159: Finanzierung der konzeptionellen Grundlagen: so finanziert Microsoft etwa das in Kapitel 7 vorgestellte »Schlaumäuse«-Programm, und die Telekom-Stiftung unterstützt mit ihrem aus Kapitel 5 bekannten Konzept »Natur-Wissen schaffen« Erzieherinnen und Erzieher dabei, frühe Kompetenzen in Mathematik, Naturwissenschaften, Technik und im Umgang mit Medien zu vermitteln (www.telekom-stiftung.de/dts-cms/de/natur-wissen-schaffen)

S. 159: Überprüfung des Delfin Tests: Rainer Kellers: *Sprachtest DELFIN 4 wird abgeschafft*, wdr.de, online: www1.wdr.de/themen/politik/delfinvier100.html

S. 160: Varianz der normalen kindlichen Entwicklung: Remo Largo: *Lernen geht anders – Bildung und Erziehung vom Kind her denken*, edition Körber Stiftung 2010, S. 84

VIERZEHN: Frühpädagogik als Spekulationsmodell

S. 161: Zitat »Aufgabe der Pädagoginnen«: www.haus-der-kleinen-forscher.de/fileadmin/Redaktion/1_Forschen/Paedagogik/Paedagogikbroschuere_2013.pdf

S. 163: Memorandum an die Bildungspolitik: Bundesvereinigung der Deutschen Arbeitgeberverbände: *Bessere Bildungschancen durch frühe Förderung*. Positionspapier zur frühkindlichen Bildung, 2006, S. 17/18, online: www.arbeitgeber.de/www/arbeitgeber.nsf/res/Broschuere__Bildungschancen.pdf/$file/Broschuere__Bildungschancen.pdf

S. 163: Zitat »Förderung beginnt«: Bundesvereinigung der Deutschen Arbeitgeberverbände: *Bildung schafft Zukunft 2012*, S. 12, online: www.arbeitgeber.de/www/arbeitgeber.nsf/res/880C938DB6F20731C125797A003928DF/$file/Bildung_schafft_Zukunft_2012.pdf

S. 163: Zitat »Wir sind überzeugt«: so der ehemalige Arbeitgeberpräsident Dieter Hundt, online: arbeitgeber.de/www%5Carbeitgeber.nsf/id/AA3F63898833A5A-CC1257610002FD7F8?open&ccm=200027

S. 163–164: Zitat »Bisher hat sich der deutsche Kindergarten«: Bundesvereinigung der Deutschen Arbeitgeberverbände: *Bildung schafft Zukunft 2012*, Seite 7/8, online unter www.arbeitgeber.de/www/arbeitgeber.nsf/res/880C938DB6F-20731C125797A003928DF/$file/Bildung_schafft_Zukunft_2012.pdf

S. 164: Starting Strong: www.oecd.org/education/school/37519496.pdf

S. 164: zu den Forderungen nach früherer Einschulung: www.welt.de/print-welt/article354853/OECD-fordert-akademische-Ausbildung-fuer-Kita-Erzieher.html sowie www.morgenpost.de/printarchiv/politik/article417137/Einschulung-schon-mit-vier-und-kein-Sitzenbleiben-mehr.html

S. 166: Zitat »Viel mehr als Wickeln«: www.spiegel.de/politik/deutschland/kita-notstand-hamburger-studie-zu-maengeln-beim-krippenausbau-a-978624.html

S. 168: Zitat »dass ein Kind gut versorgt ist«: Gabriele Pohl: »Das Spielen ernst nehmen«, *Zeitschrift für Tageseltern*, Heft 1, 2014

Teil 5: In der Klemme

FÜNFZEHN: Das nicht gehaltene Versprechen

S. 175: Berechnung des entgangenen Wirtschaftswachstums: www.wirtschafts-
dienst.eu/downloads/files/veranstaltungen/Konferenz%20Arbeitsmarkt%20
+%20Qualifikation/6_Praesentation_Piopiunik.pdf

S. 175: ein Fünftel der Kinder als »Bildungsversager«: www.spiegel.de/schul-
spiegel/wissen/pisa-studie-deutschland-bei-problemloesung-im-oecd-mittel-
feld-a-961814.html

S. 177: zur Diskussion um Bildungsgerechtigkeit in Deutschland: www.zeit.
de/2013-01/studie-herkunft-aufstieg

S. 178: Bildung als Hase-und-Igel-Rennen: Michael Hartmann: *Eliten und Macht
in Europa: Ein internationaler Vergleich*, Campus Verlag 2007, S. 144 und 145

S. 178: Buch von Clara Steinkellner: Clara Steinkellner: *Menschenbildung in einer
globalisierten Welt – Perspektiven einer zivilgesellschaftlichen Selbstverwaltung
des Bildungswesens*, Edition Immanente 2012

S. 179: Zitat »Hier bleibt nur anzumerken«: Clara Steinkellner: a. a. O., S. 204

S. 181: Zahlen zu Auslandssemestern: Johann Osel: »Verlorene Zeit«, *Süddeutsche
Zeitung*, 16.07.2014, S. 6

SECHSZEHN: Die älteste Frage

S. 188: Zitat aus dem Plan der Nationalerziehung, zitiert nach: Werner Sesink:
a. a. O., S. 44

S. 188: Zitat »Bildet solche Menschen«: Brigitte van den Daehle: *Bildungsfragen
sind Gesellschaftsfragen – Antworten auf eine veränderte Kindheit von Grundschülern*, Herbert Utz Verlag 2000, S. 27

S. 192: Zitat »Die Entwicklung aller Keime«: Werner Sesink: a. a. O., S. 138/139,

S. 192: Zitat »Der Eigenwille des Kindes«: Werner Sesink: a. a. O., S. 116

SIEBZEHN: Wem gebührt die Bildungshoheit?

S. 193: Anteil der PrivatUnis in Deutschland: www.spiegel.de/unispiegel/studi-
um/privatunis-deutlich-mehr-studenten-studieren-an-privaten-hochschu-
len-a-967864.html

S. 194: Zitat Otto Graf Lambsdorff – nach: www.freiheit.org/webcom/show_ar-
ticle.php/_c-91/_nr-1330/i.html

S. 194: Zitat Die Möglichkeit privater TrägerInnen – nach: www.jusosberlin.de/
pressemitteilung-lob-fuer-ablehnung-der-volksinitiative-schule-in-freiheit

S. 194: Bildungssystem Großbritannien: Christian Bunke: Bildungsreform nach
»britischen Werten«, in: Telepolis vom 02.07.2014, online: www.heise.de/
tp/artikel/42/42116/1.html sowie als Überblick: Diane Reay: »Gesellschaftli-

che Spaltungen, Geschlecht und Ethnizität im Bildungssystem«, *Aus Politik und Zeitgeschichte Nr. 49*, 06.12.2010. Thema: Großbritannien, online: www. das-parlament.de/2010/49/Beilage/003.html

S. 196: Kosten des Nebenschulsystems: www.ln-online.de/Nachrichten/Nord-deutschland/Immer-haeufiger-Nachhilfe-fuer-Grundschueler Ach ja, ein bestimmter Vornamen hilft auch: www.spiegel.de/schulspiegel/wissen/ungerechte-grundschullehrer-kevin-ist-kein-name-sondern-eine-diagno-se-a-649421.html. ein attraktives Äußeres ebenso: Dunkake, Imke; Kiech-le, Thomas; Klein, Markus; Rosar, Ulrich: »Schöne Schüler, schöne Noten? Eine empirische Untersuchung zum Einfluss der physischen Attraktivität von Schülern auf die Notenvergabe durch das Lehrpersonal«, *Zeitschrift für Soziologie*, 41 (2012) 2, S. 142–161, online: www.zfs-online.org/index.php/zfs/article/view/3095/2633

S. 197: Zitat Gabriele Pohl: Gabriele Pohl: »Das Spielen ernst nehmen«, *Zeitschrift für Tageseltern*, Heft 1, 2014

S. 197: Jochen Krautz: a. a. O., S. 71

S. 197: Segregation des schwedischen Schulsystems: Silke Bigalke: »Pisa-Ab-steiger Schweden: Schluss mit lustig in der Schule«, *Süddeutsche Zeitung*, 2.3.2014, online: www.sueddeutsche.de/bildung/pisa-absteiger-schweden-schluss-mit-lustig-in-der-schule-1.1901532 sowie Frauke Lüpke-Narbenhaus: »Pisa-Absturz schockiert Schweden«, *Spiegel online* unter: www.spiegel.de/schulspiegel/ausland/pisa-absteiger-warum-schwedens-schueler-sich-ver-schlechterten-a-937022.html

S. 199: zukunftsweisende Schulideen: Ich will hier als Beispiele zwei Schulen nennen: die Evangelische Schule Berlin Zentrum (www.ev-schule-zentrum. de/index.php?id=aktuell) sowie die Montessori-Oberschule Potsdam (www. potsdam-montessori.de/home.html). Soeben ist außerdem erschienen: Ras-feld, Margret und Breidenbach, Stephan: *Schulen im Aufbruch – Eine Anstif-tung*, Kösel 2014

S. 202: freier Markt als Antwort auf die deutschen »Bildungsprobleme«: z. B. Jür-gen Kluge: *Schluss mit der Bildungsmisere – ein Sanierungskonzept*, Campus 2003

S. 203: Zitat »dessen Geschäftsführer«: Jürgen Kluge in: Jürgen Kluge: a. a. O. S. 203: Beispiel Rütli-Schule Berlin: www.berliner-zeitung.de/archiv/vor-drei-jahren-galt-die-schule-als-ein-ort-des-schreckens--jetzt-entsteht-dort-ein-kleines-paradies-alles-ruetli,10810590,10613910.html

Teil 6: Der magische Kern der Kindheit

ACHTZEHN: Erziehung für den Ertrag?

S. 207: Dreieck der Erziehung: ich wandle damit ein Modell von Herbert Gudjons ab (Herbert Gudjons: *Pädagogisches Grundwissen, Überblick – Kompendium – Studienbuch*, 11. grundlegend überarbeitete Auflage – gemeinsam mit Silke Traub, UTB, Klinkhardt 2012

S. 209–210: Zitat Johanna Haarer aus: Johanna Haarer: *Die deutsche Mutter und ihr erstes Kind*, Lehmanns, München 1934, S. 249/250

NEUNZEHN: Das pädagogische Paradox

S. 215: funktionierende Beziehungen als Grundlage der kindlichen Entwicklung: Gute Übersicht bei: Mechthild Papoušek: *Verwundbar, aber unbesiegbar – die intuitiven elterlichen Kommunikationsfähigkeiten als Schutzfaktor in der frühen Kindheit.* Festvortrag zur 16. GAIMH Jahrestagung 17.–19.2.2011, Universität Wien, online: www.gaimh.de/files/downloads/04fa990b37e-0d136ca266f0c77742359/Papousek%20Mechthild%20-%20Intuitive%20elterliche%20Kommunikationsf%C3%A4higkeiten%20%5BKompatibilit%C3%A4tsmodus%5D.pdf

S. 215: sichere Beziehungen als Grundlage der exekutiven Funktionen: Bernier, A., Carlson, S. M., & Whipple, N.: »From External Regulation to Self-Regulation: Early Parenting Precursors of Young Children's Executive Functioning«. *Child development, 81(1)*, 2010, 326–339

S. 215: Spiel in gemischtaltrigen Gruppen: Kenneth R. Ginsburg, MD, MSEd and the Committee on Communications and the Committee on Psychosocial Aspects of Child and Family Health: »The Importance of Play in Promoting Healthy Child Development«, *Pediatrics, Vol. 119*, No. 1, January 2007, pp. 182–191, online: pediatrics.aappublications.org/content/119/1/182.full; sowie Gray, P: »The Special Value of Children's Age-Mixed Play«, *American Journal of Play*, 2011, vol. 3, no. 4, online unter: www.journalofplay.org/sites/www.journalofplay.org/files/pdf-articles/3-4-article-gray-age-mixed-play.pdf

S. 215: frei gestaltetes kindliches Spiel als Entwicklungsressource: Gabriele Pohl: *Kindheit – aufs Spiel gesetzt: Vom Wert des Spielens für die Entwicklung des Kindes*, 4. Aufl., Springer 2014

S. 219: Catering an deutschen Kitas: Ulrike Heidenreich: »Trollmurmelsuppe und viel Fleisch«, *Süddeutsche Zeitung*, 3.6.2014

S. 221: Zitat »In jeder Kindertageseinrichtung«: Bundesvereinigung der Deutschen Arbeitgeberverbände: *Bildung schafft Zukunft 2012*, online: www.arbeitgeber.de/www/arbeitgeber.nsf/res/880C938DB6F20731C125797A003928D-F/$file/Bildung_schafft_Zukunft_2012.pdf

S. 221: Zitat »Ich beobachte ein dreijähriges Kind«: Gabriele Pohl: *Kindheit – aufs Spiel gesetzt: Vom Wert des Spielens für die Entwicklung des Kindes*, 4. Aufl., Springer 2014

S. 222: intuitive Mathematik und Physik: gute Zusammenfassung bei: Julie Sarama und Douglas H. Clements: »Building Blocks and Cognitive Building Blocks – Playing to Know the World Mathematically«. *American Journal of Play*, 1, 313–337, online: www.journalofplay.org/sites/www.journalofplay.org/files/pdf-articles/1-3-article-building-blocks-cognitive-building-blocks.pdf; sowie Michael Shayer und Denise Ginsburg: »Thirty years on – a large anti-Flynn effect? (II): 13- and 14-year-olds. Piagetian tests of formal operations norms 1976–2006/7«, *British Journal of Educational Psychology*, 79, 2009, S. 409–418, online: www.iapsych.com/iqmr/fe/LinkedDocuments/shayer2009.pdf

S. 223: Zitat »Wird man erst tiefgekühlt«: *Die Kindergartenzeitschrift*, 36, 2014, S. 7

S. 223: die Beispiele stammen aus: *Die Kindergartenzeitschrift*, 36, 2014

Was wollen wir eigentlich?

S. 226: Primum non nocere – diese Idee wurde meines Wissens zum ersten Mal von Jennifer Senior in ihrem TED talk »For parents, happiness is a very high bar« geäußert: www.ted.com/talks/jennifer_senior_for_parents_happiness_is_a_very_high_bar

S. 226: Zitat »wenig zu gewinnen«: Gabriele Haug-Schnabel und Joachim Bensel: »Kinder unter 3 – Bildung, Erziehung und Betreuung von Kleinstkindern«, *Kindergarten heute spezial*, 09/2006, S. 14

S. 229: Bundesgesetz zur Verbesserung der Qualität in Kindertagesstätten verschoben: www.spiegel.de/politik/deutschland/schwesig-plant-doch-kein-kita-gesetz-fuer-mehr-erzieher-a-983115.html

S. 237: Hedwig Sautter: *Sternschnuppen verweilen nicht – Gedichte über Begegnungen mit Kindern.* © Urachhaus, Stuttgart 2014

ANMERKUNGEN

Teil 1: Wer erzieht unsere Kinder?

EINS – Von Elternliebe und Machtinteressen

1   Der Begriff geht auf den Kulturanthropologen Philip W. Jackson zurück. (*Philip W. Jackson: Zur Funktion der sozialen Verkehrsformen im Klassenzimmer*. In: Jürgen Zinnecker (Hrsg.): *Der Heimliche Lehrplan*. Beltz, Weinheim und Basel 1975)

2   Um die Machtfrage ging es kurz darauf auch dem Kinder- und Jugendpsychiater Michael Winterhoff: Die wesentliche Ursache der heutigen Erziehungsprobleme sei eine »Machtumkehr« – Kinder hätten heute »Macht über die Eltern« gewonnen. Dadurch könnten die Eltern ihre »Führungsfunktion« nicht mehr wahrnehmen und die Psyche ihrer Kinder nicht ausreichend »formen«. (Michael Winterhoff: Warum unsere Kinder Tyrannen werden, Gütersloher Verlagshaus 2008) Bis heute werden bei problematischem Verhalten der Kleinen oft reflexartig die »fehlenden Grenzen« bemüht (und nicht etwa so komplizierte Dinge wie problematische Beziehungen). Neuerdings erklärt man mit den »Grenzen« sogar die Frage, warum französische Kinder keine Nervensägen sind – dieses Thema war einer amerikanischen Journalistin immerhin ein ganzes Buch samt Nachfolgeband wert. (Pamela Druckerman: Warum französische Kinder keine Nervensägen sind, Mosaik Verlag, München 2013)

3   Der Begriff wurde schon in der Reformbewegung der Weimarer Zeit verwendet, und nach dem Krieg in Deutschland von der 1946 von Eltern und Lehrern gegründeten »Arbeitsgemeinschaft für neue Erziehung gegen Diktatur und Krieg« (heute: »Arbeitsgemeinschaft Neue Erziehung«) aufgegriffen.

ZWEI – Standortsicherung

4   Da klingt es fast wie eine Ironie der Geschichte, dass die Ärzteschaft gerade im deutschen Kaiserreich gleichzeitig auch Reformen anstieß, auf die wir bis heute zurecht stolz sind – so wurde gegen die Kinderarbeit argumentiert und das Stillen durch große Kampagnen gefördert. Die dafür gegebenen Begründungen allerdings zeigen, dass dahinter ein utilitaristisches, an den Interessen des Militärstaates orientiertes Denken stand. Bei der Stillförderung etwa hatte man ganz klar »die zukünftigen Rekruten vor Augen«, wie Friedrich Manz, Autor eines sehr lesenswerten Buches über die Geschichte

der ärztlichen Erziehungsratschläge, schreibt: »Nachdem die Geburtenrate am Ende des 19. Jahrhunderts in Deutschland sank, hat ein preußischer Staatssekretär klar erkannt, dass nur durch die Senkung der Säuglingssterblichkeit die Zahl der jungen Soldaten erhöht werden kann. So bekam der Kinderarzt Adalbert Czerny zum Beispiel seine Musterkinderklinik in Breslau.« (Zitate nach Friedrich Manz: »Wenn Babys reden könnten! Was wir aus drei Jahrhunderten Säuglingspflege lernen können.« Fördergesellschaft Kinderernährung e. V., Dortmund 2011.) Den führenden Männern Preußens ging es ganz bestimmt nicht darum, dass Mama und Baby mehr kuscheln.

5   In manchen Krippen, gerade in den östlichen Bundesländern, scheint allerdings gerade ein da capo gegeben zu werden – dort gilt das »Gemeinschaftstopfen« als *way to go*, wohl wegen seiner personalschonenden Wirkung.

DREI – Von dem, was uns richtig erscheint

6   Die Akzente bei diesen Grunderfahrungen sind kulturell teilweise unterschiedlich gesetzt, insbesondere scheint die Dimension der Autonomie stärker kulturabhängig zu sein.

7   Wer mehr zur aktuellen Debatte um die Feminisierung der Arbeitswelt wissen will, findet dazu einen lesenswerten Essay aus der Feder meines Zwillingbruders Ulrich Renz in dessen Buch »Die Tyrannei der Arbeit«. (Ulrich Renz: Die Tyrannei der Arbeit: Wie wir die Herrschaft über unser Leben zurückgewinnen, Ludwig Buchverlag, 2013)

VIER– Der globalisierte Wettbewerb

8   Wie heikel das Thema ist, zeigte sich zuletzt bei der Kapitalismus-Kritik des Papstes in seiner programmatischen Lehrschrift Evangelii Gaudium vom 24.11.2013. Der darin enthaltene Satz »Diese Wirtschaft tötet« führte in den Medien zu einem kurzen Aufschrei – und gleich darauf zu einem ungewöhnlichen Schulterschluss quer durch das bürgerliche Presse-Lager. »Wie der Papst in Wirtschaftsfragen irrt« titelte die FAZ (www.faz.net/aktuell/wirtschaft/wirtschaftswissen/kapitalismuskritik-wie-der-papst-in-wirtschaftsfragen-irrt-12730815.html). Die Süddeutsche folgt fast wortgleich, allerdings mit Ausrufezeichen: »Der Papst irrt!« (Süddeutsche Zeitung 30.11/1.12.2013, S. 26). Die WELT verweist auf falsche Freunde: »Beseelter Lafontaine outet sich als Papst-Fan« (www.welt.de/vermischtes/article122566907/Beseelter-Lafontaine-outet-sich-als-Papst-Fan.html). Und bei der ZEIT meldet sich sogar der Herausgeber zu Wort, Josef Joffe (einer der am besten vernetzten Akteure Deutschlands, mit Aufsichtsratsposten u. a. bei der Goldman Sachs Foundation und der HypoVereinsbank): »Der Papst geht fehl in seiner Kritik am Kapitalismus«. Die Begründung: »Und dann was? Vorwärts in die Vergangenheit von Feudalismus und Kommunismus?« (www.zeit.de/wirtschaft/2013-11/papst-ka-

pitalismus-kritik). Kein Wunder, dass die Diskussion dann oft tatsächlich auf Geh-doch-rüber-Niveau geführt wurde und rasch im Sande verlief.

9 Und dennoch, wäre es töricht, das Grundprinzip zu vergessen: Im kapitalistischen Modell geht es um die Freiheit des *Marktteilnehmers* und um seine freien Entscheidungen *am Markt*. Weder erstreckt sich diese Freiheit auf die, die nicht mit Kaufkraft und Kapital ausgestattet sind, noch umfasst diese Freiheit die Sphäre der Politik. Der Kapitalismus funktioniert in totalitären Ländern wie etwa China mindestens genauso gut wie in demokratischen Ländern.

10 Gerade das Beispiel des vom Bund der Deutschen Industrie als »Chancenkontinent« bezeichneten Afrikas zeigt, wie wenig selbst »hervorragende« Wachstumszahlen mit einem echten wirtschaftlichen Aufschwung zu tun haben. (Michael Bauchmüller: Afrikanischer Albtraum, Süddeutsche Zeitung vom 26.2.2014, S. 17)

11 Kein Wunder, stammen doch fast alle DAX-Unternehmen noch aus der Zeit vor dem ersten Weltkrieg. (Ulrike Herrmann: Der Sieg des Kapitals, Westend, Frankfurt a. M. 2013, S. 68)

12 Und im Vergleich zur Kaffeekette Starbucks ist das noch üppig. Starbucks erzielte jahrelang in den meisten Ländern Europas gar keinen Gewinn – per simpler Umbuchung auf Konten in anderen Ländern (neuerdings bietet Starbucks etwa der Britischen Regierung an – nach immerhin 16 »trockenen« Jahren – auf freiwilliger Basis Steuern zu bezahlen – schon das zeigt die Machtverhältnisse deutlich).

13 Man kann diese gänzliche Unfähigkeit der Politik bei der Lösung globaler Probleme nur verstehen, wenn man die sehr unterschiedlichen Interessen und Koalitionen berücksichtigt, die dabei gebildet werden. In Wirklichkeit nämlich ist auch die wirtschaftliche Globalisierung Teil eines politischen Prozesses, in dem unterschiedliche Länder (bzw. die »heimlichen Wirtschaftsblöcke«, die sie längst wieder bilden), ihre jeweils eigenen Interessen verfolgen, indem sie sich nach Maßgabe ihres geostrategischen Gewichts Einfluss sowohl auf den transnationalen Unternehmenssektor als auch auf die internationalen Wirtschaftsorganisationen wie IWF, WTO, Weltbank etc. sichern. Die Verflechtungen sind dabei auf mehreren Ebenen offensichtlich:

Erstens. Die Kontrolle über das Internet, von dem ja letzten Endes die gesamte Infrastruktur eines Landes abhängt, ist heute ein geostrategisches Muss (die militärischen Konflikte der Zukunft werden ja immer weniger mit Kanonen und Raketen, sondern mit DNS-Attacken, Trojanern und Malware ausgefochten). Kein Wunder - ist die Zusammenarbeit zwischen den dominanten Staaten dieser Erde (USA, China, Russland) und »ihren« jeweiligen IT-Unternehmen doch sehr eng. Was früher aufgrund der Bedeutung der Rüstungstechnologie als militärisch-industrieller Komplex bezeichnet wurde, könnte heute also durchaus als »militärisch-informationstechnologischer Komplex« bezeichnet werden.

Zweitens. Der Zugang zu vielen globalen Märkten ist auch für mächtige transnationale Unternehmen nur möglich, wenn er von einem mächtigen staatlichen Partner mit entsprechender militärischer, kultureller und insbesondere geheimdienstlicher Dominanz abgesichert wird – dies gilt für den Zugriff auf Agrarland in Afrika genauso wie für den Zugriff auf Ölquellen im Irak. Zudem beruht »Technologietransfer« heute nicht selten auf Wirtschaftsspionage, wie sie nur hoch entwickelte Geheimdienste leisten können. Auch ein guter Teil der Entwicklungspolitik dient bis heute letzten Endes der Öffnung neuer Märkte.

Drittens. Der Zugang zum Markt wird heute zunehmend über die Schaffung eines transnationalen Rechtssystems geregelt, in dessen Rahmen Unternehmen ganze Staaten verklagen können, wenn sie glauben, dass der Wert ihrer Investitionen durch veränderte rechtliche Rahmenbedingungen geschmälert worden sei. Diese Klagen werden an speziellen, transnationalen Schiedsgerichten verhandelt, die Verhandlungen sind geheim, die Urteile unanfechtbar. Da ist im Vorteil, wer bei der Besetzung der Schiedsgerichte das stärkste Wörtchen mitreden kann.

Kurz, die Globalisierung ist mehr als nur ein globaler Kapitalismus. Sie ist auch ein machtpolitischer Prozess, bei dem letzten Endes geostrategische Interessen verhandelt werden. (Wie sehr es dabei auch um die Balance zwischen Bürgerrechten, Staatsrechten und Investorenrechten geht, zeigen die Enthüllungen Edward Snowdens. Sie zeigen auch, dass die Gefahr eines globalen, informationellen Totalitarismus durchaus besteht.)

14 Die Frau des Gründers, das heutige Vorstandsmitglied Brigitte Mohn, ist etwa gleichzeitig im Aufsichtsrat der Rhön-Klinikum AG, die als private börsennotierte Eignerin von Krankenhäusern durchaus ein Interesse an der Entwicklung marktliberaler Konzepte für die Reform des deutschen Gesundheitswesens hat.

Teil 2: Die pädagogische Mobilmachung

FÜNF – Pädagogik im Interesse der Globalisierung?
15 MINT steht für Mathematik, Informatik, Naturwissenschaften und Technik.

SECHS – Kindheit und Effizienz
16 Niemand hat den Wandel von der durch positive Visionen geprägten Auf-

schwungzeit der 1960er- bis 1980er-Jahre hin zur heutigen, von Abstiegs-visionen gekennzeichneten Globalisierungsphase eindrücklicher beschrie-ben als der Soziologe Harald Welzer in seinem lesenswerten Buch »Selbst denken« (Harald Welzer: Selbst denken: Eine Anleitung zum Widerstand, Fischer Taschenbuch Verlag, Frankfurt a. M. 2013)

17 In den eher kinderreichen nordischen Ländern ist vor allem eines anders gelagert: Die Eltern bekommen dort nicht Zuschüsse, um ihr Kinder-Handi-cap schlecht oder recht ein bisschen auszugleichen, sondern sie bekommen die Möglichkeit der weitergehenden gesellschaftlichen Teilhabe – auch als Eltern. Dafür müssen die, die keine Versorgungspflichten zu tragen haben, Abstriche hinnehmen. Aus eben diesem Grund ist dieses Modell nur in einer Gesellschaft möglich, deren innerer Konsens auf eine relative Gleichheit der Bürger gerichtet ist. Für die deutsche Gesellschaft wird es deshalb bis auf weiteres beim weitgehend ineffektiven Fummeln an der Kindergeldschraube bleiben.

18 Das heißt nicht, dass ein globalisiertes Unternehmen gerade auf der Füh-rungsebene nicht auch familienfreundliche Arbeitsmodelle anbieten kann, das tun ja nicht wenige von ihnen. Aber sie tun es, um sich für das Hier und Jetzt qualifizierte Arbeitskräfte zu sichern, nicht um eine familienfreundli-che Gesellschaft zu fördern.

SIEBEN – Das Projekt und seine Leitung

19 Mit den Forderungen der deutschen Unternehmerschaft nach »massiven In-vestitionen in die Bildung« steht auf einmal ein Dilemma im Raum: Wo das Geld hernehmen, wenn nicht stehlen (z. B. per Schulden bei zukünftigen Generationen). Eine unangenehme Frage – die deutschen Arbeitgeberver-bände sind sich nämlich nicht nur in ihrer Forderung nach mehr Bildungs-investitionen einig, sondern noch in drei weiteren Dingen.
Erstens. Eine Besteuerung von Vermögen schädigt den Standort. (www.dihk.de/presse/meldungen/2013-06-12-verbeaende-vermoegensbesteuerung).
Zweitens. Eine Erhöhung des Steuerspitzensatzes schädigt den Standort. Drittens: Die Steuern sind in Deutschland jetzt schon zu hoch (www.bdi.eu/BDI-VCI-Steuerbelastung2013.pdf). Als wäre das nicht schon knifflig genug, kommt ein weiteres Dilemma hinzu: Die Rettung des Wirtschaftsstandortes sollen jetzt gerade diejenigen übernehmen, die dafür die geringste Entloh-nung bekommen. Wie ist das mit der ebenfalls häufig erhobenen Forderung nach mehr Leistungsgerechtigkeit vereinbar?

20 Dabei wurde, fast schon im Vorbeigehen, ein ganz wesentlicher Hemm-schuh abgestreift: die allgemeine Wehrpflicht. Was Generationen von Wehrdienstskeptikern nicht geschafft hatten, war plötzlich Regierungswil-le. Das Argument, die jungen Männer seien in der Wirtschaft besser auf-

gehoben als beim Bund, erwies sich in diesen von Globalisierungsängsten geprägten Jahren sogar für die hartnäckigsten konservativen Kreise als unwiderlegbar.

21 Dass auch Bildung ein breites Fundament braucht, und nicht nur durch das Abschneiden bei Testaufgaben gemessen werden kann, erklärt vielleicht auch das Paradox, warum Länder, die im PISA-Wettlauf eher mittelmäßig oder sogar schlecht abschneiden, wirtschaftlich nicht unbedingt weniger leistungsfähig sind als die Länder an der Spitze.

22 Es wird spannend sein zu verfolgen, ob sich die Paradigmen der großen internationalen Wirtschaftsinstitutionen in Bezug auf die Bildungsziele in Zukunft verändern werden. Die Entwicklungen insbesondere innerhalb der OECD deuten ja an, dass man sich dort seit der Weltfinanzkrise zaghaft vom neoliberalen Denkmodell abwendet, was sich etwa an den Stellungnahmen zur Vermögenssteuer und zum Mindestlohn zeigt.

Teil 3: Unterschiedliche Akteure – unterschiedliche Interessen?

ACHT – Wo stehen die Eltern?

23 So beschreibt einer der bekannten »Philanthropen« der Aufklärung, Joachim Heinrich Campe (1746–1818) die Rolle der Frau so: »Euch hat die Natur absichtsvoll die erforderliche Behendigkeit der Gliedmaßen zur Wartung solch zarter Wesen, und euren Seelen jenes weiche und lebendige Mitgefühl fremder Leiden und Freuden, und die den hastigen Männerköpfen die so unbegreifliche und so unnachahmliche Geduld verliehen.« Vielleicht nicht unbedingt kulturell positiv im heutigen Sinne, aber doch mit einer positiven Wertung.

24 Welche unvorstellbare Distanzierung Kindern gegenüber in dieser Konstellation möglich war, mag der Bericht eines Zeitgenossen über die Reichspogromnacht von 1938 zeigen: »S. A. verhaftete ein junges jüdisches Ehepaar. Die Frau bat um Erlaubnis, ihr zehn Monate altes Baby mitnehmen zu dürfen. Dies wurde ihr verweigert. Nach der Abführung der beiden wurde das Baby in der leeren Wohnung eingeschlossen, die Wohnung versiegelt und ein Wachposten davor gestellt. Zwei Tage lang hörte man das Baby noch schreien. Dann wurde es still.« (Konrad Heiden: Eine Nacht im November 1938. Ein zeitgenössischer Bericht, Wallstein, Göttingen 2013)

25 Das ist deshalb plausibel, weil die Kinder ihr sozioemotionales Register ja zu einem guten Teil in der frühkindlichen dyadischen Regulation mit ihren Bezugspersonen aufbauen. Wäre es also möglich, dass die Mütter den Wan-

del der Zeiten *als erstes* bemerken – und in die werdenden Persönlichkeiten ihrer Kinder hineinspiegeln?

ZEHN – Der Staat als Erziehungshelfer?

26 Tatsächlich ahnden die deutschen Bundesländer in einer in der Bildungspolitik eher unüblichen Einigkeit den Tatbestand »Kindeswohlgefährdung durch Bildungsvorbehalt«. Das heißt, sie lassen »die Schulpflichtige oder den Schulpflichtigen der Schule zwangsweise zuführen«, wie es etwa in Artikel 118 des bayerischen Erziehungs- und Unterrichtsgesetzes heißt.

27 Wie eng Wilhelm von Humboldt damit an das Rousseau'sche Bildungsideal (Bildung als Vorbereitung auf »den Beruf des Menschseins«) anknüpft, zeigt er in einem Bericht an seinen König im Jahr 1809: »Jeder ist offenbar nur dann ein guter Handwerker, Kaufmann, Soldat und Geschäftsmann, wenn er an sich und ohne Hinsicht auf seinen besonderen Beruf ein guter, anständiger, seinem Stande nach aufgeklärter Mensch und Bürger ist. Gibt ihm der Schulunterricht, was hierzu erforderlich ist, so erwirbt er die besondere Fähigkeit seines Berufs nachher sehr leicht und behält immer die Freiheit, wie im Leben so oft geschieht, von einem zum andern überzugehen.« Aus dem Primat einer allgemeinen Menschenbildung leitet sich für Humboldt auch die Skepsis gegenüber einem staatlichen Bildungsmonopol ab: »Gleichförmige Ursachen haben gleichförmige Wirkungen. Je mehr also der Staat mitwirkt, desto ähnlicher ist nicht bloß alles Wirkende, sondern auch alles Gewirkte. [...] Wer aber für andere so räsoniert, den hat man, und nicht mit Unrecht, in Verdacht, daß er die Menschheit mißkennt und aus Menschen Maschinen machen will.« (Wilhelm von Humboldt: Ideen zu einem Versuch, die Grenzen der Wirksamkeit des Staats zu bestimmen – Kapitel 4 – online unter gutenberg.spiegel.de/buch/2640/4)

28 Martin Heinrich erklärt dies damit, dass es der Bürgerschicht vor allem darum ging, die Hegemonie der Kirchen zu brechen, die bisher das Bildungswesen »besessen« hatte. Die Bürgerschicht plädierte für die »Staatsschule, da sie in einer solchen einen weltanschaulich neutralen Träger des Schulwesens wähnten. So schlossen die PädagogInnen, die vormals ein differenziertes Verhältnis zu staatlichen Regularien hatten, da sie in ihnen eine Beschränkung der pädagogischen Freiheit erblickten, sich schließlich doch mit eben diesem Gegner zu einer Allianz gegen die Konfessionellen zusammen.« (Martin Heinrich: Autonomie und Schulautonomie. Die vergessenen ideengeschichtlichen Quellen der Autonomiedebatte der 1990er-Jahre. Monsenstein und Vannetdat 2006, S. 208)

29 Diese neuen Möglichkeiten hatten unmittelbare Auswirkungen auch auf das moralische Empfinden. Die Brutalität Andersdenkenden gegenüber etwa, die uns am Mittelalter so sehr schockiert, und die zuletzt von Ste-

ven Pinker geradezu episch thematisiert worden ist (Steven Pinker: Gewalt: Eine neue Geschichte der Menschheit, Fischer Taschenbuch, 2013), kann tatsächlich nur vor dem Hintergrund fest montierter innerer Leitplanken verstanden werden. Anders zu denken bedeutete im Kontext der mittelalterlichen Gesellschaft ja eine regelrecht existenzielle Gefahr: Wo der Gehorsam gegenüber der bestehenden Ordnung oder gegenüber Gott angezweifelt wurde, war auch die von dieser Vormundschaft vermittelte Sicherheit gefährdet. Wenn also etwa ein Martin Luther im Jahr 1525 verlangte, man solle die Aufrührer des damaligen Bauernaufstandes »zerschmeißen, würgen, stechen, heimlich und öffendlich, wer da kann, wie man einen tollen Hund erschlagen muß« (Martin Luther: Wider die räuberischen und mörderischen Rotten der Bauern. 1525), so war dies nicht einfach ein Zeugnis von Hartherzigkeit oder Unmenschlichkeit. Für Luther war der Aufstand der bis zu den Knochen von den Feudalherren ausgesaugten Bauern schlicht und einfach ein Frevel gegen die einzig *denkbare* Ordnung. (Dieses Wechselspiel von äußeren und inneren Möglichkeiten ist am Beispiel des Fundamentalismus bis heute zu beobachten: Je enger vorgespurt die äußeren Verhältnisse, desto »enger« die inneren Bewertungen. Und umgekehrt: Je mehr Lebensoptionen und Chancengerechtigkeit eine Kultur bietet, desto freier die Gedanken, die dort gedacht werden.)

ELF – Wirtschaft – der große Pate der Bildung?

30 Fast die Hälfte der Spitzenmanager an den führenden deutschen Unternehmen ist über 1,90 Meter groß. Zum Vergleich: der deutsche Durchschnittsmann misst 1,77 m. (Erhebung der Personalberatung Heidrick & Struggles, Müldner & Partner an 212 Top-Managern, in: Bild der Wissenschaft 7/2004, nach: Ulrich Renz: Schönheit – Eine Wissenschaft für sich, Berlin Verlag, 2006, S. 208 f.)

31 Sie ist zum Teil auch von den europaweiten Statistiken inspiriert. Danach tun sich gerade die Länder mit den höchsten Akademikerquoten in den letzten Jahren mit dem Arbeitsplatzangebot für Jugendliche am schwersten, wie etwa Spanien oder Frankreich. Tatsächlich ist die Jugendarbeitslosigkeit ausgerechnet dort am niedrigsten, wo sich ein duales Ausbildungssystem etabliert hat. Das zeigt auch der Vergleich Dänemark – Schweden. Während Schweden seit geraumer Zeit auf die von der OECD vorgeschlagene Karte einer akademisierten Berufsvorbereitung setzt, hat Dänemark sein berufspraktisches Ausbildungssystem beibehalten – und eine deutlich geringere Jugendarbeitslosenquote. (Jugendarbeitslosenquoten in Europa: de.statista. com/statistik/daten/studie/74795/umfrage/jugendarbeitslosigkeit-in-europa/) Nimmt man noch das Beispiel der Schweiz hinzu, so kann man generell davon ausgehen, dass ein breit diversifiziertes Schul- und Ausbildungssystem

der Jugendarbeitslosigkeit besser vorbeugt als ein Bildungssystem, das alle Kinder durch ein rigides Filter zu pressen versucht, wie etwa das (in jeder Hinsicht bedauerliche) französische Bildungssystem.

32 Bis heute bleibt das »Projekt Bildung« in den Ländern der Dritten Welt ein umstrittenes Thema. Denn einerseits ist die Entwicklungsfrage natürlich sehr wohl eine Bildungsfrage. Andererseits hat sich gezeigt, dass Entwicklung nicht einfach qua Bildung passiert – letztere kann ja sowohl emanzipatorisch wirken, als auch Entwicklungshindernisse zementieren. In vielen Ländern orientieren sich die Bildungssysteme tatsächlich wenig an den gesellschaftlichen Herausforderungen, die sich der Mehrheit der Bevölkerung stellen. Stattdessen bestätigen sie über formale Bildungsrituale vor allem die bestehenden sozialen Hierarchien und die westliche Dominanzkultur. [Wolfgang Sachs: (Hrsg.): Wie im Westen so auf Erden. Ein polemisches Handbuch zur Entwicklungspolitik. Rowohlt Taschenbuch, Reinbek 1993]). Die entscheidende Frage (die auch hier und heute gilt), ist damit die: *Was* sollen die Kinder denn auf der Schule lernen? *Welche* Bildungsinhalte bringen die Entwicklung voran? Überhaupt: *welche* Entwicklung? Oder, wie der ägyptische Ökonom Samir Amin schon 1975 formulierte: *welche* Bildung braucht es für *welche* Entwicklung? (Samir Amins: What education for what development? Prospects, 1975, Volume 5, Issue 1, pp. 48–52)

Teil 4: Der pädagogische Belagerungsring rund um das Kleinkind

DREIZEHN – Protektorat Kita

33 Die Frage der Kinderbetreuung war schon immer eng mit der Organisation der Erwerbsarbeit verbunden. Die ersten Formen der institutionellen Betreuung (vor den Reformen Fröbels waren sie unter dem Namen »Kinderbewahranstalten« bekannt) entstanden in der Zeit der industriellen Revolution, als viele Mütter in den industriellen Produktionsprozess eingegliedert waren, gleichzeitig aber ihr familiäres Netz in den Dörfern zurückgelassen hatten – entsprechend hoch war damals der Anteil der sich selbst überlassenen Kinder.

34 Was im Umkehrschluss keineswegs bedeutet, dass den Job der Erzieherin jede(r) machen kann. Allerdings sehe ich den Flaschenhals woanders. Etwa bei der *Beziehungskompetenz*, und damit auch bei der eigenen Persönlichkeitsentwicklung der Fachkräfte (die auch eine unterstützende, regelmäßige Supervision und Teamentwicklung erfordert). Aber auch bei der Organisation der Kitas, die sich, wie ich denke, gerade im U3-Bereich stärker auf die Bedürfnisse *der Kinder* zubewegen müsste.

35 So werden sehr viele Kinder etwa aufgrund von »phonologischen Störungen« behandelt, die aber nichts anderes als Normvarianten der normalen
Entwicklung sind (Kaffee beispielsweise ist dann eine Weile »Taffee«) – diese
Verwechslungen der harten Konsonanten werden dann in der Entwicklung
automatisch und zuverlässig beseitigt (anders als etwa das Lispeln, das tatsächlich besser »weggeübt« wird, wenn es hartnäckig ist). Leider sind auch
viele andere Fälle von »Sprachstörungen« – insbesondere der verzögerte
oder mangelhafte Spracherwerb – logopädisch nur bedingt zu behandeln.
Ein Teil dieser auch als »late talker« bezeichneten Kinder sind nämlich ganz
einfach sprachliche Spätzünder, denen rein gar nichts fehlt, und denen die
»Behandlung« nur eines bringt: das Gefühl, nicht so zu ticken wie die anderen. Und den Kindern mit einem echten Sprachproblem, die es unter den
»late talkers« eben auch gibt, fehlt es nicht an der Übung mit Experten,
sondern an reichhaltigen sozialen Bezügen – die Sprachentwicklung ist nun
einmal ein sozialer Prozess. Wo das soziale Bindegewebe schwächelt, schwächelt deshalb immer auch die Sprache. Aber gerade das kann nicht logopädisch gelöst werden (so schön es für manche dieser Kinder auch sein kann,
ein paar Stunden spezielle Aufmerksamkeit zu bekommen). Ich will damit
übrigens nicht sagen, dass man Kinder mit einem auffälligen Spracherwerb
nicht bei der Kinderärztin untersuchen lassen soll – das muss man. Und ich
sage auch nicht, dass es keine Logopädinnen braucht – in ausgewählten Fällen, und gerade bei Kindern mit Entwicklungsstörungen, sind sie ein Segen.
Aber es ist an der Zeit, dass die vielen Therapien endlich einmal auf den
wissenschaftlichen Prüfstand gestellt werden. Bei den bis vor kurzem hoch
gelobten Sprachstandstests für Kindergartenkinder hat dieser Prozess zum
Glück bereits begonnen.

36 Experimente mit jungen Katzen hatten gezeigt, dass sich deren Sehvermögen lebenslang nicht entwickeln kann, wenn man ihnen in den ersten Lebenstagen die Augen zuklebt. Auch lässt sich emotionale Vernachlässigung,
wie sie etwa für viele Waisenhäuser typisch war, später oft nicht mehr
aufholen. Zudem zeigt die Sprachforschung, dass Kinder nur bis etwa in
die frühe Pubertät eine Fremdsprache intuitiv, das heißt ohne didaktische
Unterstützung, allein durch Teilnahme an den alltäglichen sozialen Beziehungen erlernen können. Aber gerade das Beispiel der emotionalen und
sprachlichen Entwicklung zeigt auch das: Was den Kindern die intuitive
Ausbildung dieser Kompetenzen ermöglicht, sind keine didaktischen »Programme« – sondern die Möglichkeit, intensive soziale Bezüge zu erfahren
und im wahrsten Sinn des Wortes »auszuleben«. Kurz, Kinder lernen das
Sprechen nicht einfach durchs Hinhören, sondern durch die gemeinsame,
differenzierte Gestaltung von Beziehungen zu Menschen, die ihnen etwas

bedeuten und mit denen sie etwas erleben wollen und können. (Sprachentwicklung – ausführlich in meinem Buch *Wie Kinder heute wachsen*, Beltz
2013)

37 Man muss heute auch einen *Grund* haben, um Kinder klettern zu lassen.
»Ach, Sie reden über Natur?« fragte mich einmal eine andere Referentin
auf einem Kongress. »Wunderbar!«< kam es auf meine Antwort – »Natur ist
bei uns in der Kita auch ein wichtiges Thema. Wir bieten therapeutisches
Klettern an.«

38 Eine gute Zusammenfassung der kritischen Einwände der Erziehungswissenschaften bei Prof. Gerd Schäfer (www.hf.uni-koeln.de/data/eso/File/Scha-
efer/BildungInDerFruehenKindheit_Instruktionsanatz.pdf)

39 Dagegen wird vor »überhöhten und unrealistischen« Erwartungen gewarnt
und auf die Grundlagen verwiesen: »Emotionale Geborgenheit, anregende
Kommunikation und das Eingehen auf Interessen der Kinder sind beste Voraussetzungen für eine gute kognitive Entwicklung.« (www.leopoldina.org/
uploads/tx_leopublication/2014_Stellungnahme_Sozialisation_web.pdf, S. 61)

VIERZEHN – Frühpädagogik als Spekulationsmodell

40 Der auf diesem Gebiet gegenwärtig wohl einflussreichste Pädagoge, Wassilios Fthenakis, etwa wusste, dass er für seine Kinder karrierebedingt einmal wenig Zeit haben würde. Er ließ deshalb nach eigenen Angaben einen
wichtigen Artikel über die Rolle des Vaters in dem Monat erscheinen, in
dem sein erstes Kind zur Welt gekommen ist: »Auf diese Weise konnte ich
meinen Kindern immerhin später ›beweisen‹, dass ich über meine Rolle als
Vater sehr wohl reflektiert habe.« (Wassilios Fthenakis im Gespräch mit Ca-
rolin Nyhuis in der Sendung alpha-Forum vom 6.2.2013)

41 In manchen Bundesländern wurde dieses Konzept auch gleich in die Tat umgesetzt – mit dem z.B. jetzt für Berlin geltenden Stichtag (31. Dez) sind die
jüngsten eingeschulten Kinder erst 5 Jahre und 7 Monate alt. Vielleicht ganz
gut, wenn die Eltern dort die Statistiken nicht so genau kennen, nach denen
gerade die frühzeitig eingeschulten Kinder im Verlauf ihrer Schulzeit insgesamt häufiger sitzen bleiben als die altersgemäß eingeschulten Kinder und
möglicherweise auch Nachteile in der Persönlichkeitsentwicklung haben.
(Das geht unter anderem aus einer Auswertung der PISA-Datensätze hervor: bil-
dungsforschung.org/index.php/bildungsforschung/article/viewFile/49/47) …
Nachteile in der Persönlichkeitsentwicklung: Margaret L. Kern and Howard
S. Friedman: Early educational milestones as predictors of lifelong academic
achievement, midlife adjustment, and longevity. J Appl Dev Psychol. 2008;
30(4): S. 419–430. Online: www.ncbi.nlm.nih.gov/pmc/articles/PMC2713445/
Eine deutsche Zusammenfassung der Befunde auch in: Kinder- und Ju-

gendarzt Nr 9, 2013, S. 452 f., online:: www.kinder-undjugendarzt.de/down-load/44.%20 %2862.%29 %20Jahrgang%202013/kja09_2013.pdf)

42 Eine frühe »Einschulung« könnte ja auch bedeuten, dass neue »Lernhäuser« etwa mit 3- bis 10-Jährigen entstehen, wie das in einem Pionierprojekt angedacht wurde. (Pionierprojekt Bildungshaus 3–10: www.kindergartenpaed-agogik.de/2027.html)

Teil 5: In der Klemme

FÜNFZEHN – Das nicht gehaltene Versprechen

43 Hier das Zitat aus Freuds »Drei Abhandlungen zur Sexualtheorie« im Original: »Es ist eines der besten Vorzeichen späterer Absonderlichkeit oder Nervosität, wenn ein Säugling sich hartnäckig weigert, den Darm zu entleeren, wenn er auf den Topf gesetzt wird, also wenn es dem Pfleger beliebt, sondern diese Funktion seinem eigenen Belieben vorbehält.« (Sigmund Freud, 1920: Drei Abhandlungen zur Sexualtheorie, 4. Auflage, Wien, online: www.psychanalyse.lu/Freud/FreudDreiAbhandlungen.pdf)

44 Dass die Verpackungen sogar ganz ohne die großen Gefühle funktionieren können, zeigen die Diskussionen der 1980er Jahre rund um die Atomenergie. Da errechneten die unbestechlichsten aller Wissenschaftler, die Physiker, dass es einen Super-GAU mit Kernschmelze nur alle 200.000 Jahre geben könne. Das mag sich heute nach Tschernobyl und Fukushima recht putzig anhören, hat damals aber durchaus dazu beigetragen, dass sich die Atomenergie als »saubere Sache für die Zukunft« präsentieren konnte.

45 Dass dies möglich ist, zeigen ehrgeizige Modellprojekte wie etwa das Perry Preschool Project. Allerdings: Diese Projekte beinhalten weit mehr als neue, auf kognitive Stimulation getrimmte Lehrpläne. Und: sie sind personalintensiv – und damit teuer. (Belfield, C. R., Nores, M., Barnett, S., & Schwein-hart, L. (2006): The High/Scope Perry Preschool program: cost-benefit analysis using data from the age-40 follow-up. Journal of Human Resources, 41(1), pp. 162–190. Gute Übersicht zur Problematik der kleinkindlichen Förderung an Kitas in: Felix Berth: Die Verschwendung der Kindheit: Wie Deutschland seinen Wohlstand verschleudert, Beltz 2011)

SECHZEHN – Die älteste Frage

46 Kein Wunder, dass die Aufklärung als »dialektisch« bezeichnet wurde, und ihr einerseits befreiendes, andererseits zerstörerisches Potenzial thematisiert wurde: Auch eine »vollends aufgeklärte Erde«, so Max Horkheimer und Theodor W. Adorno in ihrem 1944 veröffentlichten Buch »Die Dialektik der Aufklärung« kann im »triumphalen Unheil« enden. Tatsächlich liegt

diese Dialektik letzten Endes im menschlichen Sozialisationsdilemma begründet: Aufklärung, setzt sie auf die Karte Freiheit, wird umschlagen in »blinde Herrschaft ... Genauso aber wird sie in blinde Herrschaft umschlagen, wenn sie auf die Karte der Gleichheit setzt. Oder, um die wenig frohe Botschaft anders auszudrücken: Rationalität allein wirkt eben *nicht* befreiend, weil sie in anonymen Massengesellschaften, in denen das Zusammenleben immer nur durch das Dazwischentreten von Besitz und Geld organisiert werden kann, sich automatisch mit Machtinteressen paart.« (mehr zu dieser sehr interessanten Diskussion unter anderem bei Werner Sesink, in: Das Pädagogische Jahrhundert, Skript zur Vorlesung im Sommersemester 2007, Technische Universität Darmstadt, S. 150 ff., online: www.abpaed. tu-darmstadt.de/media/arbeitsbereich_bildung_und_technik/gesammelteskripte/pjh_2007.pdf)

47 Entwicklungspsychologisch könnte man es auch so sagen. Die »Kosten« der Sozialisation sind umso höher, je steiniger der Weg ist, auf dem das dem Kind Abverlangte zu erreichen ist – je stärker sozusagen die Entwicklung des Kindes durch seine »Bildung« *belastet* wird. Belasten die geforderten Sozialisationsziele etwa den »Beziehungsrahmen« des Kindes über Gebühr (auf den ein Kind für seine psychische Gesundheit und sein Wohlbefinden ja auf Gedeih und Verderb angewiesen ist), so sind die »Kosten« ungebührlich hoch. Solche hohe Kosten sind typisch für Gesellschaften mit einer ungleichen Machtverteilung und entsprechend homogenen und alternativlosen Erwartungen an die Kinder, wie etwa das Deutsche Kaiserreich oder Nazideutschland.

48 Das ist in der Regel dann der Fall, wenn die Eltern bzw. ihr soziales Umfeld selbst in Not geraten sind, ihnen eine reichhaltige sozioökonomische Basis fehlt oder sie von partikularen Machtinteressen bestimmt werden.

SIEBZEHN – Wem gebührt die Bildungshoheit?

49 Dass ich in diesem Kapitel nicht weiter auf das Thema Unschooling, Freilernen etc. eingehe, liegt nicht daran, dass ich diese Ansätze ablehne oder nicht für bedenkenswert halte, sondern daran, dass sie nur unter bestimmten Bedingungen funktionieren, und damit kaum als Muster für die gesamte Gesellschaft mit ihren vielen Höfen und Hinterhöfen in Frage kommen. Gerade die vielen erfolgreichen Beispiele »frei lernender« Kinder zeigen ja einerseits, dass die Selbstbildungkraft des Kindes oft unterschätzt wird – andererseits zeigen sie auch, dass die Selbstbildungskraft nur zum Zuge kommt, wenn die familiären Beziehungen rund um das Kind gut funktionieren.

50 Diese Tendenz ist inzwischen zunehmend Thema der Bildungsforschung, und wird auch im wissenschaftlichen Kontext als »Segregation« bezeichnet.

51 Im Prinzip bestünde dieser Ansatz darin, das »BaFöG-Prinzip« auf die Elementar- und Schulpädagogik zu übertragen. Allerdings bestünde die Förderung dann nicht in Geldzuwendungen an die Eltern (das rührt nicht an den Kern der Chancenungleichheit), sondern in der Einrichtung von Kitas und von Schulen, in denen *gerade die benachteiligen und sozial gestressten Kinder* das vorfinden, was ihnen in ihrer Entwicklung am meisten fehlt: verlässliche, achtsame Beziehungen – ein stärkendes soziales Bindegewebe also, ohne das jede Frühförderung Illusion bleiben muss.

Teil 6: Der magische Kern der Kindheit

ACHTZEHN – Erziehung für den Ertrag?

52 Es wäre vor dem Hintergrund des in Kapitel 16 dargestellten Sozialisationsdilemmas eine interessante Frage, ab wann in der menschlichen Geschichte der Erziehungsprozess wirklich zwischen *drei* Polen oszilliert. Man könnte den Erziehungsprozess in Jäger- und Sammler-Gesellschaften, in denen sich noch keine anonymen, durch Geld oder Institutionen vermittelten Partikularinteressen ausbilden konnten, ja durchaus als »zweipolig« verstehen: hier das Individuum, dort die Gemeinschaft.

53 Dies erklärt sicherlich auch, weshalb in ein- und derselben Gesellschaft jede einzelne soziale Schicht sozusagen ihr eigenes magisches Dreieck unterhält.

NEUNZEHN – Das pädagogische Paradox

54 Die Entwicklungspsychologie bezeichnet die der erfolgreichen Selbstregulation dienenden Kompetenzen auch als soziale, emotionale und motivationale (bzw. volitionale) Kompetenzen.

55 Die Sprachentwicklung des Kindes ist eng mit dem Aufbau einer »Theorie des Geistes« verbunden, wobei die Kinder lernen, sich in die Gedanken, Gefühle und Werte anderer Menschen hineinzuversetzen. Dieser »perspektivische Innenausbau« ist ein zutiefst intersubjektiver Prozess, d. h. er erfordert *unmittelbare menschliche Beziehungen* als Übungsfläche. Nur diese liefern nämlich die für den Aufbau einer inneren Perspektive erforderlichen »Übersetzungshilfen« (dazu gehört der situative und emotionale Kontext, dazu gehören Gesten, Mimik und sprachliche Begleitung, dazu gehören aber vor allem auch so genannte Kontingenzerfahrungen – also die Abstimmung auf die jeweiligen Aufnahme- und Verarbeitungsmöglichkeiten des Kindes). Was das Kind vom Lallen zum Sprechen führt, ist also nicht das Sprachangebot an sich, sondern die Abstimmung auf die Möglichkeiten des Kindes. *Man könnte es auch so sagen: Kinder lernen sprechen, indem sie in einen emotionalen Austausch mit vertrauten Bezugspersonen (groß und klein) eintreten. Sprechenler-*

nen ist nicht das Resultat des Zuhörens – es ist das Resultat gelungener menschlicher Interaktion. (Mehr zur kindlichen Sprachentwicklung in meinem Buch »Wie Kinder heute wachsen«, Beltz, Weinheim und Basel 2013)

DER AUTOR

Dr. Herbert Renz-Polster, geb. 1960, beschäftigt sich als Kinderarzt und Wissenschaftler seit langem mit der kindlichen Entwicklung. Forschungstätigkeit im Bereich Prävention und Gesundheitsförderung zunächst in den USA, dann am Mannheimer Institut für Public Health der Universität Heidelberg. 2009 erschien sein Grundlagenwerk »Kinder verstehen. Born to be wild«, das die Wurzeln des kindlichen Verhaltens aus Sicht der evolutionären Verhaltensforschung beschreibt. 2011: »Menschenkinder – Plädoyer für eine artgerechte Erziehung«, eine Streitschrift für eine menschlichere Menschenhaltung. 2013 (zusammen mit G. Hüther): »Wie Kinder heute wachsen – ein neuer Blick auf das kindliche Lernen, Denken und Fühlen.« Er hat 4 Kinder und lebt heute mit seiner Frau in der Nähe von Ravensburg.

Mehr zum Autor: www.kinder-verstehen.de